编委会

我们的大学

易伐秦题

大学生文化素质发展日志年编（2022）

顾问◎屈哨兵　魏明海　主编◎吴开俊　副主编◎黄志凯

暨南大学出版社
JINAN UNIVERSITY PRESS

中国·广州

图书在版编目（CIP）数据

我们的大学：大学生文化素质发展日志年编 . 2022/吴开俊主编；黄志凯副主编 . —广州：暨南大学出版社，2024.1
ISBN 978 - 7 - 5668 - 3809 - 4

Ⅰ.①我⋯ Ⅱ.①吴⋯②黄⋯ Ⅲ.①大学生—学生生活—广州—2022
Ⅳ.①G645.5

中国国家版本馆 CIP 数据核字（2023）第 215925 号

我们的大学：大学生文化素质发展日志年编（2022）
WOMEN DE DAXUE：DAXUESHENG WENHUA SUZHI FAZHAN RIZHI
NIAN BIAN（2022）
主编：吴开俊　副主编：黄志凯

出 版 人：阳　翼
策　　划：黄圣英
责任编辑：雷晓琪
责任校对：刘舜怡　梁玮浈　王雪琳　潘舒凡
责任印制：周一丹　郑玉婷

出版发行：暨南大学出版社（511443）
电　　话：总编室（8620）37332601
　　　　　营销部（8620）37332680　37332681　37332682　37332683
传　　真：（8620）37332660（办公室）　37332684（营销部）
网　　址：http：//www.jnupress.com
排　　版：广州市新晨文化发展有限公司
印　　刷：广州市友盛彩印有限公司
开　　本：787mm×960mm　1/16
印　　张：23.5
字　　数：435 千
版　　次：2024 年 1 月第 1 版
印　　次：2024 年 1 月第 1 次
定　　价：98.00 元

（暨大版图书如有印装质量问题，请与出版社总编室联系调换）

前　言

　　这是《我们的大学》出版的第十四个年头了。这部大学生文化素质发展日志年编，不仅记录着广州大学莘莘学子的生活轨迹，更凝聚了广大师生的情感与智慧，成为一部见证学校发展、展现学生风采的珍贵历史。它不仅承载着过去一年广州大学学生的成长历程，更承载着所有师生的梦想和期望。

　　《我们的大学》以其独特的视角和记录方式，生动呈现了广州大学学生们一年又一年的精彩生活。他们在这里勇敢追梦、努力拼搏，从稚嫩的新生逐渐成长为杰出的青年才俊。他们参加各类学术科研、文艺比赛、社会实践等活动，充分展示了自己的才华和实力。他们结交来自五湖四海的朋友，建立了深厚的友谊；他们在这里寻找自我、实现梦想，书写着属于自己的精彩人生。这本书便是他们在这所大学中生活和学习的最好见证，更是广州大学践行"立德树人"教育使命的生动体现。

　　2022 年的《我们的大学》以更加丰富多彩的内容和形式，展现了广州大学学子的风采。众多杰出的学生参与其中，他们以自己的故事、经历和成长，诠释了"博学笃行，与时俱进"的校训精神，他们在广州大学所取得的成绩不负时代，不负韶华，不负党和人民的殷切期望。

　　同时，书中也深入挖掘和整理了过去一年的学生活动。选取了一些具有代表性的活动，例如学年礼、志愿者服务、学术科研、文艺比赛等，将他们的故事呈现在这本书中。这些活动不仅丰富了同学们的大学生活，也为他们的成长提供了宝贵的平台。这些活动不仅锻炼了学生的综合素质，更传递了一种积极向上的价值观和人生态度。最后想借用习近平总书记在庆祝中国共产党成立 100 周年大会上的讲话来结束本文："未来属于青年，希望寄予青年。"在这个充满希望的时代、充满挑战的时代，让我们一起携手前行，以实现中华民族伟大复兴为己任，以积极的态度、坚定的信念、无畏的精神去面对未来，去创造属于我们自己的辉煌。

编　者

2023 年 11 月 20 日

目　录

前　言 /1

一月

1月2日　管理学院各团支部学生参加团日活动 /2

1月2日　环境科学与工程学院助学社开展"新年新气象，喜迎二十大"元旦庆祝活动 /2

1月7日　2018级音乐学专业毕业展演音乐会圆满落幕 /3

1月21日　新闻与传播学院学子在2021年"多彩乡村，学史奋进"主题教育实践活动中荣获佳绩 /4

二月

2月10日　教育学院"我的家乡，我的年"年味摄影活动 /8

2月22日　公共管理学院成立疫情防控青年突击队 /9

2月25日　管理学院"互联网＋"优秀项目分享 /10

2月　经济与统计学院开展寒假社会实践活动 /10

三月

3月5日　公共管理学院特邀龙毕文先生做"乡村创新创业实践"讲座 /14

3月8日　体育学院开展"学雷锋"集体劳动日活动 /14

3月15日　美术与设计学院学生参与援藏支教工作 /15

3月18日　数学与信息科学学院热血好儿女坚定军旅梦 /16

3月18日　管理学院学子携笔从戎，参军报国建功立业 /17

3月19—27日　教育学院三人篮球赛活动 /18

3月23日　建筑与城市规划学院开展"与时代同频共振，做时代追梦者"党课 /18

3 月 24 日　音乐舞蹈学院举行学生代表座谈会 /20

3 月 25 日　环境科学与工程学院举办第三届环境节系列活动 /21

3 月 26 日　教育学院顺利举办第十六届教学技能大赛 /22

3 月 28 日　化学化工学院斩获第十七届"挑战杯"国奖两项 /22

3 月 29 日　马克思主义学院举行 2019 级学生"考研第一课"/24

3 月 29 日　电子与通信工程学院在第十七届"挑战杯"全国大学生课外学术科技作品竞赛中喜获一等奖 /25

3 月 31 日　法学院本科生党支部参加广东省教育厅 2021 年"立志·修身·博学·报国"主题教育系列活动获二等奖 /26

四月

4 月 2 日　管理学院项目"特大城市突发公共卫生事件应急医疗设施选址仿真研究"获"挑战杯"国赛二等奖 /28

4 月 4 日　数学与信息科学学院 98 名青年志愿者投身防疫工作 /28

4 月 10 日　法学院辩论队学生参加第五届"版辩羊城·权论新篇"广州大学生辩论邀请赛活动获奖 /29

4 月 18 日　番禺区政府携手新闻与传播学院学子奏响防疫"好声音"/29

4 月 19 日　学术沙龙（第八期）——"大豆的'安居乐业'"/30

4 月 20 日　讲好中国非遗故事，展现广大学子风采 /31

4 月 21 日　机械与电气工程学院举办"'疫'起运动　齐心抗疫"趣味运动会 /32

4 月 22 日　广州大学第十五届结构设计竞赛顺利举办 /33

4 月 23 日　电子与通信工程学院入党积极分子培训专题讲座 /34

4 月 23 日　邓欣怡同学位居 2021—2022 学年广州大学图书馆个人借阅量排行榜第二名 /35

4 月 24 日　计算机科学与网络工程学院研究生第一党支部组织发展对象观看 2021 年度《感动中国》节目 /36

4 月 25 日　电子与通信工程学院研究生的论文在第七届 IEEE 计算机与通信系统国际会议上被评为"最佳学生论文奖"/37

4 月 25 日　四院联合青马工程讲师团选拔复赛回顾 /38

4 月 26 日　凝聚优秀校友力量，助力学子高质量就业 /39

4 月 27 日　体育学院举行首届"向师杯"云说课大赛 /40

4 月 27 日　马克思主义学院学生助力抗击疫情 /41

4 月 30 日　"情"棋书画，信可乐也 /42

4 月　数学与信息科学学院在"0408 疫情"中尽显大爱 /43

4 月　经济与统计学院心苑举办以"踏浪前行，戏动人心"为主题的心理情景剧大赛 /43

五月

5 月 1 日　劳动节，我们致敬劳动者 /46

5 月 1 日　建筑与城市规划学院举办主题劳动教育活动第三期——"夏天的花" /47

5 月 4 日　广州大学音乐舞蹈学院学子再登央视参演央视五四青年节特别节目 /48

5 月 6 日　党员环保先锋队开展"齐护低碳树，绿色进校园"活动 /48

5 月 6 日　蓝信封之"书信解忧"活动 /49

5 月 6 日　电子与通信工程学院返乡学子高宇为家乡抗疫助力 /50

5 月 9 日　环境科学与工程学院与剑桥郡小学共建科技教育实践基地 /51

5 月 10 日　马克思主义学院师生观看庆祝中国共产主义青年团成立 100 周年大会 /52

5 月 14—31 日　经济与统计学院开展提案大赛活动 /53

5 月 15 日　第九届三院联合书法大赛决赛 /54

5 月 16 日　生科院毕业晚会：青春之"生"，未来"科"期 /55

5 月 17 日　阅读"红色经典"活动 /56

5 月 17 日　美术与设计学院举行 2022 届本科毕业展开幕式 /57

5 月 20 日　"读经典，学原著"——名著传承文明，经典浸润人生读书展演活动 /58

5 月 24 日　化学化工学院新生获学校职业生涯规划大赛金奖 /59

5 月 25 日　公共管理学院举行"公管午餐"师生交流活动 /60

5 月 27 日　人文学院章以武教授散文创作分享交流会活动顺利举行 /61

5 月 28 日　生态文明科普教育进校园活动成功举办 /62

5 月 28 日　新闻与传播学院 2 名同学获评"首届大湾区十大杰出港生"荣誉
　　　　　称号 /63

5 月 30 日　化学化工学院学子在第十三届"挑战杯"广东大学生创业大赛中
　　　　　喜获佳绩 /64

5 月　　　数学与信息科学学院学生赴广州疾控投身抗疫第一线 /64

5 月　　　化学化工学院学生研发的产品解决行业痛点 /65

六月

6 月 1 日　计算机科学与网络工程学院拔尖创新班举行毕业班会 /68

6 月 7 日　外国语学院召开毕业生党员教育大会 /69

6 月 8 日　建筑与城市规划学院举办科技节模型展 /70

6 月 10 日　马克思主义学院学生党支部开展组织生活会 /71

6 月 11 日　新闻与传播学院师生在各项竞赛中喜提多项荣誉 /72

6 月 12 日　机械与电气工程学院获广州大学第十七届篮球联赛甲组冠军 /72

6 月 13 日　体育学院开展 2022 届毕业生党员赠书仪式 /73

6 月 13 日　马克思主义学院举办首届"道问学"奖颁奖大会 /74

6 月 14 日　经济与统计学院召开访企拓岗座谈会 /75

6 月 18 日　音乐舞蹈学院粤音合唱团在 2022 世界合唱节获金奖 /76

6 月 18 日　化学化工学院健儿勇夺广东省大学生运动会一金一铜 /77

6 月 20 日　法学院学生在中宣部人权事务局主办的人权主题融媒体作品征集
　　　　　活动中获多项奖励 /78

6 月 21 日　数学与信息科学学院毕业生党员聆听广大首任党委书记陈万鹏讲
　　　　　党课 /79

6 月　　　物理与材料科学学院 2022 届本科毕业生升学率 45%，居全校第一 /80

七月

7 月 2 日　马克思主义学院举行新疆民族团结暑期社会实践活动 /82

7 月 5 日　人文学院"'初心如炬'——共产党人与黄埔军校"党史宣讲进校
　　　　　园系列活动顺利开展 /83

7 月 14 日　体育学院龙狮队在广东省运会及全国民族龙狮文化展示活动获
　　　　　奖 /83

7月14日　公共管理学院在第八届"互联网＋"省决赛获一金一银佳绩 /85

7月20日　新闻与传播学院学子获新西兰驻广州总领事馆感谢信 /86

7月21日　唯有热爱，抵岁月漫长——生命科学学院校友寻访系列活动之一：
　　　　　范梓键校友专访 /87

7月29日　管理学院学生参与全球未来科技创新合作大会志愿服务工作 /88

八月

8月3日　经济与统计学院青年志愿者协会开展暑期社会实践活动 /90

8月4日　公共管理学院开展东西部协作"万企兴万村"社会实践活动 /91

8月11—14日　化学化工学院学生获第五届全国大学生化工实验大赛一等
　　　　　　　奖 /92

8月15日　电子与通信工程学院2018级物联网工程吴添贤同学荣获第十三届
　　　　　"中国青少年科技创新奖" /93

8月17日　新闻与传播学院师生推普诵读作品登陆"学习强国" /93

8月17日　公共管理学院4项学生作品入选2022年广东高校"活力在基层"
　　　　　主题团日竞赛项目 /94

8月21日　电子与通信工程学院学子在2022年广东省大学生电子设计竞赛中
　　　　　再创佳绩 /95

8月26日　环境科学与工程学院开展2022年暑期劳动教育实践活动 /96

8月27日　管理学院在化州中垌开展"乡村振兴"学生暑期社会实践活
　　　　　动 /97

8月29日　物理与材料科学学院启动"星辰计划"青少年科普活动 /98

8月31日　生命科学学院开展"展示科技魅力，青春助力支农"暑期社会实
　　　　　践活动 /99

8月　法学院学生队伍开展"三下乡"暑期社会实践调研活动 /100

九月

9月1日　公共管理学院举行2022年秋季新兵入伍欢送会 /104

9月2日　数学与信息科学学院为八名投身支教的同学举办欢送会 /104

9月3日　化学化工学院举办2022级新生开学典礼 /105

9月3日 电子与通信工程学院举行2022级新生线上开学典礼暨新生家长会 /106

9月9日 公共管理学院部分学生参加第四十三期"公管午餐" /107

9月10日 教育学院顺利举办中秋晚会暨军训文艺汇演 /108

9月16日 马克思主义学院联合新闻与传播学院举行学生党史宣讲活动暨劳动教育基地揭牌仪式 /109

9月16日 新闻与传播学院学生荣获第14届全国大学生广告艺术大赛国奖13项 /110

9月24日 建筑与城市规划学院开展主题劳动教育活动 /110

9月26日 体育学院组织开展"一院一品"体育兴趣小组特色活动 /111

9月27日 外国语学院学生第一党支部开展"迎接党的二十大,强国有我向未来"主题党日活动 /112

9月29日 广州大学党委书记、校长魏明海为2022级新生开讲"思政第一课" /113

9月29日 环境科学与工程学院举行少数民族学生座谈会 /114

9月29日 2022年"部校共建"新闻与传播学院暑期社会实践总结交流会顺利进行 /115

十月

10月1—7日 音乐舞蹈学院开展红色舞蹈作品实践活动 /118

10月11日 经济与统计学院举办党员发展对象培训专题讲座 /118

10月12日 体育学院开展"金秋劳动月"主题活动 /119

10月12日 人文学院团委和学生会"灯塔学习会"顺利举行 /120

10月14日 物理与材料科学学院举办"讲述党史故事,观看党史电影,传承红色精神"党史故事分享会与党史电影观看活动 /121

10月15日 教育学院顺利举办第十八届多媒体课件制作大赛 /122

10月15日 环境科学与工程学院"五室一站"开展扎染美育活动 /123

10月15日 管理学院组织新生跳大绳比赛 /124

10月16日 广州大学援疆学子认真学习贯彻党的二十大精神 /125

10月16日 电子与通信工程学院学生党员集中收听收看中国共产党第二十次全国代表大会开幕会直播 /127

10月18日　地理科学与遥感学院举办第一期院长书记午餐会 /128

10月18日　外国语学院举行"青春心向党，外院人启航"团干培训大会 /128

10月21日　计算机科学与网络工程学院举办"中国计算机学会（CCF）广州分部走进广州大学"活动 /129

10月22日　美术与设计学院师生参观国防教育基地 /130

10月23日　法学院、音乐舞蹈学院、新闻与传播学院、建筑与城市规划学院举办四院联合院运会 /131

10月23日　管理学院开展"虚竹杯"辩论赛 /132

10月23日　生命科学学院举办"聚从四海为一家，团于生科传薪火"新旧生交流大会 /132

10月24日　美术与设计学院"心宝美育课堂"进校园 /133

10月25日　马克思主义学院第五次学生代表大会顺利召开 /135

10月　　土木工程学院推进开展"千名教工党员联系千个团支部工程"/136

十一月

11月1日　计算机科学与网络工程学院、化学化工学院、法学院、生命科学学院举行四院联合青马班开班仪式暨第一课 /138

11月4日　建筑与城市规划学院举办"喜迎党的二十大、永远跟党走、奋进新征程"征文活动 /139

11月4日　土木工程学院举办"研途有你"暨"青年微讲堂"考研分享会 /139

11月5日　地理科学与遥感学院举办"研"途有你——考研经验分享会 /140

11月5日　体育学院校园足球培训团队完满结束在汕头市开展的体育浸润活动 /141

11月5日　"星火"宣讲团深入班级宣讲党的二十大精神 /142

11月6日　马克思主义学院新生辩论赛圆满结束 /143

11月6日　管理学院圆满结束"海珠区疫情防控线上电话流调工作"志愿活动 /144

11月6日　校团委学术科技中心联合机械与电气工程学院共同举办学科训练营活动 /144

11月8日　化学化工学院承办攀登大讲堂 /145

11 月 8 日　金秋劳动月，劳动最美丽 /146

11 月 8—16 日　体育学院组织线上瑜伽比赛活动 /147

11 月 9 日　"疫"起战疫，我们一直在你身边 /148

11 月 9 日　经济与统计学院学生志愿者积极参加学校疫情防控工作 /149

11 月 13 日　计算机科学与网络工程学院国际大学生程序设计竞赛和中国大学生程序设计竞赛顺利举行 /150

11 月 13—16 日　穿越时空的学术盛宴：从岳麓书院、红旗渠到紫禁城 /151

11 月 13 日　地理科学与遥感学院举办第八期地理文化沙龙 /151

11 月 13 日　新闻传播学院在中国国际"互联网＋"大学生创新创业大赛总决赛中再获佳绩 /152

11 月 14 日　生命科学学院举办 2022 年劳动教育宣讲会 /152

11 月 15 日　第二届"乡村振兴·青年担当"口述故事演讲赛举行 /154

11 月 16 日　广州大学援疆学子认真学习习近平总书记在新疆考察时的重要讲话精神 /155

11 月 17 日　"寻心之悸动，赴音影之约"摄影大赛 /156

11 月 18—20 日　教育学院参加广东省第十届本科高校师范生教学技能大赛（心理组）/157

11 月 19 日　马克思主义学院在第十届广东省本科高校师范生教学技能大赛中获得佳绩 /158

11 月 20 日　计算机科学与网络工程学院第一届计算机知识竞赛圆满落幕 /159

11 月 22 日　建筑与城市规划学院成立学生会功能型团支部 /160

11 月 22 日　马克思主义学院第十八届"挑战杯"竞赛项目结题评审会顺利举行 /160

11 月 22 日　环境科学与工程学院本科生党支部举办党员政治生日活动 /161

11 月 24 日　生科讲坛：枝叶瞬间定格，生命永远铭记 /162

11 月 25 日　物理与材料科学学院开展校园劳动实践 /163

11 月 25 日　计算机科学与网络工程学院心协举行观影活动 /164

11 月 26 日　人文学院团委、学生会第一次见面大会顺利召开 /165

11 月 26 日　经济与统计学院举办职业生涯规划经验分享会 /166

11 月 26 日　挥洒热血，践行足球精神 /167

11 月 26 日　热血乒乓，"乒"博人生 /168

11 月 26 日　法学院王子睿等学生参加第十六届（中国大陆地区）红十字国际
　　　　　　人道法模拟法庭竞赛并获奖 /168

11 月 26 日　教育学院参加"舞起丝绸，诵读经典"比赛 /169

11 月 26 日　新闻与传播学院在第七届中国数据新闻大赛决赛中获全国三
　　　　　　等奖 /170

11 月 27—29 日　教育学院举办"心理课堂"活动 /171

11 月 28 日　计算机科学与网络工程学院举办第十八届"挑战杯"院赛 /172

11 月 28 日　计算机科学与网络工程学院召开第六次研究生代表大会 /173

11 月 29 日　人文学院第三届师范生口语风采大赛决赛顺利举办 /173

11 月 29 日　教育学院举办"淬火磨砺，向阳赴云"学生资助工作总结
　　　　　　大会 /174

11 月 29 日　经济与统计学院召开爱国主义教育暨 2023 年征兵工作动
　　　　　　员会 /175

11 月 30 日　四院联合青马工程党课第一讲——喜迎二十大，永远跟党走 /176

十二月

12 月 2 日　土木工程学院举办"未来工程师讲坛"活动 /180

12 月 2 日　新闻与传播学院师生在"立志·修身·博学·报国"主题教育系
　　　　　列活动中荣获佳绩 /180

12 月 4 日　建筑与城市规划学院举办团支书培训会 /181

12 月 6 日　音乐舞蹈学院研究生康瑾梁赴澳门参加国家艺术基金"原创现代
　　　　　芭蕾舞剧编舞者人才培养"项目 /181

12 月 6 日　公共管理学院举行 2022 年度力麒奖学金答辩活动 /182

12 月 8 日　"星火"宣讲——学习贯彻党的二十大精神 /182

12 月 8 日　新闻与传播学院学生在第十一届中国日报大学新闻奖中获最佳标
　　　　　题季军 /183

12 月 9 日　人文学院第十五届"十佳学生"评选大赛顺利举行 /184

12 月 11 日　机械与电气工程学院开展红色主题宣讲活动 /185

12 月 14 日　马克思主义学院学子在广东省 2022 年"爱在广东"学校民族团
　　　　　　结进步教育活动中获多个奖项 /185

12 月 15 日　管理学院开展 2022—2023 学年"千名教工党员联系千个团支部工程"/186

12 月 16 日　地理科学与遥感学院第十八届学术科技节之手绘地图大赛落幕 /187

12 月 17 日　从军营到校园，我的青春这样过——学院退伍学生专访 /187

12 月 31 日　物理与材料科学学院林俊燕同学参加寒假社会实践活动 /188

学生风采：十佳学生

黄彦君：笃行不倦，静待花开 /192

许小榕：以梦为马，砥砺前行 /195

刘泽霖：初心如磐，鹏程万里 /197

王坤辉：凡心所向，素履以往 /200

陆雨：弘扬科学精神，追逐科技梦想 /203

赖杰伟：不避斧钺，金石为开 /206

林华威：全面发展，正视未来 /208

龙文迪：视野开拓，未来可期 /211

祝梓博：念念不忘，必有回响 /214

郑佩萍：稳中求进，成为更好 /216

优良学风标兵班

软件 192 班：脚踏实地，砥砺前行 /220

旅游 191 班：直面挑战，畅享成长 /221

生科 193 班：团结一心，砥砺前行 /223

信安 191 班：班集体的氛围，每位同学的"责任"/225

汉语 203 班：学为人师，行为师范 /227

行管 201 班：团结与共，携手前进 /229

土木 201 班：不懈奋斗，德智体美劳全面发展 /231

化学 194 班：以班为家，逐梦前行 /233

环科 191 班：乘风破浪，展翅高飞 /235

物理 191 班：格物穷理守初心，凝心聚力向未来 /238

国家奖学金获奖名单

广州大学 2021—2022 学年本专科国家奖学金获奖名单 /242

学年礼

广州大学关于表彰 2022—2023 学年学生学年礼先进集体和个人的通报 /246

广州大学 2021—2022 学年学生"德才兼备　家国情怀"工作先进集体和个人名单 /249

广州大学 2021—2022 学年"德才兼备　家国情怀"工作先进单位 /258

广州大学 2021—2022 学年"十大育人"工作先进单位 /258

广州大学 2021—2022 学年学生"体育发展"工作先进学院和个人名单 /260

广州大学 2021—2022 学年学生"艺术发展"工作先进学院和个人名单 /262

广州大学 2021—2022 学年学生"视野拓展"工作先进学院和个人名单 /264

广州大学 2021—2022 学年学生"能力发展"工作先进集体和个人名单 /267

广州大学 2021—2022 学年优良学风标兵班、优良学风班名单 /273

广州大学 2021—2022 学年"十佳学生"名单 /277

广州大学 2021—2022 学年"十佳学生入围奖"名单 /277

广州大学 2021—2022 学年先进个人名单 /278

广州大学 2021—2022 学年考研奖励名单 /328

广州大学 2021—2022 学年学业进步奖名单 /339

广州大学 2021—2022 学年论文发表奖名单 /343

广州大学 2021—2022 学年发明专利奖名单 /344

广州大学 2021—2022 学年单项奖励名单 /344

广州大学 2021—2022 学年荣获广东省思想政治教育类活动奖项名单 /346

附　录

2022 年日志（未收录部分）/349

我们的大学

January 一月

1 月 2 日　管理学院各团支部学生参加团日活动

1 月 2 日，管理学院举办 2021—2022 学年第七届主题团日竞赛暨"活力团支部"活动，其中一等奖有会计 204 班、旅游 211 班；二等奖有工商 213 班、工商 216 班、中法 201 班；三等奖有工商 206 班、物流 211 班、会计 193 班、会计 192 班。

在本次团日活动中，各团支部积极踊跃参与，充分展现奇思妙想，创新活动形式，将趣味性与学识性相结合，使同学们在轻松愉快的氛围中更深入地学党史，明真理，以历史为镜，不忘历史使命，不负青春风华！

（管理学院　新媒宣传中心）

管理学院会计 204 班学生参加团日活动合影

1 月 2 日　环境科学与工程学院助学社开展"新年新气象，喜迎二十大"元旦庆祝活动

1 月 2 日，环境科学与工程学院助学社在梅苑七栋五室一站三楼开展"新年新气象，喜迎二十大"元旦庆祝活动。梅苑七栋五室一站党建办副主任冯雪玲老师与助学社成员出席活动，大家欢聚一堂，共贺新年。

活动中，冯老师与同学们亲切交流，并代表环境科学与工程学院为同学们送上新年祝福。同学们则分享了在校学习、工作、生活的心得与感受，以及在大学里如何成就更好的自己的经验。

本次活动让同学们感受到家的温馨，感受到彼此的关心。交流会后，同学们对下一年的目标更加明朗，表示会共同走进奋斗与激昂并存的 2022 年，描绘属于自己的未来宏图。

（环境科学与工程学院　巫昂凌）

参加活动的师生在梅苑七栋五室一站三楼合影

1 月 7 日　2018 级音乐学专业毕业展演音乐会圆满落幕

1 月 7 日，2018 级音乐学专业毕业展演音乐会在广州大学演艺中心 111 观摩厅拉开帷幕。学院党总支李颂东书记、执行院长刘瑾教授、副院长王洪涛副教授、音乐表演系主任黄颖仪教授、系副主任唐馨副教授、刘惠明副教授、郎逸峰博士、钢琴教研室主任唐颖博士、班主任姚卉博士、学工办丁淑萍老师出席了此次演出。音乐会由宋吉龙、文巨沁同学主持。

本次音乐会演出形式多样，有流行曲演唱：《我恨我痴心》《 I Hate Myself For Loving You 》；男女二重唱：莫扎特《让我们携手同行》、威尔第《让我们告别巴黎的喧嚷》；大提琴独奏：达维多夫《浪漫曲》；小提琴独奏：皮亚佐拉《Nightclub 1960》；声乐独唱：普契尼《漫步街上》、栾凯《沂蒙山，永远的爹娘》、刘天石改编《彩云追月》；钢琴独奏：李斯特音乐会练习曲《轻盈》、权吉浩《长短的组合》、张帅《前奏曲》、肖邦《英雄波兰舞曲》；二胡重奏：陈耀星《战马奔腾》，等等。音乐会最后在情景合唱《外面的世界》中结束，歌曲唱出了即将毕业的同学们既向往外面的生活又对校园留恋不舍的情感。

四年前，同学们从五湖四海相聚于广州大学，一起度过了人生中最美好的四年时光。在琴房挥洒的汗水是奋斗的痕迹，在比赛中获得的一本本证书是努力的见证，在舞台上的一次次演出展现出了青春的芳华。此次毕业展演音乐会为同学们迈向社会提供了舞台实践的机会，提高了同学们舞台表演能力，为日后的学习或艺术文化工作演出打下了坚实基础。

（音乐舞蹈学院　何承羲）

毕业展演音乐会老师与演员合照

1 月 21 日　新闻与传播学院学子在 2021 年"多彩乡村，学史奋进"主题教育实践活动中荣获佳绩

近日，广东省政府地方志办公室等 10 部门公布了 2021 年以"多彩乡村，学史奋进"为主题的教育实践活动优秀作品及优秀组织单位获奖名单。新闻与传播学院学子在微视频组别中荣获 1 个一等奖，3 个优秀奖；在调研报告组中荣获 1 个一等奖。

本次实践活动获奖作品，部分来源于新闻与传播学院 2021 年开展的暑期社会实践活动。新闻与传播学院两支队伍深入乡村探访民情，学习红色精神和红色文化，与当地村民交流互动，带领村民用直播带货的全新形式进行扶贫工作等。作品展示了广东梅州与贵州毕节当地乡村的村容村貌，体现了学院与当地村民深厚的情谊与实践活动的丰硕成果，也为本次"多彩乡村，学史奋进"

主题教育实践活动提供了真实生动的素材。

参加本次暑期实践的同学回忆道："在参加新闻与传播学院暑期社会实践活动时，我和队员们一同前往了苏维埃政府旧址——烈士村，当看到墙上那一张张照片时，我们被先辈们为革命无私奉献生命的精神所触动。本着传达先辈们抛头颅、洒热血的精神，小组成员们共同制作了微视频——《走进'烈士村'，聆听红色苏区的故事》。"

新闻与传播学院学子在此次活动中发挥出色，通过弘扬红色基因、传承革命精神、乡村振兴等主题活动，展现出广州大学学子学史知史、爱党爱国的精神风貌。希望新闻与传播学院获奖学子能够继续努力，再接再厉，为广东乡村振兴和社会文明进步作出更大贡献！

（新闻与传播学院　戴莹钰）

《走进"烈士村"，聆听红色苏区的故事》微视频

我们的大学

February　二月

2月10日　教育学院"我的家乡，我的年"年味摄影活动

2月10日，教育学院新媒体中心运营部面向教育学院全体本科生举办了年味摄影活动。此次活动的主题为"我的家乡，我的年"，旨在弘扬中华优秀传统文化，增强同学们对传统民俗文化保护和传承的意识，营造春节欢乐、祥和、喜庆的浓厚氛围；定格美好回忆，让恋家思乡的情愫在照片中安放和延续。弘扬文化，留存记忆，让年味更浓郁、让乡情更醇厚、让亲情更温暖。同时，以家乡的年味为主题的摄影活动，为同学们进行构思拍摄、个性制作提供了机会，重燃大学生对家乡年味的热情，唤起大学生对传统佳节的向往。

年味摄影活动学生作品展示

春节是中华民族的传统节日，承载着中华民族几千年的文化记忆。春节有回家旅途的兴奋，有准备年货的喜悦，有走亲访友的快乐，还有一家人吃年夜饭、看春晚的幸福和温馨。贴春联、度除夕、逛庙会、祭祖等民俗活动，总有让我们难忘的瞬间。

同学们积极踊跃参与活动，提交的作品数量也远超预期，作品整体质量较

佳。选材内容丰富，有广府特色文化，有家乡传统习俗，有大街小巷年味的抓拍，有绚丽绽放的烟火，更有大年三十的年夜饭……

爆竹声里辞旧岁，大年三十的年夜饭，充满年味的赶大集，耳熟能详的家乡年俗……总有一个场景，承载了同学们对这个新春佳节的独家记忆。而他们，用手中的相机，按下快门，定格美好，记录着过去，憧憬着未来……

（教育学院　新媒体中心运营部）

2 月 22 日　公共管理学院成立疫情防控青年突击队

2 月 22 日，尽管下着滂沱大雨，公共管理学院接到封楼通知后，仍能严格而迅速地落实学校防疫通知，成立疫情防控青年突击队，协调多方，有条不紊地推进疫情防控工作。

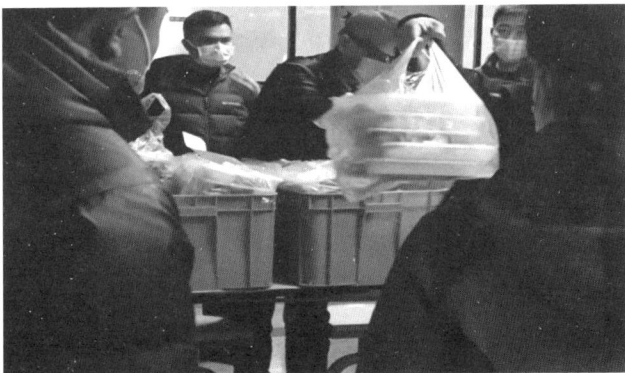

学生排队领取晚饭

随处可见志愿者奔波的身影，他们任凭凛冽的寒风撕扯肌肤，滂沱的大雨浸湿衣服，依然坚守并耐心地告知每一位同学最新消息，安抚同学们焦急不安的情绪。工作人员在宿舍楼下呐喊，组织学生们排队，学生们也积极配合，一切都显得紧凑而有序。

校园内，全体师生进行大规模核酸检测，身穿严实防护服的医护人员，不辞辛苦配餐的饭堂工作人员，无私奉献到处奔走的志愿者，积极配合的全体学生，大家用团结乐观筑起了一道坚实的红色防线。

在解除封控后，同学们纷纷表示感受到了无微不至的关怀，更觉疫情防控工作中团结有序的重要性，接下来仍要携手奋进，共赴下一个春暖花开！

（公共管理学院　冯芷桐）

2月25日　管理学院"互联网+"优秀项目分享

2月25日，管理学院举办了"互联网+"线上分享活动，赛场上由工商197班郑伟婷同学带领的"天爱者"项目团队表现突出，充分展现了管理学院学生的青春风采。

"Teenager（天爱者）"基于"互联网+"的技术及现阶段教育政策的大力支持，联合华

"天爱者"项目工作人员正在与学生进行沟通交流

南师范大学、广州大学和澳门科技大学等大湾区重点高校，让优质大学生（师范生）作为教师主力军，为落后地区学生（包括留守儿童、流动儿童、城市务工人员子女、农民工子弟等）提供在线定制化教育服务。教育内容包括提升学习能力、在线学习陪伴、青少年成长教育咨询（博士团），旨在提高其学习能力、培养其兴趣、增加其课外阅历、对青少年学习生涯与行为偏向等提供建议，促进他们健康成长成才。

（管理学院　新媒宣传中心）

2月　经济与统计学院开展寒假社会实践活动

为深入学习习近平新时代中国特色社会主义思想，落实习近平总书记关于青年工作的重要思想，经济与统计学院开展了2022年寒假"返家乡"社会实践活动，主要为"家乡红色文化调研活动"和"疫情防控工作调研活动"。

"家乡红色文化调研活动"团队在2月1—15日主要对潮州市、佛山市附近的红色旧址进行调研考察，将所学知识与实践相联系，做到学以致用。团队成员通过一系列调研、走访，不仅深刻感受到家乡红色文化的魅力，而且更好地理解了红色文化精神内涵。历史川流不息，红色精神代代相传，实践队员们表示将继续弘扬光荣传统、传承红色基因，赓续红色血脉，永远把伟大建党精

神传承下去。实践队员们还表示要不忘初心、牢记使命，为实现中华民族伟大复兴而努力奋斗。

"疫情防控工作调研活动"团队主要在2月8—11日前往广东省梅州市兴宁市卫健局、兴田派出所、金石镇派出所进行走访和调研，了解当地疫情防控工作流程及居民对当地防控措施的感想并协助相关部门进行防疫工作。通过这次实践活动，成员们深入了解了政府和社区防疫工作者的工作内容，深刻体会到他们在防疫工作中的艰辛和付出，更加珍惜当下来之不易的生活。

学生调研考察红色旧址

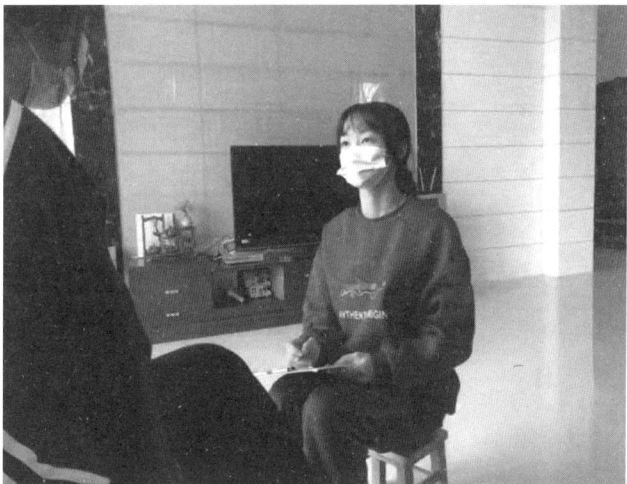

学生采访当地居民对防控措施的感想

此次寒假社会实践活动，团队成员积极主动，良好的沟通表达能力及在实践活动过程展现出来的不畏辛苦的精神给当地居民留下了深刻印象。

（经济与统计学院　青年志愿者协会）

我们的大学

March 三月

3月5日 公共管理学院特邀龙毕文先生做"乡村创新创业实践"讲座

3月5日下午，公共管理学院举办"乡村创新创业实践"讲座。本次讲座主持人为乡村振兴研究院院长谢治菊教授，特邀主讲人为广东省现代社会评价科学研究院副院长龙毕文，有150名学生参与了讲座。

公共管理学院学生认真倾听龙毕文副院长的讲座

在本次讲座中，龙副院长从乡村创业创新的基本认知、心理素养、主要特点及其与人生发展的关系四个方面，结合自身工作经历与实践经验，对乡村创新创业的基本内容进行了深度分析，加强了同学们对乡村创新创业的认识。同学们听后对大学生到乡村创新创业的机遇、挑战与未来发展趋势有了更深的了解。

此外，同学们也了解到乡村创新创业并非一帆风顺，创新创业需要具备冒险精神，要有"目标笃定、意志坚定、过程淡定、结果待定"的心态，敢于拼搏，不畏失败，大胆向前，才能在曲折中通向成功。

本次讲座令同学们更加深入地了解乡村创业创新的路径和必备要素，同学们纷纷表示受益匪浅。

（公共管理学院　冯芷桐）

3月8日 体育学院开展"学雷锋"集体劳动日活动

三月春风天地秀，雷锋精神心中留。为积极倡导雷锋精神，弘扬雷锋精神，体育学院学生于3月8日在B25栋开展了学雷锋集体劳动日活动。

体育学院学生身着绿色志愿背心，手拿劳动工具，成为一道亮丽的风景线。一个个学生仔细地打扫这栋楼的每一个角落，清除每一处卫生死角，干净的楼栋体现了一分耕耘、一分收获的精神。把每一件简单的事做好就是不简单，把每一件平凡的事做好就是不平凡，这就是雷锋精神在体育学院学生身上的呈现。

雷锋活动日的意义是传递爱心，传播文明，不断提高同学们的奉献意识与环保意识。体育学院通过开展本次活动，让体育学子切身体验劳动，并用实际行动爱护生活环境。希望同学们能继承和弘扬雷锋精神，让雷锋常驻身边。

（体育学院　五室一站）

体育学院开展"学雷锋"集体劳动日活动

3月15日　美术与设计学院学生参与援藏支教工作

3月15日，广州大学第九批援藏支教队13名队员接过教育援藏的接力棒，前往西藏林芝波密开展对口援藏支教工作。美术与设计学院经过面试、体检、培训等环节，最终选定美学193班叶雯靖、美学194班邱颖瑜两位同学赴波密进行支教。

出发前，学院学生

邱颖瑜同学援藏支教实习课程展示

干部分别对叶雯靖和邱颖瑜两位同学就到西藏支教进行了简单的采访。

邱颖瑜表示："能到祖国需要的地方去建设，添砖加瓦，贡献自己的一份力是一件很值得自豪的事，希望能在西藏这片广博的土地留下自己的一丝丝印记。在青藏铁路局附近有一个横幅'功成不必在

叶雯靖同学援藏支教实习课程展示

我，功成必定有我'，希望能与大家共勉。"

叶雯靖同学也表示："我从小对支教这个词就抱有崇高的敬意，去援藏支教不仅是一个提升自我的机会，同时也会给西藏的孩子们带去不一样的东西，这是极其特殊的机遇。"

援藏支教工作具有重要意义，是我国对口支援工作的一部分，这些年广州大学讲政治、有情怀、重使命、显担当，以援藏支教、师资培训、设备捐赠等校地共建的方式，对波密县教育事业做出了重要贡献，希望支教队员们能够继续发挥广大人援藏支教的优良传统，教有所获、学有所成，为两地文化传播贡献应有的力量。

（美术与设计学院　学工办）

3月18日　数学与信息科学学院热血好儿女坚定军旅梦

3月18日，广州市越秀区举行"热血青年参军报国"新兵入伍欢送仪式，《羊城晚报》《广州日报》等省市媒体先后对数学与信息科学学院学生党员蔡志辉进行采访，并对他追逐军旅梦的事迹进行了报道。

在接受媒体采访时，蔡志辉说，自己从高中就开始向往军营生活，想要参军。因而从高三那年开始，他就在为自己的军旅梦努力着。"我的计划是在学

校加入中国共产党后，再参军入伍，这些年一直有规律地运动，加强体能训练。"蔡志辉说，军营令他触动最深的是战友情，"战友之间最深的信任，就是可以把后背交给对方保卫"。

数学与信息科学学院学子参军入伍

当军旅梦成为现实，蔡志辉难掩心中激动："一路走来，很多网上报名的同学没能走到最后，我将带着他们的梦想勠力前行。"

（数学与信息科学学院　学工办）

3月18日　管理学院学子携笔从戎，参军报国建功立业

莘莘学子携笔从戎，参军报国建功立业。当兵吃苦凝聚报国心血，保家卫国守护钢铁长城。携笔从戎锤炼青年本色，建功军营忠诚报效祖国。向踊跃应征入伍的青年致敬！

3月18日，很多满怀勇气和激情的管理学院学子实现了参军

应征入伍的工商194班陈芷若同学

梦！其中三代从军的陈芷若同学在入伍感言中说："人生没有尽头，只有路口。成年以后我发现选择题不是非对即错的，做决定才是最难的自修课，这也是我这一路最大的收获。进入大学是真正独立的开始，关于学习、关于社交、关于未来都需要我们独立做决定，并且这些决定将会影响你要成为一个什么样的人。这条路上没有真正意义上的'过来人'，也没有好的选择或者坏的选

择，希望我们都能遵从内心勇敢选择！也希望我们在忙着生活的同时停下来望望脚下的这片土地和头顶的天空，想一想来时的路，不忘初心，无愧祖国！"

（管理学院　新媒宣传中心）

3月19—27日　教育学院三人篮球赛活动

3月19—27日，教育学院在广州大学梅苑篮球场举办三人篮球赛活动，本次篮球赛主题为"青春无畏，逐梦扬威"，共有初赛与决赛两个阶段。

教育学院的健儿们踊跃参与，组成了多支实力强劲的队伍。赛场上，各支队伍配合默

教育学院学生进行三人篮球赛现场

契，即使比分有差距，各队球员们依然坚持拼搏，直到最后一秒也不轻言放弃，当然也有比分胶着之时，双方势均力敌，比赛扣人心弦。经过多场激烈角逐，冠军终于产生，比赛也圆满落幕。

本次篮球赛集健身、娱乐和游戏于一体，满足了现代大学生对运动的热爱，他们表示在运动中感受到了比赛与对抗的乐趣，同时也收获了友谊，增强了团队协作意识、团队凝聚力。本次三人篮球赛体现了校园积极热烈、朝气蓬勃的活动氛围，充分展现了教育学院学生的青春运动风采。

（教育学院　何靖）

3月23日　建筑与城市规划学院开展"与时代同频共振，做时代追梦者"党课

当代大学生既是"中国梦"的寄托者，更是"中国梦"的成就者。在当下疫情横行、世界动荡、对抗发展的大背景下，作为大学生党员如何实现梦想，如何保持定力？3月23日中午，学院47名研究生党员线上线下一同认真

聆听了建筑与城市规划学院党委书记王志明以"与时代同频共振，做时代追梦者"为主题的党课。本次党课给全体研究生党员呈现了观察问题的新视角、激发了担当使命的新动能。

建院学子在认真上网课

课上，王志明书记以"认清当今我国历史方位与国情发展"，"弘扬红色精神，立足当下"，"党员同志应做表率，干在实处，走在前列"三个层面为主要内容展开讲述。过去的一年，在中国共产党的正确领导下，我国创造了举世瞩目的发展成就；冬奥奇迹、抗疫奇迹——充分体现了中国共产党的治国理政能力、社会主义制度的优越性。青年学生一定要树立崇高的理想信念，坚定中国特色社会主义的道路自信、理论自信、制度自信和文化自信，将个人梦与中国梦相结合，担负起自己的使命和责任；一定要刻苦学习、全面发展，把创新精神和科学态度结合起来，把仰望星空和脚踏实地结合起来，既要见世面，还要经风雨、长才干。作为大学生党员，要始终与党和国家发展同行同向，要有正确的奋斗方向、奋斗路径、奋斗目标和奋斗行为。作为研究生党员，应从全局的角度去思考问题，坚持为人民服务的宗旨，以人民为中心。

通过这一次党课的学习，同学们进一步坚定了"听党话、感党恩、跟党走"的信念，进一步增强了党员的荣誉感、使命感、责任感，并表示要始终坚持人民立场、人民至上，坚持不懈为群众办实事做好事。

（建筑与城市规划学院　研究生党支部）

3月24日 音乐舞蹈学院举行学生代表座谈会

3月24日下午，音乐舞蹈学院在梅苑2栋党团活动室举行学生代表座谈会，副校长吴开俊莅临现场指导，音乐舞蹈学院李颂东书记、刘瑾院长、周云副书记、郎逸峰老师、张新新老师及音乐211班学生代表参加此次座谈会。

与会学生认真倾听吴开俊副校长讲话

座谈会伊始，各位同学逐一介绍自己并分享了入学以来的收获，讲述了对未来的规划以及日常学习中所遇到的困难。

吴开俊副校长认真听完每一位同学的发言后，针对同学们分享的内容进行回答，他表示：在大学生活中，同学们在学习专业知识的同时，还要多学一些其他方面的知识，拓宽视野，增长见识，在完成学业的同时加强运动。针对同学们反映的一些问题，吴开俊强调，学校正在快速发展中，在一些方面可能还不是很完善，需要大家共同努力，共同建设，相信广州大学在未来一定会跻身一流高校行列。

李颂东书记对吴副校长的讲话表示赞同，并通过自身经历提醒同学们，学好专业知识是以后就业的基础。同学们要定好目标，学好专业，度过充实的大学生活。

刘瑾院长对同学们提出的目前学院琴房不够的问题表示认同，强调困难只是暂时的，学校及学院也在积极想办法整合空闲的课室，争取早日解决困难。

周云副书记在座谈会上提醒同学们要多加练习，淬炼自身的专业技能。

座谈会最后吴副校长强调疫情面前无小事，同学们前往食堂、图书馆等场所一定要戴好口罩，做好防护，在宿舍居住要注意卫生，及时清扫，同时也要注意用电安全，养成良好的生活习惯。

（音乐舞蹈学院 学工办）

3月25日　环境科学与工程学院举办第三届环境节系列活动

为深入贯彻"绿水青山就是金山银山"的环保理念，提升广大学子的环境保护意识，3月22日—4月22日，环境科学与工程学院举办第三届环境节系列活动。

此次活动下设生态文明进校园科普活动、"只有一个地球"文创大赛、第四届环境类综

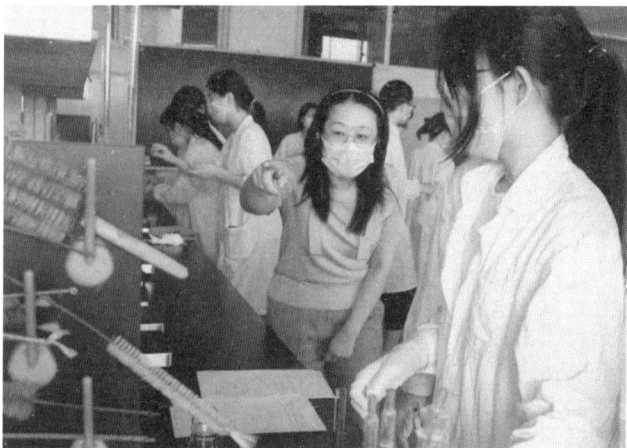

参赛选手在老师指导下开展实验

合技能大赛、环境案例分析大赛等精彩活动，在"只有一个地球"文创大赛中，同学们踊跃参与，比赛作品琳琅满目，同学们的奇思妙想展现了他们爱护地球的理念和广州大学不同专业学子的设计风采。他们用不同的视角、不同的方式、不同的设计理念与艺术思维，带领我们领略地球之美，这是思维与艺术之间的共鸣，也是我们与地球之间的灵魂共振。

在广州大学第四届环境类综合技能大赛的实验赛场上，各个小组表现突出，充分展现了生化环类学院学生的青春风采。比赛中，各小组有条不紊，争分夺秒地开始实验，从实验操作的每一个细节都可以看到他们完善的实验方案和良好的动手操作能力。

当实验环节全部结束，各参赛小组虽然露出些许疲惫，但是依然秉持着严谨认真的工作态度完成最终的实验报告，为各自的团队争得了荣誉，展现出作为科学研究学生的严谨态度和认真负责的精神。

（环境科学与工程学院　迪娜·苏来曼）

3月26日　教育学院顺利举办第十六届教学技能大赛

3月26日—5月24日，教育学院承办的主题为"扬技能之帆，育德艺英才"的第十六届教学技能大赛，历时两个月后圆满落幕。经过前期的活动宣传和系列推送信息发布，活动吸引了众多学生踊跃报名。

教育学系师范技能大赛获奖选手与评委老师合影

教学技能是教师必备的教育技巧，本次比赛以"扬技能之帆，育德艺英才"为主题，以提高学生教学技能为目的，为同学们提供一个充分展现教学技能风采、提升综合素质的平台，加强师范生的教学技能训练。本次比赛以年级为单位开展，分为班赛和院赛两种比赛形式。2019级的比赛于5月8日前由各系专任老师组织学生开展；2020、2021级的比赛于5月24日开展，受疫情影响，2020、2021级的比赛采取线下录课，线上评委评分的形式开展。在录课现场，各位参赛选手运用自己准备好的精美课件、条理清晰的板书和紧扣主题的教学方案，充分展示了整个课程设计及授课的过程。随后，评委们对参赛作品进行评分并排出相应的名次。

本次比赛为学生们提供了一个展现师范技能的舞台，同学们在参加比赛的过程中提高了教学技能水平，丰富了教学技能知识，并在此过程中收获了许多提升教学技能的经验。

（教育学院　陈政宝）

3月28日　化学化工学院斩获第十七届"挑战杯"国奖两项

3月28日，第十七届"挑战杯"全国大学生课外学术科技作品竞赛终审决赛落下帷幕，全国共有1 300余件课外学术科技竞赛作品进入国赛，我校6

件作品参与角逐。

化学化工学院 2 支参赛团队作品"钴基尖晶石氧催化剂的设计调控及其锌空电池应用""淀粉基柔性传感材料的制备"摘得全国三等奖,学院也成为本届国赛广州大学获奖最多的学院。截至目前,学院参赛项目已连续 5 届进入国赛。

参赛项目"钴基

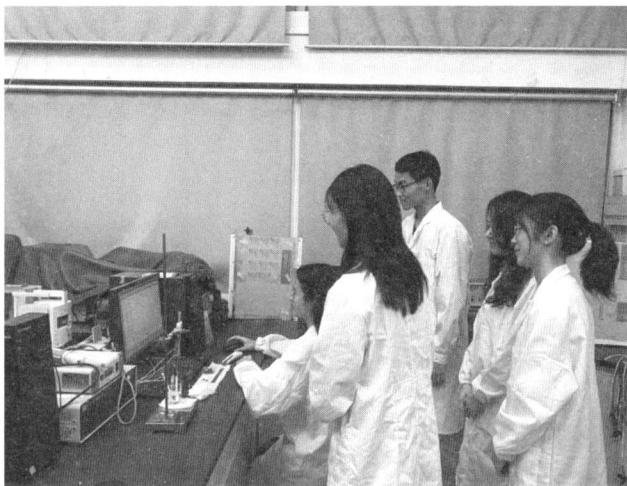

化院学子在认真备赛

尖晶石氧催化剂的设计调控及其锌空电池应用"在刘兆清教授的指导下,围绕"碳中和"这一国家重大战略需求,以钴基尖晶石为研究对象,通过缺陷调控、优化电子结构等手段设计合成了三种催化剂。项目研究成果丰硕,项目负责人王玲以第一作者在 *Chemistry-A European Journal*(IF 5. 236,Hot paper)上发表论文 1 篇,项目成员参与发表 SCI 论文 2 篇,均为化学领域的顶级期刊 Angew. Chem. Int. Ed.(IF 15. 336,ESI 1% 高被引论文)。

参赛项目"淀粉基柔性传感材料的制备"在刘鹏副教授的指导下,以玉米淀粉为原料,通过对盐溶液中离子体系的设计以及通过盐离子对淀粉凝胶结构的调控,设计制备了一种柔韧、透明、环境友好的淀粉基离子导电材料。该材料与皮肤的贴合力强,触感舒适,可用于穿戴设备,以及"人造皮肤"等智能人机交互设备。项目成员申请国际发明专利 1 项、国家发明专利 1 项(排名 4~8),并在 ACS Sustain. Chem. Eng.(IF = 7. 632)上发表封面论文 1 篇(排名第 5~6)。

学院多年来高度重视并大力支持学生参加各大创新创业比赛,依托"凌云工程""凌云讲堂"等品牌活动推进本科生导师制度,激发学生科研兴趣、调动创新创业积极性,借助主题年级大会、第一课、班会等全面开展"能力发展""三创能力"提升教育,发挥三大赛的龙头作用,涌现了一大批优秀学生,形成了良好的成才辐射效应。

(化学化工学院　学工办)

3月29日　马克思主义学院举行2019级学生"考研第一课"

3月29日下午，马克思主义学院举办了2019级学生"考研第一课"。学院院长赵中源、党委书记罗明星、副院长吴阳松、副院长左康华、党委副书记梅淑宁、思教191班班主任陈志伟、年级辅导员马娟以及2019级全体本科生参加授课。课程由罗明星书记主持。

韦彩鸿同学在"考研第一课"上发言

赵中源院长首先给学生们作考研动员讲话。他向在座的考研学子提出三点期待：心怀大志、坚定信心、脚踏实地。这让同学们意识到，无论是社会发展对人才的需求，还是我们自身走向未来的需求，都需要通过高端发展来实现。不仅要怀揣梦想，更要沉下心来刻苦学习，丰富人生历练。赵院长预祝同学们的努力终有回报，顺利考上理想院校。

随后，在2019级考研班班主任、副院长吴阳松的讲话中，同学们学习了考研黄金法则"668"，明白了"考研的态度就是吃苦的态度"，面对困难时要咬牙坚持，全力以赴。

在191班班主任陈志伟老师分享的自身考研经历中，同学们感悟到，要正视目标，把握好备考的每一天，为自己的未来拼搏。

考取华南理工大学的马克思主义学院2018级专业高端发展先锋班的张洁莹同学，分享了院校专业选择与备考技巧。

2019级专业高端发展班班长韦彩鸿同学分享经验后，祝愿同学们"心之所向，顺利上岸"。

通过这次考研动员大会，同学们更加明确方向，坚定目标，制定规划，以更加饱满的热情和坚定的信心朝着理想的彼岸前行。

（马克思主义学院　冯家铖）

3月29日　电子与通信工程学院在第十七届"挑战杯"全国大学生课外学术科技作品竞赛中喜获一等奖

第十七届"挑战杯"全国大学生课外学术科技作品竞赛于3月26—28日完成终审决赛，本届"挑战杯"国赛终审决赛原定于四川大学现场展示，受疫情影响改为线上答辩。29日在国家公证人员监督公证下，竞赛评审委员会就内地作品评出

电子与通信工程学院"面向物联网感知层的低功耗电源管理芯片研发"项目团队

特等奖作品49件、一等奖作品109件、二等奖作品320件、三等奖作品755件；就港澳地区作品评出特等奖作品1件、一等奖作品2件、二等奖作品6件、三等奖作品18件。

广州大学入围国赛终审4个项目，最终斩获一等奖1项、二等奖3项的好成绩。其中电子与通信工程学院曾衍瀚副教授、王志杰老师指导，吴添贤同学负责，林培东、植浩昌、陈涌楠、陈俊凯、李旭、詹逸等同学共同完成的"面向物联网感知层的低功耗电源管理芯片研发"项目喜获一等奖，这是电信学院在"挑战杯"国赛的第一个奖项，实现了电信学院在此赛事获奖零的突破！

学校一直高度重视本赛事，在终审决赛当天，校党委副书记聂贵新为同学们加油鼓劲，极大地鼓舞了团队的士气。校团委多次组织模拟演练，并邀请专家深入指导。学院领导关心赛事各项准备，提供各种帮助。在指导老师的悉心教导下，团队成员历时2年多对项目进行反复打磨提升，在比赛中团结协作，努力拼搏，不怕吃苦，展现了精益求精、永不言弃的创新精神。

（电子与通信工程学院　学工办）

3月31日　法学院本科生党支部参加广东省教育厅2021年"立志·修身·博学·报国"主题教育系列活动获二等奖

3月31日，法学院本科生党支部举办以"传承红色基因，启航不忘初心"为主题的红色经典舞台剧《刑场上的婚礼》，荣获广东省教育厅2021年"立志·修身·博学·报国"主题教育系列活动获舞台剧目类作品二等奖！《刑场上的婚礼》主要讲述了陈铁

红色舞台剧《刑场上的婚礼》获二等奖证书

军与周文雍两位烈士为组织开展地下工作的需要，在为国家并肩作战期间产生深厚的情谊，后来他们不幸被捕，在生命的最后一刻他们坦白对彼此真挚的感情，以刑场作为新婚的礼堂，以国民党反动派的枪声作为新婚的礼炮，举行了悲壮而伟大的婚礼。

本次舞台剧表演采用英雄人物的事迹作为活动蓝本，通过叙事和情景重现的舞台剧表演形式，让红色史料和红色精神在同学们中入耳、入脑、入心，用经典党史故事传承的中国共产党的革命理念和不屈意志，教育人、感化人、激励人，使同学们在熏陶中进一步加强和巩固对红色文化的理解。

（法学院　本科生党支部）

我们的大学

4月2日　管理学院项目"特大城市突发公共卫生事件应急医疗设施选址仿真研究"获"挑战杯"国赛二等奖

　　4月2日，管理学院刘景矿老师指导的项目"特大城市突发公共卫生事件应急医疗设施选址仿真研究"获得第十七届"挑战杯"全国大学生课外学术科技作品竞赛全国二等奖，从斩获校赛一等奖到省赛选拔再到国赛，每一轮都必须名列前茅

项目团队正在进行赛前准备

才有机会晋级，这也充分展现了管理学院学生努力拼搏的青春风采。

　　该项目有针对性地解决了广州地区突发公共卫生事件应急医疗设施选址决策优化问题，为全国其他城市的应急医疗设施选址和规划提供了有价值的参考，助力推进国家应急管理治理体系和治理能力现代化。

4月4日　数学与信息科学学院98名青年志愿者投身防疫工作

　　4月4日，学院发布招募志愿者的通知，同学们积极响应，共有98名数学学院青年志愿者参与其中。4月8日12时40分，志愿者开始认真接受培训，并于当天13时30分正式进行核酸检测工作。志愿者们在现场分批负责引导师生有序排队，

数学与信息科学学院青年志愿者合影

时刻提醒师生保持一米安全间距。他们戴好医用口罩，做好个人防护，耐心细致地引导每一位排队受检的师生填写线上信息，生成检测码，依次核验健康码并测量体温，并根据现场情况合理分配管理各区通道人数。

4 月 10 日，党员志愿者也在核酸检测的现场从 10 点开始站岗，不畏劳苦，将自身的职责履行到最后一刻。

（数学与信息科学学院　学工办）

4 月 10 日　法学院辩论队学生参加第五届"版辩羊城·权论新篇"广州大学生辩论邀请赛活动获奖

4 月 10 日，由广东省版权局指导，广州市版权局主办，广州市版权保护中心、广州广播电视台承办，广州市国家档案馆、广州市档案发展中心（音像资料馆）协办的第五届"版辩羊城·权论新篇"广州大学生辩论邀请赛于 4 月 10 日在

法学院廖楠同学领取优秀组织奖

大学城国家档案馆进行。法学院辩论队学生与华南理工大学法学院（知识产权学院）学生以"互联网环境下'独家版权'模式利大于弊还是弊大于利？"为辩题展开激烈的辩论。赛场上，法学院辩论队同学表现突出，整体表现优异，荣获优秀组织奖，充分体现了法学院学生良好的专业能力和表达能力。

（法学院　王文锐）

4 月 18 日　番禺区政府携手新闻与传播学院学子奏响防疫"好声音"

"病虐碟碟危亡处，吾心灼灼护国安"，疫情再袭，为更好地发挥专业优势助力防疫宣传，2021 年 10 月起，新闻与传播学院播音与主持艺术系三位同学

朱倩莹、杨锦浩、黄昊竣利用毕业设计创作机会，在刘玉萍老师的指导下与番禺区委宣传部、区卫健局合作，开始长达半年多的社区"大喇叭"防疫宣传创作，目前作品已投放到番禺镇街、社区村居播放。

新闻与传播学院三位同学在街头采访

"听众虽都是街坊，但年龄、文化程度不一。无论是文本撰稿，还是录制语调都要有讲究。"负责音频制作的朱倩莹同学说："为了满足不同层次听众的个性化需求，创作内容要新，也要接地气，做到喜闻乐见。"

"大喇叭"曾是过去乡村传统传播方式，但如今"旧瓶装新酒"，成为缩小传播鸿沟、打通防疫宣传的"最后一公里"，用最接地气的方式和亲切的乡音，让防疫宣传语音更生动、更有趣，传播更有效。

截至目前，同学们一共创作了 34 部作品。除防疫宣传作品之外，还结合工作需要和不同应用场景创作了防火、防盗、防诈骗等"大喇叭"宣传作品。去年 10—11 月，番禺区在全区社区、行政村、市场、公园、广场等人流密集地方，通过 662 个大喇叭和 3 台流动宣传车每天滚动播放宣传音频，在 870 台公交车里播放宣传音频。同时，音频也投放到了佛山市三水区南山镇智能应急广播系统中，播放点位共 205 个。

（新闻与传播学院　毕然）

4 月 19 日　学术沙龙（第八期）——"大豆的'安居乐业'"

4 月 19 日，生命科学学院研究生党支部、研究生会、团委、学生会采用线下线上相结合的方式，在文新楼 508、511 室（线下）和腾讯会议（线上）同时举办主题为"大豆的'安居乐业'"的学术沙龙。本次学术沙龙由生命科学学院的研究生导师芦思佳教授主讲，线上线下共 100 余人参加。

活动开始，芦思佳教授分享了自己及所在团队"分子遗传与进化创新研究中心"的科研成果。

随后，芦思佳教授讲授了大豆光周期调控生态适应性分子遗传基础的相关知识，主要分

芦思佳教授给学生演讲现场

为三个方面：一、探索能证明光周期响应能力是大豆横向适应的关键因素相关基因；二、探索大豆的适应轨迹和遗传基础；三、探究大豆种质在高纬度生态适应性的分子遗传基础及驯化过程中控制开花成熟的同源 PRR 基因的逐步选择。

此次学术沙龙从分子生物学、遗传学、基因组学、转录组学等多学科、多领域、多技术地展示了生命科学学院大豆科研团队强大的科研实力。通过此次学术沙龙，同学们开眼界、增见识，对科研的思考更为深入。

（生命科学学院　广大生科院学生新媒体中心）

4 月 20 日　讲好中国非遗故事，展现广大学子风采

外国语学院学生在首届"高教社杯""用外语讲中国故事"高等学校（本科）优秀短视频作品征集活动获佳绩。

近日，由南京大学联合高等教育出版社举办的首届"高教社杯""用外语讲中国故事"高等学校（本科）优秀短视频作品征集活动结果揭晓。外国语学院学生团队龙文迪、林丹璇、李军豪、郑利豪、李拓东、张海慧 6 位同学共同创作的作品《舌尖上的非遗——温润秀甜"姜埋奶"》荣获广东省优秀作品二等奖。

在翁素贤、苏远连两位老师的悉心指导下，龙文迪团队将镜头聚焦广东经典甜品姜埋奶，通过深度探访甜品店，用英语讲述了姜埋奶的孕育、发展与非

遗传承的故事，体现我院学生的家国意识与文化素养，也为非遗传承注入时代活力。

本次活动的校内征集由广州大学外国语学院主办、英语俱乐部协办，征集到涵盖广东美食、粤剧、醒狮、剪纸等多个讲述广东多彩非

The Wangs of Shawan West Village have been raising buffalo,
沙湾西村王氏族人便开始了水牛养牧，

外国语学院学子在用英语介绍非遗

遗故事的优秀短视频，经评审，择优推荐《舌尖上的非遗——温润秀甜"姜埋奶"》《今日你饮茶未？——走进广州非物质文化遗产"饮茶"习俗》两个作品代表学校参赛。

通过此次优秀短视频征集活动，我校学生展现了外语语言水平与团队合作能力，同时在视频制作中体验了语言、文化、交流相融合带来的乐趣。外国语学院将以此为契机，继续努力提升教学质量，为学生提供良好的学习环境，搭建多元化成才平台，引领更多学子讲好中国故事、展现广大学子风采。

（外国语学院　骆雪花　袁依薇　林旭怡）

4月21日　机械与电气工程学院举办"'疫'起运动齐心抗疫"趣味运动会

4月21日，为丰富疫情防控期间的校园文化活动，展示新时代大学生蓬勃朝气的精神风貌，弘扬冬奥运动精神，加强对学生的人文关怀，机械与电气工程学院举办了以"'疫'起运动，齐心抗疫"为主题的趣味运动会。本次运动会邀请了学生处副处长廖勇莅临指导；学院院长邹涛、学院党委书记李卓勇、党委副书记周臻以及学工办全体辅导员参与了本次活动。

本次趣味运动会严格遵守上级及学校疫情防控相关规定。活动前，同学们用消毒液对手部进行了基础的病毒消杀，同时做好了热身运动。每位同学本着"趣味交流第一，比赛竞技第二"的原则，积极参与。

同学们在活动中充满活力，奋力拼搏书写运动风采。活动点燃了同学们的激情，加油声、欢呼声、笑语声，此起彼伏。同学们纷纷表示，本次的趣味运

动会让他们乐在其中，不但拉近了师生距离，而且体验到了运动的乐趣。

在校园封闭防控期间举办趣味运动会，旨在引导学生在体育游戏中"享受乐趣、增强体质、健全人格、锤炼意志"，缓解疫情下的紧张情绪，促进学生身心健康，提高身体素质，让同学们有更好的

机械与电气工程学院趣味运动会合照

学习和生活状态。机械与电气工程学院也将继续秉持学校"爱体育、懂艺术"的育人理念，以学生为本，融入更多的人文关怀，为学院的学子营造阳光、和谐、活力的生活学习环境。

（机械与电气工程学院　姜霞赤）

4月22日　广州大学第十五届结构设计竞赛顺利举办

4月22日，广州大学第十五届结构设计竞赛决赛在理科教学南楼顺利举办。

结构设计大赛以推进教育创新及培养同学们的创新能力为目的，主题科学合理、趣味性

结构设计竞赛参赛人员与指导老师合影

强。今年的结构设计大赛竞争激烈，热闹非凡。大赛分专业组和趣味组两个组别。本次大赛要求参赛队伍提前一周完成模型，于比赛当天提交并进行检测、加载和打分。为了保证大赛的顺利进行，学院高度重视，邀请了多位专业评委老师前来指导。

本次大赛的主办方认真筹备，提前对活动的日程进行周密的安排，对比赛分组规则、评审细则、奖项评定设置等方面都做了详尽规定。在土木工程学院党委书记罗迪老师宣布大赛正式开始后，第一组模型加载开始，在场所有人都关注着砝码的加载，根据国赛赛题规则，赛题组对赛题进行了简化，在固定点位进行竖直，扭转，水平荷载共三级荷载的加重。

经过了层层考验，本次大赛选出了专业组最高得分的作品以及趣味组最美观的作品。随后老师进行了点评，老师对同学们的参赛作品表示了肯定和赞赏，同时也提出了宝贵的意见和建议。结构设计大赛不仅是一项具有丰富力学知识的比赛，更是一场智慧的比拼。经过这次活动，同学们更加体验到了结构比赛的魅力，也从中学习到了很多知识和技巧。

（土木工程学院　莫梓健）

4 月 23 日　电子与通信工程学院入党积极分子培训专题讲座

为进一步帮助电子与通信工程学院第二期入党积极分子了解国内外的形势与政策，把握国家脉络、发展方向、发展趋势，树立正确人生观和价值观，增强党性修养，4 月 23 日晚上，电子与通信工程学院在理科北楼 305 室举

电子与通信工程学院学生认真聆听专题讲座

行第二期入党积极分子培训班讲座"习近平总书记关于冬奥会重要论述的解读"，讲座由广州大学马克思主义学院高燕老师主讲，电子与通信工程学院党委副书记谢玲参加本次讲座。

冬奥之约，中国之诺。高燕老师给大家展示并解说了北京冬奥会的办奥目标：精彩、非凡、卓越；办奥要求：简约、安全、精彩；最重要的是办奥理念：绿色、共享、开放、廉洁，贯穿于筹办备赛工作过程，冬奥会的成功举办，也向全世界证明了中国办奥理念的正确和优越性！举办好冬奥会和冬季残

奥会意义重大，同实现"两个一百年"奋斗目标高度契合，正如习近平总书记考察冬奥会备赛工作时强调"从体育强国到健康中国，人民的健康、人民的体质、人民的幸福，都是一脉相承的。这是全面小康、全面现代化的题中之义，它的意义，小中见大"。

这是一堂生动有趣的线下讲座，高燕老师通过通俗易懂的语言、生动的事例，启发学生思考，给第二期入党积极分子留下了深刻的印象。通过对家国时事的讨论和解读，同学们积极运用马克思主义的立场和观点去认识当前国内外的重大时势，提高了辨别是非的能力，坚定了理想信念，补足了精神之钙，为成为一名中国共产党员而不断努力奋斗！

（电子与通信工程学院　学工办）

4月23日　邓欣怡同学位居2021—2022学年广州大学图书馆个人借阅量排行榜第二名

4月23日，广州大学图书馆公布"2021年度广州大学图书馆阅读数据"，马克思主义学院思教192班邓欣怡同学年度借阅量329本，居广大图书馆该年度个人借阅量排行榜第二名。

对邓欣怡同学而言，阅读是与她生活紧密相连的一部分，是对她自身的塑造，而它筑就的精神世界更是她的象牙塔和星火，在精神上照亮指引着她，让她敢于抒发自己的意志和主体性。她喜爱的书随人生经历而改变，不同的书籍能够在不同的处境下给她体验和启发，思辨理论的文字也给予她画面铺陈和经验支撑。

邓欣怡同学是"观书苑"读书会的常客，她享受与大家一起研读经典的氛围，也享受理论经典给她带来自主阅读、独立思考能力的提升。老师的领读就像引子，为大家提供阅读材料和思考方向，在交流讨论中伴随着各方面方法、能力与思维的启发。邓欣怡同学鼓励大家积极参与学院的读书会，品读经典，感受时代与现实之间的张力，品味求知的焦虑和惊喜

邓欣怡同学表示，阅读的意义与个人的生活方式息息相关，无论自己迷茫还是精力充沛之时，阅读让她犹如进入另一个象牙塔般的精神世界，她会在其中充电和审思，用饱满的力量去面对现实世界。所以她鼓励大家去图书馆阅读经典，寻找"心灵之书"，领略书中繁华。

（马克思主义学院　卓玥　冯家铖）

4月24日　计算机科学与网络工程学院研究生第一党支部组织发展对象观看2021年度《感动中国》节目

4月24日，为进一步提高发展对象的爱国意识和思想意识，学习先进个人以及先进集体的精神，计算机科学与网络工程学院研究生第一党支部于行政西楼428会议室组织观看2021年度《感动中国》节目。支部委员和发展对象参与会议。

发展对象全程认真观看了杨振宁的爱国情

党支部观看2021年度《感动中国》节目现场

怀、朱彦夫的抗争战斗、苏炳添的超越自己、江梦南的无声突围、中国航天人的闪耀太空……一个个鲜活的人物感动着大家。视频结束后，同学们对感动中国人物都有自己的理解。孙梦恬书记让同学们选择一位印象最深的感动中国人物，选择相同的分为一组，各组同学以手抄报的形式描述对该感动中国人物的印象。同学们纷纷发挥创意，编辑出了独一无二的手抄报。

发展对象表示，观看了《感动中国》颁奖视频后，领悟到了彭士禄的澎湃理想、吴天一的高原人民健康守护、张顺东夫妇的无脚走出幸福路与无手绣出幸福花、陈贝儿的打破偏见和怀疑。在今后的日常生活和学习中，大家会学习感动中国人物们的坚持不懈和奋斗不息，在平凡中铸就伟大精神。

（计算机科学与网络工程学院　学工办）

4 月 25 日　电子与通信工程学院研究生的论文在第七届 IEEE 计算机与通信系统国际会议上被评为"最佳学生论文奖"

第七届 IEEE 计算机与通信系统国际会议（The 7th International Conference on Computer and Communication Systems）于 4 月 22—25 日在华中科技大学举行，IEEE ICCCS 2022 由 IEEE 和华中科技大学共同赞助。本次 IEEE ICCCS 2022 会议共录用了 187 篇学术论

电子与通信工程学院杨广同学获奖证书

文，其中广州大学电子与通信工程学院 2019 级电子与通信工程专业研究生杨广同学在本次会议所投递的论文 "On the Energy Constrained Data Collection in Multi – UAV – Enabled Wireless Sensor Networks" 及北京邮电大学、厦门大学、华南师范大学 4 篇论文被评为最佳学生论文奖（Best Student Paper）。

杨广同学的论文所考虑的是大规模能量约束地面传感器节点基于多无人机辅助的数据采集问题，论文将该问题抽象建模为严格能耗约束条件下的多无人机飞行轨迹的优化问题，显然该问题在每个无人机的起点和终点重合时即为经典的多旅行商问题 mTSP。由于 mTSP 是一类著名的 NP – 困难问题，目前还没有精确的求解算法，只能使用一些近似算法。为了简化分析，论文提出了基于地面传感器节点的空间分割策略，将 mTSP 问题转换为多个独立的 TSP 问题来解决。由于 mTSP 问题是一类在实际应用中经常遇到的问题，比如多机器人任务规划，城市公交车调度等，论文所提出的拆分分析方法和思路为简化求解类似的 mTSP 问题提供了一个可供参考的思路。

（电子与通信工程学院　学工办）

大学生文化素质发展日志年编（2022）

4 月 25 日　四院联合青马工程讲师团选拔复赛回顾

4 月 25 日中午，四院联合青马工程讲师团选拔复赛在理科北楼 305 室召开。本次活动邀请了建筑与城市规划学院的林舒莹老师，数学学院的黄思韵老师，外国语学院的廖沛玲老师、柳叶老师，以及新闻与传播学院的梁荣清老师作为比赛评委。在温捷同学讲述赛前规则后，四院青马工程演讲比赛正式拉开序幕。

首先，张心怡同学进行了题为"坚持胸怀天下"的演讲，她详细阐述了"胸怀天下"的定义、意义以及措施。她讲到，作为大学生，我们也应成为国家发展进步奋斗的担当，为世界和平发展贡献智慧力量。

赖科凤同学则由刚刚结束的冬奥会引题展开"开拓创新，创造人间奇迹"的主题演讲。她以应用在冬奥会上那一件件"黑科技"引入，介绍了新中国一代代科学家艰苦奋斗下不断高速发展的中国科技力量。

张靖同学带来了题为"从脱贫攻坚，到协作振兴"的主题演讲，从"人民至上"理论的由来，到"人民至上"的鲜活体现，最后到"人民至上"与我们。

阮泳瑜同学以"中国共产党人精神谱系"为题，以长征精神、抗日精神、抗美援朝精神、雷锋精神为例，串联起中国共产党人的精神谱系在建党百年里的伟大表现。

最后，沈婳懿同学以习近平总书记的话引题，介绍了长征途中、抗战时期、新中国成立后及党的十八大以来中国在独立自主道路上进行的一系列努力与措施。

竞逐结束后，在场评委嘉宾为选手们进行了打分以及点评，最终阮泳瑜同学、张靖同学从众多参赛者中脱颖而出，代表四院参加校青马工程演讲比赛。

（建筑与城市规划学院）

4月26日　凝聚优秀校友力量，助力学子高质量就业

4月26日下午，物理与材料科学学院携手广州欧创智能科技有限公司在理南510室举行企业宣讲会暨优秀校友分享会。分享会邀请嘉宾广州欧创智能科技有限公司总经理/创始人（2004届电本专业校友）甘达、人力资源总监钟少清、国际市场总监周思源，物理学院党委副书记黄顺婷老

同学们踊跃与校友互动

师、2018级辅导员陈思荣老师、负责征兵工作辅导员韩同振老师，2022届毕业生和部分非毕业班学生共150余人通过线上线下的形式参加了本次活动。

分享会上，校友甘达从企业定位、发展历程、通信产品、党支部建设、团建活动等方面介绍了欧创智能科技公司概况；校友周思源和总监钟少清则分别从大学毕业生进入职场的心路历程转变、如何理解企业的岗位职责和任职要求、招聘面试求职注意事项等方面做了详细的分享。

到了互动提问环节，现场和线上参与的同学们踊跃提问，甘达师兄就如何创业、选择就业城市、提升核心竞争力等问题进行详细解答，同时希望日后与母校、学院在项目研发、招聘培训等更多方面能有更深一步的合作。

最后，黄书记分析了2022年大学生就业形势，鼓励2022届毕业生积极做好就业准备，充分利用好学校和学院的平台资源，吸取优秀校友的成功经验，拓宽职业发展道路。

活动内容丰富，现场气氛热烈，对同学们解决就业中的困惑、明确今后努力的方向都有很大的帮助。未来，相信同学们能够以更加积极的心态面对严峻的就业形势，迎接崭新的未来。

（物理与材料科学学院　学工办）

4月27日　体育学院举行首届"向师杯"云说课大赛

为加强体育学院学生师范技能基本功的锻炼，提高学生运用所学知识开展教育教学活动的能力，体育学院于4月27日开展了第一届"向师杯"云说课大赛。

本次比赛旨在提高学生的学习主动性，使本学院同学能将理论与实践相结合，做好由学

体育学院"向师杯"比赛评委老师、参赛选手合影

生到教师的角色转换。本次比赛还能旨在强化体育教育专业的师范教育特色，加快师范生队伍的规范化、专业化和特色化建设，努力提升师范生的教学技能水平。

经过前期激烈的角逐，有十名选手进入决赛一决高下。比赛由两个环节组成，分别是说课以及评委点评环节。

说课环节中，选手们从教材分析、学情分析、教学目标与教法学法等方面入手，有条不紊、逻辑清晰地进行说课，展现出过硬的专业素养，语言流畅自然，讲解凝练精辟，互动灵活亲切，真正做到了说课有方法、说课有依据、说课有亮点，使课堂教学更具有知识性、思想性、艺术性。

本次师范技能大赛提高了体育师范生的师德践行能力、教学实践能力、综合育人能力和自主发展能力，有利于广大师生营造更好的教学氛围，为日后向社会各校输送高质量的教育人才奠定基础。三尺讲台，不忘育人初心；一片丹心，牢记教学使命。希望体育学子能积极参加比赛，把握机会，积累经验，提升能力。在未来的教学工作中爱岗敬业，奉献自我，成就价值。

（体育学院　团委学生会）

4月27日 马克思主义学院学生助力抗击疫情

疫情无情，人间有爱。在新一轮疫情来临时，马克思主义学院学生共同奔赴抗击疫情的战场。

抗疫路上，有来自马克思主义学院的青年力量与担当！马克思主义学院青年抗疫服务队的同学们积极投入到了抗疫工作中：排队指引、测量体温、协助扫码……高温天气下，他

罗绮曼同学参加核酸检测志愿活动

们全身上下捂得严严实实，汗流浃背也不曾松懈，尽心尽力地服务他人，也深刻地感悟着每一位"大白天使"的不易。当穿上红色志愿者马甲的那一刻，他们便不再是被守护的小孩，而是负重前行的最美逆行者。

同学们表示，疫情当前，每一个人都可以作出自己的一份贡献，比如遵守学校防疫要求，积极参加防疫志愿者等。在志愿活动中，能够真切感受到自己是被广大人民群众所需要的，是在为广大人民群众服务的。在本次志愿抗疫活动中，马院学子不仅帮助了他人，还锻炼了意志，克服了天气闷热、腰酸背痛的重重困难，收获了一个更好的自己。在志愿服务中，大家深刻感受到了医护人员的不易，向所有"逆行者"们致敬！同时，大家也祈盼疫情的早日结束，祈盼校园早日恢复熙熙攘攘的热闹。

辛苦、忙碌的背后，是沉甸甸的责任与担当；不易与困难的另一面，是无畏与勇敢。汗水与疲惫的另一边，是收获满怀的幸福与成就。愿山河无恙，人间皆安！

（马克思主义学院 卓玥）

四月

4月30日　"情"棋书画，信可乐也

4月30日—5月28日，为丰富同学们的课余活动，陶冶情操，竹苑5栋五室一站依次开展了"情"棋书画主题系列活动，吸引了很多同学，下面是同学们参加活动的感想分享：

"三行情话：在征集大家的情话的过程中，我们能看见懵懂的爱情、满溢的孝心、真

学生们在认真下棋

挚的友情和对抗疫者的赞颂。三行，将这些弥足珍贵的情感尽力浓缩，化为解不开的深情。文字带给人无限的力量，作为宣传组的一员，我会更加用心写好每一篇推文。"

"乐在'棋'中：'人生如棋，黑白相间；局里局外，一生好走'。棋盘正如人生，下棋是一场博弈，下棋者落子无悔。有的小心翼翼，有的成竹在胸，但都能体会到无穷的乐趣——做任何一件事，只要聚精会神、步步为营，即使最后一败涂地，也不能说一无所获。"

"笔酣墨饱：'羲之笔下千秋韵，恺之画上万种情'，一笔一划，寄寓的是不为人知的情感，是文人的风骚、画家的深情。我们大学生也有自己的风骨，也有自己对艺术的看法，每个人都怀着热诚，或写或画下了人生浓墨重彩的一笔。广州大学，是我们梦的起点，让我们沿着这条先人留下的长廊，向未来走得更远。"

"情"棋书画主题系列活动，是对学生们的一次精神激励，让同学们在娱乐中享受竞技的乐趣，在创作中体会真挚的情感、学习的意义，使心灵找到明澈通达之路。

（计算机科学与网络工程学院　学工办）

4月　数学与信息科学学院在"0408疫情"中尽显大爱

在广州这场突如其来的"0408疫情"中，数学与信息科学学院党委带领广大党员教师，坚决贯彻习近平总书记重要指示要求，不折不扣落实疫情防控重大政治责任，认真落实落细各项防控措施，从学院领导到专任教师，从辅导员到班主任，从学生党员到普通志愿者……在疫情突如其来时，他们选择挺身而出，站到疫情防控第一线，共同守护全院1 756位学生的健康安全，用实际行动践行了数学学院这个团体的大爱。

学院通过走访宿舍、召开主题班会等线上线下形式加强与学生的沟通，听取学生的意见，了解学生的需求，积极做好心理疏导和人文关怀。居住在封控管控区的教师，在做好线上教学的同时，就地成为社区志愿者，为基层防疫工作尽自己的一份努力。广大党员教师则积极响应上级党委关于党员干部职工下沉社区的号召，主动下沉到所居住的街道社区一线开展核酸检测、人员摸排、服务保障等抗疫工作。

（数学与信息科学学院　学工办）

4月　经济与统计学院心苑举办以"踏浪前行，戏动人心"为主题的心理情景剧大赛

为宣传和普及心理健康知识，了解同学们学习生活中面临的压力与困惑，帮助大家掌握常见心理问题的应对方法，广州大学经济与统计学院心苑于4月举办为期一个月的以"踏浪前行，戏动人心"为主题的心理情景剧大赛。

心苑于4月7日发布微信推文，向经济与统计学院全体学生宣传本次心理情景剧大赛活动，并向同学们征集作品。4月12日举办初赛，经过激烈角逐，6支队伍从报名参赛的15支队伍中脱颖而出，进入决赛。5月4日，心理情景剧大赛决赛在线上举行，同学们通过角色扮演、角色互换、内心独白等心理剧的常用表演形式，演绎了在学校中生活、学习、交往中所遇到的冲突、困惑与烦恼。各队伍通过多次排练，不断提升团队协作能力和创造力，精彩的表演赢得了观众和评委的一致好评。特别是作为活动主力军的2021级同学，他们充分展现了自身作为新生的活力。

心苑通过举办心理情景剧大赛，帮助同学们更好地认识自我，关注心理健

康，塑造健全人格，从而应对生活学习交往中遇到的问题，帮助同学们树立正确的世界观、人生观、价值观，让同学们自觉实践，勇于探索，真正实现人生的价值。

（经济与统计学院　心苑）

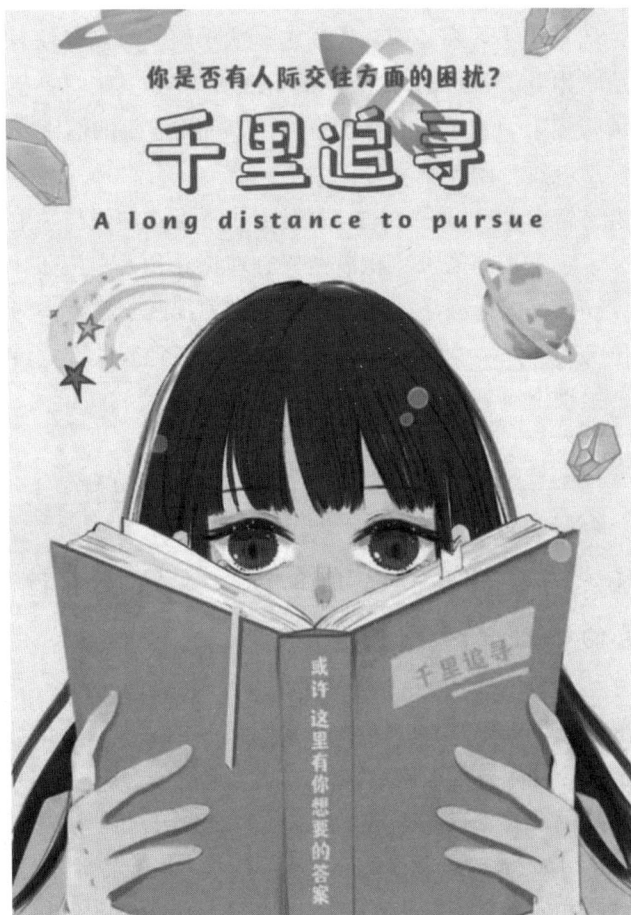

心理情景剧大赛一等奖队伍参赛海报

大学生文化素质发展日志年编（2022）

我们的大学

May　五月

5月1日 劳动节，我们致敬劳动者

5月1日下午，计算机科学与网络工程学院于梅苑、兰苑和菊苑食堂开展食堂劳动教育专项活动。

此次活动旨在通过打扫卫生、洗菜、抹桌子等工作，让同学们在劳动的过程中体会学校饮食中心工作人员的辛

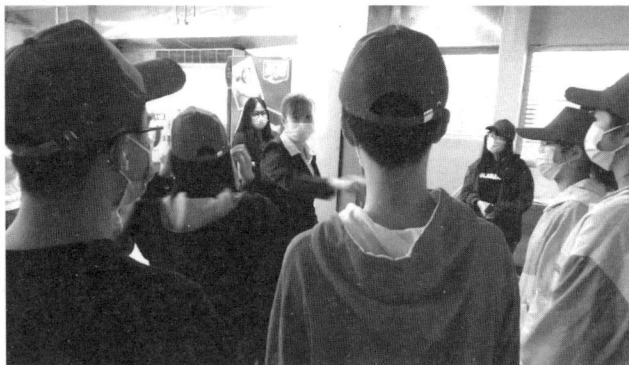

志愿者们认真听饭堂工作人员讲解劳动要点

劳与严谨，更加相信学校的餐饮有安全保障，更加明白"一箪食，一瓢饮，当思来之不易"的道理。

本次活动先由饭堂工作人员对学生进行劳动指导，后由学生自主完成劳动教育任务，内容包括清洁桌椅、水槽，搬运盘子等。同学们在劳动过程中一丝不苟，期间更有就餐的人员向同学们表示感谢。劳动过后，同学们在食堂就餐，一米一菜因劳动而更加香甜！

计算机学院党委副书记吕延明走访了梅苑、兰苑、菊苑三所饭堂，查看同学们的劳动情况并询问同学们的劳动心得。她鼓励同学们尝试转换身份，用心感受服务业从业人员的不易。同学们也表示，以后吃饭再也不随便弄脏桌子、乱丢盘子了。此次劳动教育，同学们不仅体验了饭堂的日常工作，也体会到饭堂工作人员的艰辛，懂得了珍惜他人劳动成果的道理。

劳动节期间，仍有不少工作者活跃在各自的岗位上，为社会和国家的正常运做贡献自己的力量。计算机青年学子以实际行动和青春汗水，向劳动者们表达了自己的敬意！

（计算机科学与网络工程学院 学工办）

5月1日　建筑与城市规划学院举办主题劳动教育活动第三期——"夏天的花"

5月10日下午，建筑与城市规划学院联合广州大学景园研究协会在理科教学楼北楼5层、6层举办建筑与城市规划学院志愿劳动主题教育活动第三期——"夏天的花"。

本次活动，很荣幸邀请到党委副书记周世慧老师、团委书记林舒莹老师和学工办熊一唱老师和学生们一起参加本次志愿劳动主题教育活动。

活动正式开始之前，周书记向学生们简单地普及劳动教育理论知识，强调劳动的意义，并亲自演示了如何栽种植株。本次种花活动，学院创新性地引进了小番茄，一并栽种在五楼平台。她希望在同学们的用心栽培下，未来能够看到一个绿意盎然、花开灿烂、有蔬果供食的理北，也希望学生们在这里留下快乐学习、健康成长的剪影。

从春天到夏天，建筑与城市规划学院的劳动主题教育一直在进行，种花活动也一直在继续。希望建筑学子在活动中感受劳动的魅力和收获的快乐。

（建筑与城市规划学院）

五月

"夏天的花"活动大合照

5月4日　广州大学音乐舞蹈学院学子再登央视参演央视五四青年节特别节目

5月4日，广州大学音乐舞蹈学院学子再登央视参演央视五四青年节特别节目。此前，学院接到教育部体育卫生与艺术司的邀请，参加教育部2022年五四青年节特别节目，该节目由中宣部、教育部、共青团中央指导，中央

音舞学院学子们在央视五四青年节特别节目中演出

广播电视总台承办。为此，我院选出21名舞蹈编导专业学生，在学院副院长佟树声和王志刚老师、王珊老师的指导下迅速开展节目排练，在学校党委宣传部的协助下顺利完成了节目录制。5月4日晚上八点，《奋斗的青春：2022年五四青年节特别节目》在央视综合频道、综艺频道，央视频、央视新闻、央视文艺、央视网，以及央广文艺之声等平台播出。其中音舞学子参演节目歌曲《New Youth》（新青年），在节目中展现了广州大学的校园风貌和音乐舞蹈学院学子的风采。

音舞学院学子表示非常荣幸能够参加此次中央电视台五四青年节的电视节目录制，学子们在辛苦排练的过程中尽情挥洒汗水，释放青春激情，追逐青春理想。青春因奋斗而精彩，每位同学都要在青春的赛道上奋力奔跑，争取跑出好成绩！

（音乐舞蹈学院）

5月6日　党员环保先锋队开展"齐护低碳树，绿色进校园"活动

5月6日，广州大学环境科学与工程学院党员环保先锋队和广州大学绿色动力协会的16名志愿者来到了番禺区剑桥郡小学，面向剑桥郡小学四年级共131名同学开展了"齐护低碳树，绿色进校园"研学和志愿服务活动。

面对孩子们一张张稚嫩的面容，环保先锋队与志愿者们在课堂上讲授树木对碳中和的作用，之后他们带领学生走出课堂来到校园，让同学们认识身边的植物并且认养各自的减碳树。党员环保先锋队队员与志愿者们通过为树木 DIY 爱心树牌并挂牌的方式，让孩子们与

党员环保先锋队与志愿者们合影

身边树木建立起栽培关系，帮助他们从小养成爱树护树的情怀。这次活动中，同学们切身实地意识到，只有这样的爱心方式才能真正在孩子们和环保之间构建起桥梁。

之后先锋队队员与志愿者们分别带领孩子们观察校园中的一草一木，让孩子们认识校园中诸如枯枝、落叶、果实等隐藏的自然宝物。他们通过课堂与校园生活相结合的方式，既让环保知识走进了孩子们的内心世界，也使自己感受到了孩子们对于知识的向往，更收获了对自身工作的肯定。

本次活动举办取得圆满成功，相信在这些乐趣十足的活动中，剑桥郡小学的孩子们都增强了环保、减碳的意识。党员环保先锋队成员们再次深刻地认识到，要让环保减碳的意识从小在下一代的心里萌芽。

（环境科学与工程学院　张振扬）

5月6日　蓝信封之"书信解忧"活动

5月6—14日，教育学院青年志愿者协会在线上举办蓝信封之"书信解忧"活动。蓝信封留守儿童书信陪伴项目通过给留守儿童一对一配对志愿者后，志愿者以书信的形式对孩子们进行有效的长期陪伴，为其树立求学榜样，激励他们积极上进，关注成长过程中面临的困惑及问题，引导他们健康快乐地成长。

此次蓝信封衍生活动中，志愿者们在"解忧杂货铺"链接里所提供的家

庭、学习、朋辈、恋爱以及未来等多个话题中选择任意一个烦恼以信纸的形式进行回复，手写后拍照上传。小小蓝信封，朴素的文字传递出最真挚的感情，以信交心，让相隔几千里的心慢慢紧贴在一起，双方都在期待对方的下一次来信，互相分享生活中的点点滴滴，交流兴趣爱好，倾听彼此的烦恼，给予精神上的陪伴，双方都得到了成长，每一次用笔触写的交流都无比珍贵。

优秀蓝信封合集

蓝天作信封，白云作信笺，以爱为墨，书满腔关怀，蓝笺小字，赠君春意浓。一封封书信，跨越几千里，不变的是牵挂，难忘的是出行，每一次相遇都是惊喜，每一个终点都是一个新的起点，志愿者与孩子们携手共创美好未来。

（教育学院　青年志愿者协会）

5月6日　电子与通信工程学院返乡学子高宇为家乡抗疫助力

近日，广州大学收到吴川市塘尾街道高杨社区党支部委员会关于表扬学校培养的优秀学生高宇的感谢信。高宇是电子与通信工程学院电信181班的学生，五一假期申请回到家乡湛江吴川。5月6日，湛江吴川出现疫情，高宇通过"吴川青年"公众号得知紧急招募疫情防控志愿者后，主动报名参加社区核酸检测志愿工作，连续奋战6天助力家乡抗疫。

在志愿服务中，高宇提前考虑到村里的老人可能没有智能手机、不会使用智能手机，以及存在部分空巢老人的情况。在第一天当志愿者的时候，他用自己的手机帮助没有智能手机的群众创建核酸码，维持秩序引领老人、孕妇以及残疾人到绿色通道。经过前三天的工作，高宇的手机里存有大部分没有智能手机的老人的核酸码了，后续的几天里只需要校对他们的身份证即可找到他们的核酸码，为核酸检测节省了大量时间。

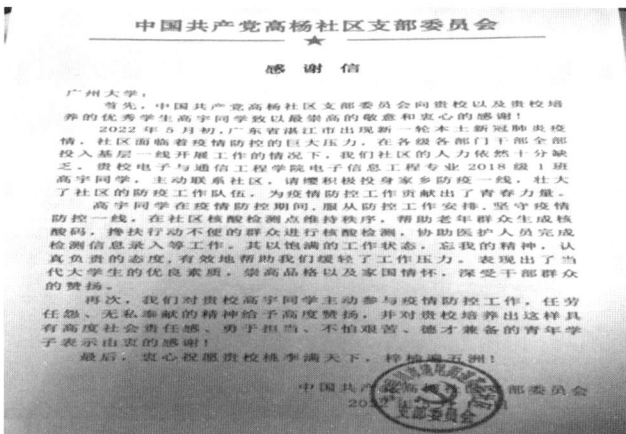

电子与通信工程学院学生高宇收到来自家乡的感谢信

高宇同学表示，参与社区防疫工作的这段时间，他体会到了基层工作者在防疫工作中的不易，个人的力量虽小，但能为防疫工作贡献自己的一份力量真的很开心。同时他也看到在基层工作中，许多党员同志主动奋斗在最前线，作为一名入党积极分子，希望能发挥自己的绵薄之力，为人民服务，帮群众做事，以实际行动不断向党员看齐、向组织靠拢。

高宇的优秀事迹相继被《湛江晚报》《发现湛江》等主流媒体报道。践行志愿精神，投身抗疫工作，高宇以实际行动，诠释了当代大学生的责任与担当，他的事迹鼓励大家不负韶华，勇于担当，在青春的赛道上跑出当代青年的最好成绩。

（电子与通信工程学院　学工办）

5月9日　环境科学与工程学院与剑桥郡小学共建科技教育实践基地

5月9日，环境科学与工程学院与剑桥郡小学共建科技教育实践基地，与此同时广州大学科技辅导团环院分团来到剑桥郡小学开展科普活动。

此次环境科学与工程学院与剑桥郡小学共建科技教育实践基地，让科辅团的同学们在更大更好的平台上提升自身能力，掌握更好的科教技能。同学们从小学生们对科学生态文明知识的兴趣中感受到他们的求知欲，纷纷肯定共建科技教育实践基地是一个双赢的项目。

科辅团成员们通过给小学生们上课和开展一系列的实验活动，成为一名临时的实验员、老师、助教，积累了教学经验。不少成员表示在这次活动中认识到自己的很多不足，也收获到了很多，这次是同学们第一次以老师的身份走进课堂，从另一个角

科辅团成员在进行课程教学

度重新认识小学生活，也重新认识自己。

来自环境科学与工程学院的易卓然同学深有体会："这是一次新鲜的体验，小朋友看我们的视角是仰视，激励我们在这个课堂里要树立良好榜样，做一个优秀的教师。"

中小学生是祖国的未来和希望。在这次活动中，大学生引导、鼓励中小学生，小学生们受到教育、得到成长，学院学子也得到锻炼和发展。期待在双方的共同努力下，把科技教育实践基地变成培养学生创新思维的乐土，让科学探究的精神萌芽破土！

（环境科学与工程学院　科辅团）

5月10日　马克思主义学院师生观看庆祝中国共产主义青年团成立100周年大会

5月10日上午，庆祝中国共产主义青年团成立100周年大会在北京人民大会堂举行，中共中央总书记、国家主席、中央军委主席习近平出席大会并发表重要讲话。马克思主义学院师生共同收看庆祝大会，认真聆听习近平总书记在大会上的讲话，深刻体会总书记对青年的殷切期盼和谆谆嘱托。

大会结束后，在场师生分享感悟：

学院党委书记罗明星、学院党委副书记梅淑宁和马娟老师分别向团员青年

提出期待和建议，希望大家学好专业知识，敢于担当、善于作为，用责任与担当让青春闪闪发光。

廖嘉慧同学表示，作为共青团员要牢固树立崇高理想，以团员的最高标准来严格要求自己，力争成为社会所需的优秀共青团员。

同学们重温入团誓词

林蔚祺同学提出，作为青年干部，在日常的学习生活中要时刻保持思想上的先进性和纯洁性，在实际行动体现并提升自己的社会价值。

邓欣怡同学分享了自己的学习心得：一是青年要保持独立人格和先进观念，对复杂的社会形势做出合理判断；二是要在观照现实中品味经典。

杨杰同学简述了两点感想：一是团组织为广大团员青年提供了更多、更优秀的课程；二是感悟到时代、党和人民赋予马院、赋予思想政治教育专业学生的使命。

学习完本次会议的精神后，同学们表示将在日后的学习生活中更加严格要求自己，不断提升自我，为实现中国梦贡献自己的力量。

（马克思主义学院　团委组织部）

5月14—31日　经济与统计学院开展提案大赛活动

5月14—31日，广州大学经济与统计学院以"护学生权益，助和谐校园"为主题开展提案大赛活动。

在活动中，同学们对学校进行多方调研，针对垃圾分类、饭堂菜

提案大赛中参赛者展示自己的提案

色、自习室建设等方面的问题进行提案并发送至相关邮箱。本次活动中，LC后援会队为改善同学们的学习环境对桂花岗校区自习室建设提出了以下方案：在自习室内外和教学楼各楼层增设垃圾桶和饮水机；在自习室墙上的开关旁张贴开关相应的风扇位置，方便同学自行调节；在硬件条件允许的前提下适当增设自习室的插头或者学校可以在自习室附近设立充电宝自助借还机；完善预约自习室位置的系统或招收志愿者管理自习室的"霸位"现象等。这份提案引起部分学生共鸣且具有一定可行性，荣获本次提案大赛一等奖。

通过本次提案大赛，同学们不仅增强了参与校园建设的责任感，而且切身感受了自身主人翁地位，同时更加深刻领悟了广州大学"博学笃行，与时俱进"的精神。

（经济与统计学院　权益服务部）

5 月 15 日　第九届三院联合书法大赛决赛

5 月 15 日下午，第九届三院联合书法大赛决赛在广州大学大学城校区理科教学楼北楼 205 室正式举行，土木工程学院党委书记逄淑军老师、书法协会会长彦达师兄、书画协会部委郭莹若、数学与信息科学学院辅导员龚克里老师、管理学院兼职辅导员杨洋老师出席本次活动。

选手们蘸墨自如，认真书写

活动开始，主持人介绍了此次比赛的主题内容。此次比赛分为硬笔和软笔两个部分，比赛用品全部由主办方提供。随后主持人介绍了此次莅临决赛现场的评委和嘉宾。

比赛正式开始之前，何彦达师兄为今天的书法大赛题字"渐入佳境"。伴随着苍劲有力，纯朴古雅的古筝乐曲，选手们纷纷提笔书写。尽管窗外阴雨连绵，但选手们沉心静气，有条不紊地书写。他们握着笔，稍稍低头，下笔前仔细比对，下笔时专心致志地勾勒着每一笔每一划。创作结束后，工作人员收集所有作品拿给评委评分。

经过几位评委认真、专业的评分后，岑泳铷同学和梁上燕同学分别获得软笔组和硬笔组一等奖。

评委与岑泳铷同学、梁上燕同学合影留念

（土木工程学院　团委宣传技术部）

5月16日　生科院毕业晚会：青春之"生"，未来"科"期

5月16日晚上，生命科学学院在广州大学青年活动中心用哔哩哔哩直播的方式举行了毕业晚会。

毕业晚会参演人员、工作人员、领导老师合影

首先出场的是 MT 乐队，他们带来的《New song》拉开了晚会的序幕。第二个节目是来自说唱社、蘑菇熊和 ToyaR 涂鸦的《你不许再容貌焦虑啦!》，给予每位同学前行的勇气。第三个节目是音乐舞蹈学院舞编 201 班与 202 班同学带来的舞蹈《图腾》。第四个节目是由毕业生王彦晗、莫燕航献上的《小小虫》。第五个节目则是由制药 212 班带来的《青春》，用节目来纪念青春。第六个节目是生科艺术团音乐组带来的《干杯》，干杯致敬四年的努力。第七、第八个节目则分别是魔术社温华生带来的《柔》和神秘小队带来的《普通少年》。最后，生科艺术团舞蹈组与模特组带来了《难忘今宵》和全体大合唱《那些年》为毕业晚会降下帷幕。

四年之旅，转瞬即逝，希望生科学子谨记校训，传承生科精神，不忘少年时，坦荡而无畏，奔赴自己的光。

（生命科学学院　新媒体部）

5 月 17 日　阅读"红色经典"活动

5 月 17 日，菊苑 3 栋五室一站举办"读原著、学经典、作表率"系列读书活动，并有幸邀请到机械与电气工程学院党委书记李卓勇老师担任主讲人参与此次活动。

李卓勇书记讲解"红船精神"

在活动过程中，李卓勇老师首先以"红船精神"的提出时间为开篇，引导同学们步入共产党艰苦奋斗的光辉岁月。同学们紧跟老师的步伐，循序渐进从《弘扬"红船精神"，走在时代前列》这篇文章中领悟"红船精神"的来源历程以及精神内涵。接着，老师由浅入深地传达出"红船精神"是中国革命精神之源的重要意义，并阐述了"红船精神"的高度内涵：开天辟地、敢为人先的首创精神，坚定理想、百折不挠的奋斗精神，立党为公、忠诚为民的奉献精神。最后，老师提出不忘初心、牢记使命，重温红船精神，坚定理想信念的观点，旨在掀起热情，回忆革命，激励广大学子在实践中继承和弘扬"红船精神"。阅读红色经典，传承红色精神；红船劈波行，精神聚人心。共产党光荣的革命历程中，蕴藏着巨大的精神财富，这是培育时代奋斗青年的生动教材，是广大青年传承薪火的必修课。

本次活动圆满结束，同学们对"红船精神"有了更深刻的认识，掀起了进一步学习和弘扬"红船精神"的热潮。

（机械与电气工程学院　李其龙）

5月17日　美术与设计学院举行2022届本科毕业展开幕式

5月17日下午，美术与设计学院2022届本科毕业展开幕式在图书馆一楼举行。开幕式由副院长罗洁主持，学院师生代表参加本次开幕式。学校师生纷纷对美术与设计学院2022届本科生毕业展览顺利开幕表示祝贺。本次毕业展不仅展示了美设学子们的优秀作品，还展示了同学们四年以来的学习成果和心血，更是同学们专业能力、学术能力、设计能力、创新能力的充分体现。希望同学们能在即将开始的崭新旅程中径行直遂，青云万里。

学院学生干部采访了2022届毕业生美学184班张嘉怡同学，了解她毕业作品的主题。

嘉宾与教师代表合影

张嘉怡同学毕业创作展示

张嘉怡同学回答道："我的毕设主题是像花一样盛开的人生新道路。我想要通过毕业创作表达出无论是一个新的开始还是结束，我们的绘画人生都要像花一样有一个全新的盛开和绽放的时代，寓意着这不会是一个终点，而是一个新的起点，这个人物上也运用了花盛开的元素寓意着毕业之路像花一样绽放。"

（美术与设计学院 学工办）

5月20日 "读经典，学原著"——名著传承文明，经典浸润人生读书展演活动

5月20日晚上，由广州大学公共艺术中心主办，音乐舞蹈学院学生会及蜗牛剧社承办的"读经典，学原著"名著传承文明，经典浸润人生读书展演在演艺中心111室成功举办。

蜗牛剧社《红楼梦》剧照

本次活动参加展演的是来自学院蜗牛剧社的同学们，他们结合艺术专业特色，将诵读经典寓艺术表演之中，用话剧形式为大家呈现中外经典名著《简·爱》《傲慢与偏见》《茶馆》《红楼梦》《威尼斯商人》的经典片段。读书展演活动大大激发了音舞学子对原著的阅读兴趣，为了将角色扮演得惟妙惟肖，他们积极

蜗牛剧社《傲慢与偏见》剧照

58

查阅大量资料，例如看原著、电影、音乐剧、话剧等，通过不断的学习来丰富这场话剧表演，同时在这个过程中不断地开阔视野、增长知识。蜗牛剧社除了音舞的同学，还有来自地科、法学院等学院的学生，因为相同的兴趣爱好让同学们走到一起，展演活动不断增强了同学们的凝聚力和团结力。

（音乐舞蹈学院　学生会）

5月24日　化学化工学院新生获学校职业生涯规划大赛金奖

5月24日，广州大学"2021年大学生职业生涯规划大赛"决赛落下帷幕，化学化工学院2021级化学212班周淑琦同学代表学院出战，最终以出色的表现从18名决赛选手中脱颖而出，荣获大赛金奖，是化学化工学院参与该项赛事以来的最好成绩。

周淑琦同学在决赛现场

在备战期间，周淑琦同学不断修改职业生涯规划大赛的PPT，精益求精，争取把所有细节做到最好。她经常借教室独自练习，模拟决赛时的情境，锻炼自己的表达能力，反复的练习让她得以在决赛舞台上自信大方、展现自如。最终在决赛现场，周淑琦同学向各位评委和在场观众介绍了自己的职业追求，以及为实现这一职业理想而作出的详细规划。面对评委老师的提问，周淑琦同学以自信的回答和饱满的热情赢得了大家的掌声，深切表达出了自己渴望成为一名市场销售人员的决心。

不忘初心，牢记使命。周淑琦同学的初心是为国家贡献自己的力量。在她的职业规划中，"留洋"学习外企先进经验就是为了让更好的自己回归到国家发展的潮流中，拓宽国际视野。在她内心始终有个声音，民族的就是世界的！

（化学化工学院　学工办）

5月25日 公共管理学院举行"公管午餐"师生交流活动

5月25日中午，公共管理学院第42期"公管午餐"师生交流活动在大学城校区文逸楼514会议室举行。此次活动主题为"迷彩点亮青春，戎装逐梦未来"。

活动伊始，学院党委书记刘向晖对武装部

"公管午餐"师生交流活动现场

李金飞副处长一行到访学院表示热烈欢迎，对武装部长期以来关心、支持学院征兵工作表达感谢。刘书记对今年有意愿报名参军的毕业生表示赞许，赞扬他们将个人成才志向与保家卫国紧密结合，将爱国之心化作报国之行，在体现责任担当中展现了青春风采。

副部长李金飞表示，武装部非常感谢公共管理学院对学校征兵工作的大力支持，对学院获评征兵工作先进单位及个人表示祝贺。认为公管学院在学生人数偏少情况下，去年为国家输送四名优秀大学生进入部队，成绩十分喜人，希望公管学院再接再厉，共同推动2022年征兵工作再创佳绩。

活动中，同学们进行了交流，武装部林俊福科长——回应了同学们的疑问，同时，他详细解读了应届毕业生参军入伍享受的系列优惠政策。他表示非根源性的体检问题可以通过个人努力去克服，最重要的是放平心态、调整作息，希望同学们能够向他们学习，到部队绽放绚烂青春。

此次公管午餐为有志向入伍的公管学子提供政策咨询的渠道，切实打通征兵服务工作最后一公里。"男儿不展风云志，空负天生八尺躯"，期待有更多的同学携笔从戎，让青春在军营闪光，不断书写军旅人生新篇章！

（公共管理学院　王思茗）

5月27日　人文学院章以武教授散文创作分享交流会活动顺利举行

5月27日，人文学院章以武教授"从'风一样开阔的男人'谈散文创作"分享交流会活动于文清楼107教室顺利举行。

活动伊始，党委书记王琼老师介绍本次交流会的活动流程。接着，章以武教授向在场师生分享创作作品的心路历程，并提出创作者在散文的创作上，首先需关注时代、关注社会发展动向、关注生活与人民。其次，章以武教授表示创作者需用最精练的语言"勾勒"出人物的典型特征，放大人物形象身上的"闪光点"。再次，章以武教授认为散文写作必须要带给读者强烈画面感与视觉冲击力。最后，章以武教授强调文学创作需要时刻保持对时代变迁的敏感度，更要深入生活。同学们认真听讲，积极向章以武教授提问。章以武教授耐心聆听并解答同学疑问。活动最后，张其学副校长对本次交流会进行总结发言。章以武教授风趣幽默的语言，不仅拉近了大家与散文创作的距离，更深深地激发了同学们的创作激情。

至此，人文学院章以武教授"从'风一样开阔的男人'谈散文创作"分享交流会活动圆满结束。

（人文学院　新闻中心）

散文创作分享交流活动师生合影留念

五月

5月28日　生态文明科普教育进校园活动成功举办

5月，环境科学与工程学院开展生态文明科普教育进校园活动第一期。此次活动，分为"我的环保节日"塑料瓶回收以及"'鲸'世绝俗"等部分。全校师生踊跃报名参与，成效显著。

学生用收集到的塑料瓶制作的大鲸鱼

此次活动分为收集塑料瓶、制作展品、宣传演讲三部分。志愿者们在红棉路摊位积极宣传，设置有趣活动来吸引大家参与，并向大家科普塑料垃圾的危害。同学们在老师的带领下踊跃参与，共收集了7 501个塑料瓶。

收集好塑料瓶，同学们就开始着手准备制作"'鲸'世绝俗"的大鲸鱼。顶着烈日，不惧汗水，同学们在热火朝天的制作中用细细的铁丝串联着一个又一个瓶子。经过几天不断的努力，大家共同制作的鲸鱼终于成型！

在活动开始前，同学们就已经通过网络了解到了塑料垃圾对地球母亲的危害。每年有一亿只海洋动物死于塑料垃圾，近一千种海洋动物受到海洋污染的影响。人类每年会使用五千亿个塑料瓶，但塑料垃圾的降解非常缓慢。继续下去，海洋将会变成垃圾场！

作为大学生，每一位学子都要时刻思考能为地球母亲做些什么，可以随手捡起草坪上的塑料瓶，可以向同学们宣传环境保护，但绝不可以坐视不管，不可以肆无忌惮。每个人是大鲸鱼的"母亲"，每个人也是环境的"孩子"，一万只瓶子可以组成鲸鱼，一万只瓶子也可以污染生存的环境。保护环境，人人有责！

（环境科学与工程学院　杜灵）

5 月 28 日　新闻与传播学院 2 名同学获评"首届大湾区十大杰出港生"荣誉称号

5 月 28 日下午，首届大湾区十大杰出港生决赛在广州市智汇谷人才联盟交流服务中心路演厅落下帷幕。新闻与传播学院播音 181 班孙国山、播音 201 班陈碧霞同学在路演中脱颖而出，获得"首届大湾区十大杰出港生"荣誉称号。

孙国山、陈碧霞获得"首届大湾区十大杰出港生"荣誉称号

孙国山同学热爱艺术和舞台，除了主持以外，还接触过唱跳、RAP、话剧、朗诵、表演等。在校期间表现突出，曾担任学校艺术团舞蹈团男团团长及学院主持队队长；成绩优异，曾荣获全年港澳台及华侨国家一等奖学金，连续两年担任导生并获得"优秀导生"荣誉称号；专业能力过硬，曾获第二十一届暨全国大学生齐越朗诵艺术节优秀作品奖，第四届"国青杯"艺术设计大赛广播类优秀播音一等奖和 2020 年内地高校港澳台学生中华文化知识大赛全国三等奖；积极参与创新创业，曾在第七届"建行杯"中国国际"互联网 +"大学生创新创业大赛中获得全国总决赛银奖及广东省赛金奖第三名的好成绩。

陈碧霞同学热爱舞蹈，性格开朗，积极参加各类演出和作品创作，获评香港话剧团原创音乐剧《时光倒流香港地》优秀演员，参演广州大学庆祝建党 100 周年时代报告剧《笃行者》，获 2020 年内地高校港澳台学生中华文化知识大赛全国三等奖，2021 年广东省高校艺术作品征集展演比赛省一等奖。同时积极参与中华传统文化和红色文化传播活动。

两位同学作为学院港生代表，不仅专业能力突出，还积极参与各种实践与服务活动，是品学兼优的新时代青年。学院将以此为契机，展示港生的向上风貌，激励更多的同学投身到大湾区和祖国建设之中来。

（新闻与传播学院　曾茹意）

五月

5月30日　化学化工学院学子在第十三届"挑战杯"广东大学生创业大赛中喜获佳绩

5月30日，第十三届"挑战杯"广东大学生创业计划竞赛终审决赛落下帷幕，化学化工学院斩获一金一银一铜的好成绩。这是学院时隔8年后再有项目获得"金奖"这一殊荣，创下学院近年参与"挑战杯"创业大赛最好成绩。

学生团队在"挑战杯"创业大赛比赛现场

本届"挑战杯"创业计划竞赛以"创业新时代，挑战向未来"为主题，共吸引了来自151所高校1 763件作品参赛，学院携3件作品闯入决赛赛段，2件作品进入终审，决赛作品数居全校第一。

自参赛以来，学院团委积极响应，精心组织全院学生参加创业大赛活动，参赛队伍经历了立项、培育、校园两级多次模拟答辩，充分展现了学院师生对挑战创新精神的追求。经过激烈的角逐，参赛项目"燃'没'之计——淀粉基阻燃胶粘剂领域开拓者"荣获金奖；参赛项目"博安护卫——做一体化防粘附的多功能新型医用敷料创领者"荣获银奖；参赛项目"冠腾涂料——新型防护涂料领域的开拓者"荣获铜奖。

（化学化工学院　学工办）

5月　数学与信息科学学院学生赴广州疾控投身抗疫第一线

广州"0408疫情"发生以来，面对繁重的疫情防控任务，广州疾控系统面临巨大的压力，急需人员对疫情相关数据进行统计分析及协助督导工作。数学与信息科学学院2022届研究生毕业生钟新林、本科毕业生马思婕两位同学紧急奔赴抗疫第一线协助开展防控措施优化研究工作，连续一个月深入疫情第一线助力广州抗击疫情。钟新林和马思婕不仅是广州众多基层抗疫志愿者大军中的一员，他们也是当代大学生在疫情防控志愿活动中的践行者，他们用实际行动诠释了当代大学生的责任与担当，并获得广州疾控的感谢信表达赞扬。

（数学与信息科学学院　学工办）

学生志愿者与工作人员合影留念

5月　化学化工学院学生研发的产品解决行业痛点

普通纸板、木板使用的传统阻燃剂很容易燃烧。针对这个行业痛点，化学化工学院2019级学生陆雨带领团队创业，研发出了一种阻燃胶粘剂，使用这种阻燃胶粘剂的纸板、木板，不易燃烧。在广东省第十三届"挑战杯"大学生创业计划竞赛中，陆雨带领的"绿安阻燃团队"斩获金奖。陆雨同学的相关事迹被广州日报等主流媒体报道，并将代表学校出战国赛。

在报道中，陆雨同学提及早在中学阶段，他就立下了科技报国的志向。他说："高中阶段，我被邓稼先、钱学森等一批科学家前辈的事迹所感动。当时便立志要成为一名科学家，用自己的知识和发明创造改善人民生活。高考结束后，我报考了广州大学化学工程与工艺专业。现如今传统阻燃剂价格高昂，制造一吨纸板或者木板购买阻燃剂大约就需要花费两万元，并且阻燃过程产生有毒气体或者降解产物对环境有害，不环保。我们希望能研发一款绿色、环保、产品阻燃效果好、价格低、施胶工艺简单方便且阻燃过程中无有毒气体产生的产品，有效解决行业痛点。"

经过三年的研发和上千次的实验，绿安阻燃团队终于完成了淀粉基阻燃胶粘剂的制备以及产业化测试。他们通过将淀粉改性，向淀粉胶中加入碳化剂来促进淀粉炭化，最终研发出了绿色环保的淀粉基阻燃胶粘剂，实现阻燃效果。

目前，陆雨的学业成绩位于专业第一，已经申请了6件国家发明专利，发表两篇SCI论文，获得国家级、省级项目立项、竞赛奖项十余项。

（化学化工学院　学工办）

陆雨团队创业作品

我们的大学

June 六月

6月1日　计算机科学与网络工程学院拔尖创新班举行毕业班会

6月1日上午，计算机科学与网络工程学院 2018 级拔尖创新班在行政西 4 楼会议室举行毕业班会。创新班全体师生齐聚一堂，共叙别离情。

班会伊始，班主任李进老师回顾了创新班的发展历程，对同学们取得的优异成绩给予肯定。回望四年奋斗历程，在学校和学院大力支持下，2018 级创新班交出了满意的答卷。全班 34 位同学中，16 人

2018 级拔尖创新班师生合影

升学深造，足迹遍布大江南北，分别被厦门大学、四川大学、中国科学技术大学、香港理工大学、西安电子科技大学等知名院校录取。剩下的 18 名同学，除了 3 名同学备考公务员，其他全部就业，其中不乏微众银行、虎牙直播、工商银行软件开发中心等优质企业。

会上，老师们纷纷为创新班学子送上真挚的祝福。校教务处处长聂衍刚勉励同学们要常怀感恩之心，勇担创新之责，不管是深造还是工作，都应时刻秉承创新精神，再创风采。计算机学院刘强书记对同学们顺利毕业表示祝贺，希望同学们继续锤炼"创新品质"，站在楷模的肩膀上不断开辟新的天地。计算机学院副院长汤茂斌对创新班同学所取得的成绩表示衷心祝贺，并表示学院会继续支持创新班的建设和发展，希望各位同学能常回来看看。原 2018 级辅导员胡颖老师回顾了与创新班相识相知的点点滴滴，祝愿同学们韶华流年终不负，归来仍然是少年！

（计算机科学与网络工程学院　学工办）

6月7日　外国语学院召开毕业生党员教育大会

6月7日下午，外国语学院学生党支部于文清楼 221 室召开 2022 届毕业生党员教育大会，全体毕业生党员参加了此次活动。

会上，李暖均书记为毕业生党员送上嘱托和祝愿，他对党员们提出三点要求：一是勿忘赤诚入党初心，牢记青春党员使命；二是发挥先锋模范作用，永葆党员本色；

全体党员重温入党誓词

三是不断提升自我，为共产主义事业奋斗终生。随后，许多恬副书记带领全体党员重温入党誓词，强调党员的义务和责任并寄语各位党员牢记党员身份、不负组织的殷切期望，在新的工作岗位和新的党组织锐意进取，为自己的精彩人生拼搏奋进，用行动扬青春力量、担时代重任。

毕业生党员代表温馨、黄文婷同学发言。她们回顾了大学四年的成长点滴，纷纷对学院和组织的培养表达了由衷的感谢，表示学生党员一定要有坚定的理想信念和精神追求，无论今后如何发展都始终会继续发挥党员的先锋模范作用，努力奋进，接好时代接力棒，续写青春新篇章。

最后，外国语学院本科生第一党支部书记徐慧老师针对毕业生党员组织关系和党员档案转移流程进行详细讲解，并围绕同学们的问题进行解答，殷切期盼同学们能牢记母校嘱托，继续以优秀党员的标准严格要求自己，以梦为马，不负韶华。

（外国语学院　学工办）

六月

6月8日 建筑与城市规划学院举办科技节模型展

为响应国家号召，落实省市各级科技管理部门举办"科技活动周"的具体部署，同时为青少年提供一个学习制作交流窗口和建筑文化导向启蒙，展示中华民族传统技艺和传统文化，提高青少年对传统建筑的识别鉴赏能

同学们与科技节模型展活动人员合影

力，增强文化自信和民族自豪感，建筑与城市规划学院举行"科技活动周"科普教育活动。

6月8日，现场教工亲子观摩体验在理北中庭举行，这是对外开放日教工亲子活动专场，由工会负责组织学院教职工亲子家庭，学院第一党支部李丽老师协助招募校内亲子家庭，学工办负责组织活动期间的志愿者团队。

早上，随着志愿者集中在理北一楼玻璃房子准备前期工作，活动渐渐拉开帷幕，活动中，小朋友可以天马行空制作自己喜欢的小模型，教师们一起陪同。

林卫新老师说："读万卷书，行万里路"，只读书不走路是书呆子，只走路不读书是工匠，既读书又走路是大师，本次活动的主要目的就是培养孩子们的动手能力。

体验活动现场设有体温检测、医务应急点、饮水点等后勤服务，主宾互动紧密、小朋友们热情高涨、家长连连点赞，并为大家的付出表示衷心的感谢。

最后，本次活动圆满落下帷幕，希望同学们的模型能启发小朋友们的思维，同时本次活动也展示了建院学子强大的动手能力，丰富的作品表现了建院人对模型最深刻的情怀。

（建筑与城市规划学院）

6月10日　马克思主义学院学生党支部开展组织生活会

为深入学习贯彻习近平总书记的重要讲话精神，6月10日上午，马克思主义学院本科生、研究生党支部在行政东楼后座612室召开组织生活会。校党委书记屈哨兵以及本科生、研究生党员参加了此次会议。会议由学院研究生党支部书记谭敏主持。

学生党员在组织生活会上进行主题分享

会上，全体党员深入学习习近平总书记重要讲话精神并分享学习体会。

学生党员围绕主题发言。谭敏讲述了中国共产主义青年团前身——中国社会主义青年团的创建历程。梁峰诠释了青年有信仰、青春有力量的青春誓言。陈漫玲阐述了习近平总书记所说的"教育是一门'仁而爱人'的事业，有爱才有责任"的深刻含义。邓昊琳号召青年人"躺平"不可取，奋斗正青春。王爱兰、朱建铭两位学生党员也分享了学习体会。

最后，屈哨兵书记总结讲话。他对学生党员代表的学习体会表示充分肯定，要求马院学子进一步学习贯彻习近平总书记重要讲话精神，向马院青年提出了做"六个先锋分子"的希望：一是做理论学习的先锋分子；二是做传承中华优秀传统文化的先锋分子；三是做建设和推进中华民族伟大复兴事业的先锋分子；四是做粤港澳大湾区和社会主义现代化强国建设的先锋分子；五是做学校建设和学生党团员中的先锋分子；六是做服务基层奉献社会的先锋分子。

（马克思主义学院　学工办）

6月11日 新闻与传播学院师生在各项竞赛中喜提多项荣誉

2022年上半年，新闻与传播学院师生在诸多方面取得优异成绩，纷至沓来的喜讯彰显了学院教师高水平的教学能力与创新能力，以及新传学子优秀的实践能力与吃苦耐劳精神。

"流动的乡愁：大都市乡村数字公共文化空间研究——基于广州地区的实证考察"项目参加答辩

在共青团广东省委公布的"携手奔小康，共筑中国梦"广东大学生暑期社会实践活动评比结果中，由学院教师李鲤、孔令顺、刘雪梅、刘玉萍、许莹冰等带队并指导的"广州大学新闻与传播学院新闻扶贫暑期社会实践清远队"获评优秀。该项目充分肯定了学院在开展社会实践育人方面取得的重要成果。

在2022年度大学生创新训练计划项目申报工作中，经遴选后的现场答辩与会议评审，学院两个项目荣获推荐立项。其中，"流动的乡愁：大都市乡村数字公共文化空间研究——基于广州地区的实证考察"获国家级立项，"粤港澳大湾区非物质文化遗产的新媒体实践路径研究——以广东醒狮为例"获校级立项。

不忘初心，砥砺前行，学院在教书育人、科研、服务社会上再创佳绩，推动学生们努力学习，将美好青春奉献给党和人民，在大好年华里勇敢逐梦！

（新闻与传播学院 宋衍阁）

6月12日 机械与电气工程学院获广州大学第十七届篮球联赛甲组冠军

篮球是一项大学生热爱的运动，一年一度的广州大学篮球联赛更是让无数广州大学男儿铆足了劲，冲击校园最高的篮球水平。机械与电气工程学院篮球队队员也不例外，在繁重的学习任务下，仍然每周坚持训练，为的就是在这次

"巅峰对决"中展示属于他们的风采。

经过多轮角逐，机械与电气工程学院终于在 6 月 12 日碰上了他们冲击冠军的最后一个对手——研究生院。面对在联赛里势如破竹的研究生院，每位队员在赛前不仅毫不紧张，反而有种跃跃欲试的感

机械与电气工程学院篮球队获得篮球联赛甲组冠军

觉。下午 3 点，比赛正式开始，研究生院开场就以超强火力压制机械与电气工程学院。但是，机械与电气工程学院有着一股不服输的劲头，不仅没有被吓住，反而在第三节比赛结束时反超 5 分。比赛来到最后一节，研究生院同样展现出强大的韧性，一再向机械与电气工程学院发起猛攻，把比分一分一分地咬近，甚至反超了比分。在这关键时刻，机电教练叫了暂停，为队员们重新布置战术。最终，机械与电气工程学院的一位队员强突对手篮下，因对方犯规，以两记罚球赢得了比赛，获得了冠军。

这场比赛展现了机械与电气工程学院永不服输的精神，每一位队员在场上目标一致，发挥出自己最大作用帮助球队拿下冠军！

（机械与电气工程学院　团委与学生会实践部）

6 月 13 日　体育学院开展 2022 届毕业生党员赠书仪式

为了激发毕业生党员爱党爱国、感恩母校的热情，教育引导毕业生党员不忘初心、牢记使命，在学思践悟中踔厉奋发，6 月 13 日下午，在菊苑 5 栋二楼党员活动室，体育学院结合"我为群众办实事"举行了以"感恩母校，踔厉奋发"为主题的 2022 届毕业生党员赠书仪式。本科生党支部书记任佳妮以及党员代表参加了此次仪式。

四年的大学生活留下了许多美好的回忆，在即将告别母校之际，毕业班党员以自己独特的方式告别母校，给自己的学习生涯画上一个重重的感叹号。在赠书仪式上，毕业生党员代表把写满深深祝福和美好期望的各类书籍亲手送到

73

了低年级同学的手中，这沉甸甸的书籍，蕴藏着每位毕业生对低年级同学的祝福与期盼，更蕴含着他们对母校深深的眷恋和感恩。

仪式结束后，体育学院党委书记何蕴华对毕业生党员给予了殷切希望，希望党员毕业后要不忘初心，坚定理想信念，在今后的新岗位上勇担时代责任，为国家、民族贡献自己的青春力量。

体育学院 2022 届毕业生党员赠书仪式

在毕业班党员的带领下，体育学院毕业生也积极响应，参加到赠书活动中来。同学们将专业课程、升学入编等各类书籍资料分门别类摆放整齐。低年级同学们挑选了各自心仪的书籍资料，同时也得到毕业班学生的深深祝福。

赠书活动，不仅是资源回收再利用，更是知识的传承、文明的传承、精神的传承，是学生党员服务意识的体现，也营造了学生之间相互交流、学习、共同进步的良好氛围。

（体育学院 任佳妮）

6 月 13 日 马克思主义学院举办首届"道问学"奖颁奖大会

为贯彻落实中央、省市、学校关于新时代马克思主义学院建设要求，进一步巩固人才培养中心地位，全面提升人才培养质量，切实推动国家级一流本科专业和高水平马克思主义学院建设，6 月 13 日上午，马克思主义学院在图书馆副楼五楼报告厅举行首届"道问学"奖颁奖大会。全院本研在校学生参加了大会。

学院党委书记罗明星首先在大会上致辞。他表示，本次大会是为了对知识、知识的学习者以及知识的传授者表达敬意，同时寄语学院教师和同学们。

党委副书记梅淑宁作首届"道问学"奖基本情况介绍。她表示,设立"道问学"奖作为学院最高奖旨在表彰有突出贡献的教师以及出类拔萃的学生。

左康华副院长、吴阳松副院长、冉杰副院长分别发布各项报告及各奖项获奖名单。

"道问学"奖颁奖大会获奖学生与老师合影

陈志伟博士作为获奖教师代表发言。他阐释了做学问的基本态度并勉励马院学子追求卓越。

获奖学生代表邓欣怡、郑智元以及陈建峰分别对自己的读书经验、考研经历以及学习的心路历程做分享发言。

最后,赵中源院长作总结讲话。他告诫同学们,智慧时代比拼的是综合实力,其根基是扎实的专业基本功以及运用知识的悟性与能力。

通过本次大会,同学们将立志通过学习不断进步,为开辟美好未来打好基础、储备能量、增添信心!

(马克思主义学院　汤辰奕　苏锦钰)

6月14日　经济与统计学院召开访企拓岗座谈会

6月14日下午,经济与统计学院组织召开访企拓岗座谈会,进一步贯彻党中央、国务院关于"稳就业""保就业"的决策部署,落实教育部办公厅、广东省教育厅关于开展高校书记校长访企拓岗促

访企拓岗座谈会参与师生合影

就业专项行动要求，为同学们的就业创业保驾护航。

首先，孙延明副校长对政府部门、行业协会的到访表示欢迎，向与会单位表示感谢，并就学校近年来的发展状况、人才培养特色等方面进行介绍，希望借此次政府、金融机构、高校三方交流互动的平台，为毕业生拓宽岗位和搭建平台，更好地实现产教融合。其次，广州市地方金融监督管理局党组成员、副局长何华权讲述金融行业与高校合作的意义，希望各金融机构以此为契机，加强校企合作，招贤纳士，厚积人才基础。再次，经济与统计学院院长傅元海从师资力量、人才培养质量等方面介绍学院发展情况，并表示希望与金融行业各用人单位加强合作与交流，帮助毕业生在未来就业中站得稳、行得远。最后，双方围绕校企合作进行充分交流，为实现行业与毕业生的双向共赢提供支持。

此次座谈会，搭建起金融行业与学院之间的沟通平台，增进了双方对彼此需求的认识，进一步拓宽了校企合作的深度和广度，为推进同学们高质量就业打下坚实基础，共同为实现地方经济发展提供有力支撑。

（经济与统计学院　就业工作小组）

6 月 18 日　音乐舞蹈学院粤音合唱团在 2022 世界合唱节获金奖

2022 世界合唱节——线上合唱节于 6 月 18—19 日举行，本次合唱节为世界青少年合唱艺术家协会庆典活动之一，有将近 200 支来自亚洲、欧洲、南美洲、北美洲、非洲、大洋洲的合唱团参加。其中，有来自中国 40 个城市的合唱团，也有来自意大利、南非、瑞

粤音合唱团比赛现场合照

典、美国等 26 个国家和地区的合唱团。赛事的评委团由世界各地的国际合唱专家组成，分别来自 40 个国家及地区。音乐舞蹈学院粤音合唱团在 2022 世界

合唱节中脱颖而出，分别斩获各类奖项：世界合唱节冠军大奖赛第四名、B1组（女声合唱）冠军奖、B1组（女声合唱）金奖、C1组（成人）金奖，指挥弓丽老师获得"优秀指挥奖"。

粤音合唱团脚踏实地，从校、省、国，再到世界大奖，一步一步地迈向更广阔的舞台。希望粤音合唱团"粤来粤好"，走向更远的未来！

（音乐舞蹈学院　粤音合唱团）

6月18日　化学化工学院健儿勇夺广东省大学生运动会一金一铜

由省教育厅、省体育局主办的广东省第十一届大学生运动会于6月18—25日在华南理工大学（五山校区）举行，化学化工学院共有13名同学代表学校参加了包括田径、篮球、游泳、排球、乒乓球、定向运动在内的6个大项。在压轴开赛的田径项目中，陈素琪同

化学化工学院学子在广东省大学生运动会田径比赛中夺冠

学奋勇拼搏，赢得了女子甲组1 500米冠军和5 000米季军，一人夺得两枚奖牌！

在集体项目中，化院健儿也取得了优异成绩。罗镇杰、刘志涛、黄俊航三位同学随队夺得甲组男子篮球赛第五名，甄焕钦、甄达信两位同学随队夺得甲组男子排球赛第七名，梁嘉淇同学在4×50米男女自由泳接力赛中获得第七名。

长期以来，化学化工学院高度重视学生体育锻炼，把"爱体育"作为人才培养的重要一环。在营造良好学术氛围的同时，也积极引导学生"走出宿舍，奔向操场"，以"更高、更快、更强、更团结"的奥林匹克精神激励大家勇攀高峰，担起中国青年的时代责任。

（化学化工学院）

6月20日　法学院学生在中宣部人权事务局主办的人权主题融媒体作品征集活动中获多项奖励

6月20日，由中宣部人权事务局主办，五洲传播中心承办、中国人权网协办的"中国共产党与中国人权百年"融媒体作品征集活动落下帷幕并公布获奖作品名单。

法学院宋尧玺老师指导学生积极参与活动

法学院"中国共产党与中国人权百年"融媒体作品征集活动获奖证书

角逐。经过作品初选、组委会复评和专家评审，广州大学共40位学生获奖，其中法学院有17人分获一、二、三等奖和优秀奖。法学院荣获"优秀组织奖"。

本次活动极大地激发了同学们的研究和学习热情，是法学院在立德树人和"课程思政"领域取得的有益成果。

此外，本次活动提高了同学们对中国人权事业和道路的理解，帮助同学们更好地树立正确的人权观，引导同学们正确看待当前国际人权发展的道路和重要性。同学们深刻地懂得了加强人权教育和提高人权意识的重要性以及加强青少年人权教育的迫切性。青少年是祖国的未来和民族的希望，全社会人权意识的培养，要从青少年抓起，这是我国人权建设的一项基础性工程。"尊重和保障人权"不仅是政府的责任，也是全社会的责任。大学生作为社会的新鲜血液，应当积极承担起相关的责任，关注人权发展，依法维护自己的权益，同时也要尽己所能推动社会人权事业的科学发展。

（法学院　新媒体中心）

6 月 21 日　数学与信息科学学院毕业生党员聆听广大首任党委书记陈万鹏讲党课

6 月 21 日下午，数学与信息科学学院举办 2022 届毕业生党员教育暨"读懂中国——共话百年奋斗，争做时代新人"活动。原广州市关工委第一副主任、合并组建新广州大学首任党委书记陈万鹏为毕业生党员讲授在校期间的"最后一堂

毕业生党员聆听老党员讲党课

党课"，勉励同学们要读懂中国，热爱中国，用自己的青春在奉献祖国中书写华彩篇章。

"我今年 78 岁，是一位有着 56 年党龄的老党员，作为党的百年奋斗历程的亲历者、见证者、实践者，我感到无比光荣和骄傲。"党课中，陈万鹏书记以一名老党员的身份，和同学们分享了他在党的百年奋斗历程中的感人故事和人生体验。他以习近平新时代中国特色社会主义思想为主线，围绕"要读懂今天的中国，必须要读懂中国共产党""党的百年奋斗历史经验告诉我们，当代青年一定要努力成为堪当民族复兴重任的时代新人""当代青年要用自己的青春在奉献祖国中书写华彩篇章"三个方面分享了感悟和心得，结合青年学生成长成才发展实际，对毕业生党员提出了希望和要求，并送上真挚的祝福和期盼。

党课后，陈万鹏书记还与同学们进行交流互动，围绕"坚守初心、勇担使命""个人梦与国家梦""毕业生就业""青年成长成才"等青年学生关心的话题，进一步分享了他的感悟和体会，通过"小"故事，展现"大"情怀，表达了他对青年学生成长成才的重托。陈万鹏书记鼓励同学们要发扬广州大学校训精神，用自己的青春在奉献祖国中书写华彩篇章。

（数学与信息科学学院　学工办）

6月 物理与材料科学学院 2022 届本科毕业生升学率 45%，居全校第一

随着 2022 年全国硕士研究生录取信息陆续公布，物理与材料科学学院的学生升学捷报频传。截至 6 月，物理学院 2022 届本科毕业生中，共有 54 名毕业生升学到国内外知名高校深造，其中推免 6 人，考研率达到 40%，升学率达到 45%。

同学们认真倾听张冰志副院长考研复试的经验分享

一直以来，学院重视人才培养，创新人才培养模式，大力提升人才培养质量，不断加强学生优良学风建设，全员、全过程、全方位为学生考研创造环境，竭尽所能地为考研学子提供精准指导和服务工作，在全院形成了浓厚的学习氛围和良好的考研传统。一是创新培养模式，面向教师和学生分别建立"学生科技创新导师库"与"科研项目人才库"，2021 年在各类创新创业及学科竞赛中的表现取得历史性突破，共获得 18 项国家级奖项和 29 项省级奖项。二是提供精细暖心服务，学院积极发动专任教师、优秀校友、本科毕业生党员和研究生党员，开展优秀校友考研分享会、菊苑 2 栋五室一站"成长加油站"考公考研分享会、考研复试指导讲座等系列活动，统筹协调学院会议室、办公室以及实验室作为学生考研复试场所，提供手机支架等复试设备，为学生考研复试保驾护航。此外，对于第一志愿失利的考研学生，学院第一时间组建 2022 届考研调剂共享信息工作群，每日搜集调剂信息，辅导员"一对一"联系提醒学生关注、把握调剂机会，提升调剂成功率。

全院师生齐心协力，本年度考研工作成效显著，硕果累累，升学率达到 45%，居全校第一，希望再接再厉，再创佳绩！

（物理与材料科学学院 学工办）

我们的大学

July　七月

7月2日 马克思主义学院举行新疆民族团结暑期社会实践活动

为深入学习贯彻落实习近平总书记关于加强和改进民族工作的重要思想，不断铸牢中华民族共同体意识，学生处、马克思主义学院共同举办了主题为"同上特色思政课，践行岭南天山情"的新疆民族团结暑期社会实践活动。思想政治教育专业各民族学生组成"民

实践团成员和同学们的合影

族团结实践团"，在喀什市教育局、疏附县教育局的支持下，7月2日来到新疆喀什疏附县第三中学，为七年级少数民族学生上了一堂别开生面的思政课。

实践团成员们以自己的故事为"活教材"，为同学们讲授书本以外的知识，用"真听真看真感受"抵达同学们的心灵。他们竭尽所能，以生动的语言结合图片、视频资料，将一幅幅鲜活的图景呈现在同学们眼前，有趣的讲述不时博得同学们的阵阵爆笑和热烈掌声。

实践团成员们通过这堂特色思政课，帮助民族地区的中学生了解国情民情，增长知识见识，增强爱国情怀，坚定理想信念。马克思主义学院的学生们将在学校、学院的指导教育下，牢记为党育人、为国育才使命，继续发挥专业优势，把铸牢中华民族共同体意识教育融于专业教育中，为构筑中华民族共有精神家园贡献力量。

活动结束后，实践团成员与同学们互相留言，留下了彼此对对方的感谢和祝福，并将这份美好的体验永远保留在心中。

（马克思主义学院 新疆民族团结实践团）

7月5日　人文学院"'初心如炬'——共产党人与黄埔军校"党史宣讲进校园系列活动顺利开展

7月5日，人文学院与黄埔军校纪念馆旧址合办的"'初心如炬'——共产党人与黄埔军校"党史宣讲进校园系列活动于广州大学桂花岗校区顺利开展。

本次活动分为课外展览与课内宣讲两个模块。活动伊始，黄埔军校旧址纪念馆业务骨

黄埔军校业务骨干钟彩霞校友现场讲解

干、广州大学校友钟彩霞从黄埔军校成立历史出发为同学们讲述中国共产党人在黄埔军校的奋斗故事。随后，黄埔军校旧址纪念馆业务工作负责人、文物博物馆馆员罗群佳做"学黄埔校史、逐青年梦想"宣讲汇报，他从黄埔军校建立背景、办学情况、青年先锋等方面为同学们开展精彩绝伦的党史宣讲。本次活动涵盖内容范围广，展示形式多样，效果显著，宣讲效果得到全体师生的一致好评。同学们在看中学、学中悟，立志坚定理想信念，坚守爱国初心，将红色精神转换为脚踏实地的动力，以爱国之心，承党之使命。

至此，人文学院"'初心如炬'——共产党人与黄埔军校"党史宣讲进校园系列活动圆满结束。

（人文学院　学生工作办公室）

7月14日　体育学院龙狮队在广东省运会及全国民族龙狮文化展示活动获奖

7月14日，体育学院龙狮队学生代表广州市出征清远参加广东省第十六届运动会（群众组），获得男子青年组舞龙自选套路二等奖（第二名）、女子青年组舞龙自选套路二等奖（第三名）。体育学院龙狮队在李湘远老师的带领

下表现突出，在赛场上穿着靓丽的龙装，手舞长龙，金龙出海，穿梭前进，龙游四海，不是真龙似真龙，在比赛中脱颖而出，令人热血沸腾，不仅取得优异成绩，还充分展现了体育学院学生的青春风采。

在 2022 年全国民族龙狮文化展示活动中，体育学院学生荣获大学男子组自选舞龙金奖和大学女子组自选舞龙金奖共两项金奖。全国赛中大学男子组自选舞龙共有 13 支队伍参赛，大学女子组共有 5 支队伍参赛，体育学院龙狮队男龙女龙卖力挥舞舞龙，快速地奔跑、敏捷地穿梭，每个动作都是惟妙惟肖，将传统

龙狮队女龙在省运会赛场上的精彩瞬间

文化及龙的精气神韵展现得淋漓尽致，充分体现出舞龙队员们勇敢、奋进、坚毅、拼搏精神，赢得评委一致好评，男龙队、女龙队最终分别以 8.97 分和 8.82 分摘得金奖！

龙狮队成员赛后表示，作为广州大学体育学院的学生，要努力弘扬中华民族传统文化，传承中华民族精神，增强文化自信，希望广大学子都能更深入地了解龙狮文化、感受龙狮魅力、增强民族文化自豪感，一起为校园文化添活力！

（体育学院　温妙红　邱从霸）

7月14日 公共管理学院在第八届"互联网+"省决赛获一金一银佳绩

7月14日,"建行杯"第八届中国国际"互联网+"大学生创新创业大赛广东省分赛省级决赛顺利开展。经过激烈的角逐,在本次省赛结果中,广州大学获得金奖10项、银奖13项,金奖数和奖牌数均位居全省第三。其中公共管理学院在省决赛中获得金奖1项、银奖1项。

公共管理学院隆惠清团队正在进行路演展示

本次"互联网+"省赛于2022年4月正式启动,总计165所高校参与,参赛项目数高达37.53万个。根据省复赛网评结果和直通名额推荐情况,层层筛选,共有388个项目脱颖而出,成功晋级本次省决赛,角逐135个金奖(含职教赛道)。

学院历来高度重视培养学生的创新精神和创业能力、努力提高学生综合素养,积极开展各种课外创新创业活动,大力支持学生全方位提升自我。在学校支持和参赛师生的不懈奋斗下,我院的相关参赛团队在此次比赛中取得了良好成绩,其中:由谢建社教授指导的隆惠清团队"雁回乡——从农民工到乡村振兴领头雁"获得省红旅公益组决赛金奖并晋级国赛;由黄丽娟老师指导的2018级本科毕业生苗嘉龙团队"浮生出海——中国品牌全球出海新模式"获得省决赛本科生初创组银奖。

(公共管理学院 新媒体中心)

七月

7月20日　新闻与传播学院学子获新西兰驻广州总领事馆感谢信

　　7月6日，新西兰驻广州总领事馆携手广东天文学会和奥克兰天文馆联合主办了一场毛利新年文化交流活动。从天文学科普角度，共同讨论毛利新年和昴星团对毛利文化和中国文化的重要性。

　　由物理与材料科学学院、地理科学与遥感学院、新闻与传播学院多位师生组成的团队协力制作的科普视频在此次活动中放映并获好评。其中，新闻与传播学院播音与主持艺术专业202班学生骆艺馨参与了该视频的配音解说工作。科普视频得到了总领事馆与现场嘉宾的高度认可，制作团队也收到了来自新西兰驻广州总领事馆的感谢信，特别感谢同学们为促进中新文化交流做出的贡献！

　　在收到感谢信后，骆艺馨

NEW ZEALAND
新西兰驻广州总领事馆

Guangzhou University
No.230 Waihuanxi Rd, Panyu District
Guangzhou, Guangdong
PEOPLE'S REPUBLIC OF CHINA

To our Friends at Guangzhou University,

I would like to extend my wholehearted thanks to the Guangzhou University for the generous support you provided to the New Zealand Consulate General in Guangzhou in the Matariki Cultural Exchange Event, one of a series of activities in South China this year to celebrate the 50th anniversary of the establishment of the diplomatic relations between New Zealand and China.

The Matariki Cultural Exchange Event held on 6th July was the first of its kind in Guangzhou. With the introduction videos, presentations and display boards from teachers and students from Guangzhou University and the New Zealand side, the event provided an exchange platform for people from New Zealand and China to learn more about topics of cultural and astronomical significance, including Matariki (also known as the Pleiades star cluster) as well as dark sky conservation.

The event was a success enhancing the connections and cross-cultural understanding between New Zealand and South China. This is in no small part due to the generous help the University offered. We are aware that the Foreign Affairs Office of Guangzhou Municipal People's Government further promoted the videos provided by the teachers and students from the University and the Stardome Observatory & Planetarium in Auckland, further showcasing the Guangzhou-Auckland sister-city relationship.

SUITE 3006, TAIKOO HUI TOWER 1, 385 TIANHE ROAD TIANHE DISTRICT, GUANGZHOU, PRC, 510620
中国广州市天河区天河路 385号太古汇一座 3006室　510620
Tel 电话: (86)20-8931 9600　Fax 传真: (86)20-8931 9610

新西兰驻广州总领事馆感谢信稿

同学表示，作品收获好评既是对她专业素养的肯定，也离不开学校和学院对她的培养。对于团队，骆艺馨感谢团队的其他成员给她参与此项目的机会，也感谢他们在制作过程中对她工作的支持和肯定。一个优秀的视频作品能呈现在我们面前，既离不开骆艺馨过硬的专业素养，更无法脱离团队成员之间的良好协作及鼓励认可。

（新闻与传播学院　郝旭）

7月21日 唯有热爱，抵岁月漫长——生命科学学院校友寻访系列活动之一：范梓键校友专访

7月21日，生命科学学院校友寻访团队第三组与范梓键校友进行了一次深入交流。范梓键系2017届生命科学学院应届毕业生，在校期间曾任校社联理事长（校学生会副主席），毕业后联合创办盛道传媒公司。范梓键校友分享了其在人生道路上的经验与建议。

谈及曾任职学生干部时，范梓键校友说大学阶段参加学校跨学科融合，专创融合很重要。现在其创业的盛道传媒项目就是属于跨专业项目，更偏向新文科和

范梓键校友

新闻传播类。范梓键在校期间的指导老师刘涛、肖杏烟、曾岑曾鼓励他创新性地运用生态学的理念升维思考校园营销，首创校园营销数智化平台的概念。范梓键谈到唯有热爱，可抵岁月漫长。无论深造还是就业，重要的是兴趣落地，热爱和努力是成功的基石。如果对科研不感兴趣，就在余下的大学时光中找到自己的热爱。

范梓键还谈到在学生组织和社团可以学到课堂上没有的知识，其他的能力也能得到很好的锻炼。他认为参加活动时，同学们可以接触更多优秀的人，看待事物的角度会发生变化，甚至会改变职业选择。谈及学生组织对个人的影响，范梓键有两点心得：首先做事情要有条理、负责任，学会分配时间；其次要有应变及思辨能力，发挥自身的主观能动性。

活动最后，范梓键师兄引用副院长柯德森教授讲过的"人无预则不立"，建议师弟师妹们提前做好准备，在大一大二时如有考研或者出国的意向，就要做准备，迅速找到自己热爱的人生方向，提前做好人生规划，计划好大学生涯。

（生命科学学院　新媒体中心）

7月29日 管理学院学生参与全球未来科技创新合作大会志愿服务工作

7月29日，全球未来科技创新合作大会在北京举行。来自30多个国家和地区的科技领域专家学者、企业代表、有关国际组织和商协会代表、有关国家驻华使节等260余人现场参会。

管理学院刘杨洋同学作为志愿者参与了本

管理学院刘杨洋同学作为志愿者在会议现场

次大会的志愿服务工作，负责接待有关国家驻华使节以及会场内机动协调的工作，确保会议圆满完成。本次大会以"科技赋能未来 创新引领发展"为主题，国内外政要、国际组织代表、著名科学家以及业界领袖围绕大会主题以及"科技创新推动全球可持续发展""未来科技与智能制造""未来科技与数字健康""未来科技与青少年科技教育"等议题进行交流研讨。

刘杨洋同学表示："很荣幸可以参与如此高规格的国际会议，参加本次活动的初衷，是希望可以站上一个更高的平台，发挥自己的专长，与更多优秀的人一起，尽一份青年大学生的责任与义务。在本次志愿活动的申请、面试、前期培训以及会议过程中，我受益匪浅。我与来自中国人民大学、北京科技大学、华侨大学等高校的志愿者们交流学习、共同进步，从接待外宾的礼仪学起，到每一个动作、每一个细节，竭力在国际会议上展现出新时代中国青年志愿者的良好风貌，也希望未来我们能有更多的同学参与到国际活动的志愿工作中，展示出广大学子的风采。"

（管理学院 新媒宣传中心）

我们的大学

8月3日　经济与统计学院青年志愿者协会开展暑期社会实践活动

为深入学习习近平新时代中国特色社会主义思想，贯彻"论坚持人与自然和谐共生"，引导大学生在社会发展的实践中贡献青春力量，8月3—12日，经济与统计学院"有志青年"社会实践队，以"关于疫情时

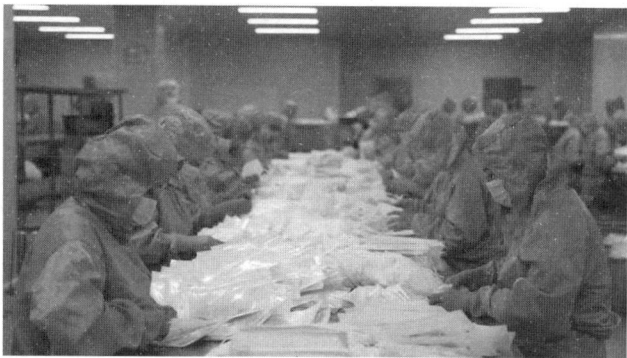

口罩制作现场

代下废弃口罩对生态环境影响情况调研"为主题，开展了为期10天的"三下乡"暑期社会实践活动。

活动初期，"有志青年"实践队队员根据工作安排，积极联系潜在采访对象并出色地完成了各自的任务，使此次社会实践活动有了一个顺利的开端。虽然活动开展时，疫情形势严峻且天气恶劣，但实践队的成员不畏艰难，积极联系采访对象进行采访。在对口罩生产厂商以及生态环境局的工作人员进行采访后，实践队了解到了口罩的制作过程、废弃口罩的处理及废弃口罩的二次利用措施等信息，并及时对采访信息进行整合分析，同时通过精读相关论文，进一步分析废弃口罩对于生态环境的影响并提出一系列可行的建议。

通过为期10天的暑期社会实践活动，实践队队员们进一步了解口罩污染并对此进行了深入的思考，从而鼓励自己积极学习，增强社会责任感，强化为人民服务、奉献自我的责任意识，推动学校"德才兼备，家国情怀"人才培养目标的实现。

（经济与统计学院　青年志愿者协会）

8月4日 公共管理学院开展东西部协作"万企兴万村"社会实践活动

8月4—5日，广州大学乡村振兴研究院师生一行15人在公共管理学院教授、乡村振兴研究院院长谢治菊的带领下赴贵州省黔东南州雷山县、台江县开展东西部协作"万企兴万村口述故事"暑期社会实践活动。

在为期两天的活动

"万企兴万村口述故事"社会实践团队走进郎德镇

中，实践队一行对碧桂园集团在雷山、台江的帮扶项目、帮扶对象、帮扶机制、帮扶成效进行了基本了解，对东西部协作干部、碧桂园集团的帮扶人员、受益对象、项目负责人以及受扶地乡镇负责人、村支书、第一书记、挂职干部等进行了深度访谈，并对碧桂园集团在雷山南猛村的台江鲟鳇鱼三产融合产业园进行了学习考察。

7—8月，公共管理学院团委联合广州大学乡村振兴研究院组建了"万企兴万村口述故事"社会实践团队，深入广东、贵州、海南、湖南等16个省份，深度挖掘以碧桂园集团为代表的30余家企业中100多名帮扶人员助力乡村振兴的故事和经验。该实践队由公共管理学院教授、乡村振兴研究院院长谢治菊和公共管理学院团委书记林曼曼领衔带队，由公共管理学院党委书记刘向晖、党委副书记万朝春、乡村振兴研究院产业研究中心主任吕建兴等组成专家团参与指导。

社会实践活动是锻炼学生能力的好机会，本次活动共计有100多名来自行政管理、社会学、应用心理学、网络与新媒体等多个专业的校内外本硕学生参加，反响热烈，好评如潮。

（公共管理学院 新媒体中心）

八月

8月11—14日 化学化工学院学生获第五届全国大学生化工实验大赛一等奖

8月11—14日，"欧倍尔·东方仿真"杯第五届全国大学生化工实验大赛全国总决赛在四川大学顺利举办。全国六大赛区64所高校的代表队参加了全国总决赛，由于疫情原因，比赛采取线上形式进行。经过四天激烈的

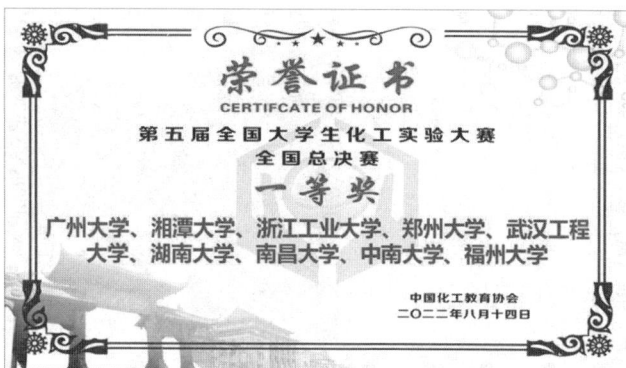

化学化工学院学生获全国化工实验大赛一等奖

角逐，化学化工学院2019级本科生陆雨、李美仙、刘汶霖同学组成的"羊城红棉队"，在吴俊荣、毛桃嫣、李树华等老师的指导下，荣获一等奖，这是广州大学第四次取得全国大学生化工实验大赛总决赛的一等奖。

在历时三个多月的赛事准备中，指导老师对参赛队员进行了校内选拔、系统培训并制定了详细的备赛计划和应急预案。参赛同学放弃暑假休息时间，克服了学习任务重、天气酷热等诸多困难，投入大量的时间和精力。在赛场上，三位同学团结一致、配合默契，在比赛中展现了扎实的理论功底和超群的实践动手能力，以优异成绩展示了化学化工学院化工专业教学在本科教育领域的效果，不仅在全国赛中获得了一等奖，而且在中南区赛中斩获特等奖。

今年大赛中组委会积极创新，成功运用远程化工互联网智慧实验室、实验设备技术，将互联网、物联网、人工智能等技术有机融合到化工实验比赛中，开创了化工实验教学不受地域限制的新模态，推动了高等学校化工类专业"新工科"建设向纵深发展。此次竞赛不仅巩固了同学们对化工原理理论知识的掌握，提升了其实践技能，更是给同学们提供了一次体验远程化工实验的机会，加深了同学们对无人化、智能化及低碳绿色化工的认识。

（化学化工学院 学工办）

8月15日　电子与通信工程学院2018级物联网工程吴添贤同学荣获第十三届"中国青少年科技创新奖"

为深入学习贯彻习近平新时代中国特色社会主义思想，激励广大青少年投身全面建设社会主义现代化国家新征程，激发青少年的创新精神和报国志向，发现和培养一批具备科学家潜质的青少年群体，第十三届"中国青少年科技创新奖"于8月15日开展评选活动，电子与通信工程学院物联184班吴添贤同学荣获该奖。这是广州大学时隔8年再次获此殊荣。

吴添贤同学从接触第一个电路，到完成第一个项目，再到发表第一篇EI、SCI论文，收获第一个学术奖项，再到以负责人或核心成员身份斩获"挑战杯"国赛一等奖及全国"互联网＋"大赛金奖，一份份成就与荣誉不仅肯定了他四年的努力，更坚定其继续在集成电路领域深造的意志。在2021年10月，吴添贤选择继续深造，三年均名列前茅的学习成绩和丰富的科研成果力推他以全院第一的身份保送中山大学电子与通信工程学院集成电路工程专业继续攻读硕士学位。

"青少年是祖国的未来，科学的希望"，面对未来人生道路，吴添贤选择成为中国芯片未来的"追光者"，努力为解决国家难题而战。在喜迎党的二十大胜利召开之际，吴添贤牢记学校"博学笃行，与时俱进"的校训，不断砥砺前行，充分展现了广州大学学子以创新思维带动成长的风采以及新时代青年学子的社会责任和担当。

（电子与通信工程学院　学工办）

八
月

8月17日　新闻与传播学院师生推普诵读作品登陆"学习强国"

为落实《国家语言文字事业"十三五"发展规划》重点工作，广东省佛山市三水区委宣传部联合新闻与传播学院播音与主持艺术系的师生共同开展了"中小学语文课文诵读"活动。本次活动以诵读中小学语文课程教材为内容。该活动录制的50篇作品已陆续在"学习强国"平台发布。活动以示范朗读的形式，激发同学们"听经典、诵经典"的兴趣，提升学生们的民族自豪感，增强学生们对中华优秀传统文化的热爱。

在本次活动中，学院播音与主持艺术专业的师生共同参与录制，对于在全社会推广经典诵读活动具有一定的积极意义。本次活动策划执行单位广东品道文化科技有限公司负责人叶瑞辉表示，此次活动中广州大学播音与主持艺术专业学科师生的热情参与，激发了学生朗诵、学习经典的兴趣。

广州大学播音与主持艺术专业同学录制作品中

本次活动不仅在广州大学的内地本科生与研究生之间掀起热潮，同时还有来自香港、台湾地区的同学积极参与。来自香港的陈碧霞同学认为这是一个难得的经历，是对其专业性的一次考验。台湾学子陈威汝表示十分感慨从前古人的文笔，也很幸运能把这份力量通过朗诵带给大家。2021级广播电视专业的研究生侯世存同学表示，把熟悉的课文以有声形式表达出来感觉十分奇妙，希望通过朗读能够让孩子们感受到经典诗文的魅力。

期待这一篇篇饱含情感的经典篇目在中小学生们心中播下一颗颗"听经典、诵经典"的种子，让"经典"之声薪火相传。

（新闻与传播学院　李佩玉）

8月17日　公共管理学院4项学生作品入选2022年广东高校"活力在基层"主题团日竞赛项目

由团省委举办的2022年广东省高校"活力在基层"主题团日竞赛（春季）在8月圆满落下帷幕。经过学生们的努力、学校和学院推荐，省级遴选，公共管理学院共有4项作品入选"千入围"项目。

行政管理194班团支部开展"团建守初心，青春扬志向"系列团日活动，重视梯度性学习，通过支部特色导读，学习党、团时事文件和《习近平的七年知青岁月》经典书目，结合广州市国家档案馆的实践学习特色，明确"以学塑心，以学助行，以学正心，以学践行"的理念。社会学202班团支部以木棉花为依托，动员支部成员深挖"英雄花"的红色精神，通过独特的视角，围绕"木棉花开染羊城，奋楫扬帆新征程"主题进行短视频及推文制作，聚焦英烈，追忆先辈党员故事，使支部成员在学中践行、在行中正心。

在广州大学党委、校团委和学院党委的领导下，公共管理学院团委将继续以服务青年、培养青年为出发点，发挥学院优秀团支部榜样作用，以"活力在基层"十佳作品为典型案例，激发团支部活力，以期取得更大的进步！

（公共管理学院　新媒体中心）

公共管理学院学生于广州市国家档案馆集体性实践学习活动合影

8月21日　电子与通信工程学院学子在2022年广东省大学生电子设计竞赛中再创佳绩

8月21日，2022年广东省大学生电子设计竞赛落下帷幕。广州大学共计14组参评，获一等奖4项、二等奖3项、三等奖4项、成功参赛奖3项，获奖率高。其中电子与通信工程学院学生获得3项一等奖，三等奖和成功参赛奖各1项。

本次竞赛以"AI—未来技术"为主题，以自主开放式命题形式比赛。自主开放式命题主要面向人工智能—未来技术，要求创作与之相关应用的器件、模块、电子装置的创新作品。作品功能可以是实现智慧生活、智慧医疗、智能测量、智慧出行等等。

竞赛采用自选题方式，选题范围要求契合竞赛主题。参赛队伍以小组为单位（三人一组），利用课余时间自主设计，制作具备一定创新和实际应用综合功能的人工智能—未来技术方向的软硬件电子系统（注：以软件开发为主的，需结合外部硬件平台实现特定系统功能），包括具体硬件设计、软件编程、系统调试和设计报告撰写等部分。竞赛采用开放形式，要求学生自主设计、独立完成，指导教师的作用仅限于选题和方案论证，各参赛学校要为竞赛提供必要的环境和条件。为保证竞赛工作，竞赛所需设备、元器件等均由各参赛学校负责提供。

各参赛队伍在假期挥洒汗水，积极备赛。因疫情防控要求，大赛采用线上评审形式。今年参赛学校队伍很多，为了避免评测等候时间过长，要求学生在十分钟内演示介绍作品功能和创新点。参赛学生反复演练，克服不利因素影响，展现了良好的竞赛面貌。

（电子与通信工程学院　学工办）

8 月 26 日　环境科学与工程学院开展 2022 年暑期劳动教育实践活动

8 月 26 日，环境科学与工程学院启动暑期劳动教育实践活动，通过系列活动把劳动教育纳入人才培养全过程，进一步打造广大特色劳动教育体系，引导学生树立正确的劳动观，努力成长为堪当民族复兴重任的时代新人，以实际行动迎接党的二十大胜利召开。

曾旋同学在讲台上体验教师岗位

此次实践活动中，同学们表现优异。盛蕾同学在暑假期间进入广东省循环经济和资源综合利用协会进行暑期实习，提升了她对环境行业的认知；曾旋同学进入小学体验教师岗位，增强了她的组织策划能力、沟通表达能力和共情能力，同时感受到了教师职业无私奉献的精神；余思恒同学与刘嘉琳同学参与防疫志愿活动，深刻感受到了医护人员的辛苦，为抗疫献出自己的一份力量；刘佳钰、陈钰怡等同学在家中为家人做饭，从中感受到了做家务的成就感以及体会到了对家人的爱，懂得了感恩父母对自己的爱与付出以及珍惜他人的劳动成果。劳动实践不仅能让学生体会劳动的快乐，更能让学生明白父母照顾家庭的艰辛，多一些体谅与关爱，多做一些力所能及的事情帮助家人分担辛苦，好好学习，争取不辜负家人的期望。

此次暑期劳动教育注重教育实效，帮助学生掌握劳动科学知识，有目的、有计划地参加日常生活劳动、生产劳动和服务性劳动，在动手实践、出力流汗中接受锻炼、磨炼意志，实现知行合一。

（环境科学与工程学院　郑子晴）

8月27日　管理学院在化州中垌开展"乡村振兴"学生暑期社会实践活动

7—8月，在管理学院老师的带领下，经过实践团成员的努力，管理学院化州中垌"乡村振兴"暑期社会实践团成功入选2022年广东省大中专学生志愿者暑期"三下乡"社会实践活动优秀团队名单。

来自广州大学不同

管理学院于山口垌村党群服务中心前合影

学院的老师以及本硕博共36名学生组成的专业师生团队在广东省化州市中垌镇开展"乡村振兴"调研、电商助力当地农产品销售、挖掘新农人后面的乡村振兴故事等活动助力乡村振兴。本次活动增强了学生服务社会的责任感，提升了电商"三创"能力，学子们将所学专业知识应用到实践，为乡村的发展贡献了自己的一份力量。

在化州中垌期间，黄丽娟教授与梁世健老师带领实践团顺利与中垌镇政府领导对接，前往广东美华化橘红基地，实地了解化橘红的销量和电商情况。然后参观了"甘之农"沃柑生产基地，更多地了解柑橘生产情况。随后前往山口垌村党群服务中心、化州市中垌镇、三好家庭农场、香水柠檬种植基地、火龙果种植园、甘坡石榴生态采摘基地、化州建然科技有限公司进行实地采访。

在实践过程中，团队共形成 3 个网站、3 套中垌镇 IP、产品包装及文创设计，6 个 Logo 设计，6 个专访视频，14 个 Vlog 视频，1 个 MV 视频等成果。成果获得茂名市政府、化州中垌镇镇政府、工作队领导的赞赏和肯定。实践团荣获广东省"三下乡"社会实践活动优秀团队、管院社会实践优秀团队等称号。团队成果成功转化为 2022 年广东省"攀登计划"省级重点立项项目以及"大挑战杯"院级 A 类项目。

（管理学院　新媒宣传中心）

8 月 29 日　物理与材料科学学院启动"星辰计划"青少年科普活动

根据共青团中央《关于开展"喜迎二十大、永远跟党走、奋进新征程"主题教育实践活动的通知》部署要求，物理与材料科学学院与广州市海珠区团委共同开展海珠区"星辰计划"青少年科普活动。

8 月 29 日，在繁星点点的夜空下，"星辰计划"在海珠区太

物理与材料科学学院"星辰计划"活动合影

古仓码头正式启动。物理与材料科学学院天文系刘怡副教授与天文系研究生吕成冰一同为孩子们讲述中国天眼的故事，他们生动有趣、通俗易懂的讲述激发了孩子们对于天文的兴趣。

在移动天象馆内设置有天象厅球幕放映，通过投放优秀天文作品，让小朋友们体验漫游太空的乐趣。在移动天象馆外，广州大学天文协会准备了赤道式望远镜供小朋友们感受望远镜观测星空的魅力。

广州大学科技辅导团物理分团设置了星星猜谜和趣味物理小实验摊位与小

朋友们互动，通过实践让小朋友们近距离接触物理知识，实实在在体会物理知识在生活中的运用。

开幕式正式为"星辰计划"系列青少年科普活动拉开帷幕，后续也将会举办更多生动精彩的活动持续服务大众，持续推动天文科普的发展。

（物理与材料科学学院　学工办）

8月31日　生命科学学院开展"展示科技魅力，青春助力支农"暑期社会实践活动

为响应国家"三农政策"号召，生命科学学院组建10支"科技支农"暑期社会实践小分队为乡村振兴贡献力量。实践队队员到自己的家乡或重点农业发展区进行实践考察，通过小组的形式，结合当地情况和自身所学完成一份可行的助农方案。截至8月18日，10支队伍均已圆满完成了实地调研并提交了各自的调研方案。

李卓鹏负责的小组

同学们在田间地头开展调研

通过走访广东省从化农仙乐蔬果专业合作社，向果农了解关于荔枝的知识，并参与到荔枝的采摘和产品的生产加工过程中；刘婉玲小组在了解金柚的种植生长过程中发现梅州金柚在实际的生产种植过程中存在问题，针对问题找到解决方案，有效提高了柚子的经济效益；林浩小组深入稻田，对水稻产量进行估量，并运用所学知识解答存在的问题，除此之外，他们向大众开展了科普活动，介绍当地特色水果胭脂红番石榴的种植技术与其功效；韩梅小组结合专业所学，充分了解菜心蔗糖含量差异的遗传特征，发掘影响菜心蔗糖含量的 QTL

99

位点，筛选可用于遗传育种的分子标记，并利用分子标记辅助选择高品质的甜菜心品种。10 支队伍的成员基于实验研究结果进行育种来指导农民进行大规模种植、生产，都取得了不错的实践成果。

希望广大青年大学生把论文写在祖国大地上，把所学的专业知识应用于实际农业生产产业链的各方面，为推进我国"科技兴农"建设贡献力量！

（生命科学学院　团委）

8 月　法学院学生队伍开展"三下乡"暑期社会实践调研活动

为深入学习宣传贯彻习近平新时代中国特色社会主义思想，进一步贯彻落实习近平总书记关于青年工作的重要思想，2022 年暑假期间，法学院的两支学生队伍成功在梅州市开展"三下乡"暑期社会实践调研活动。

在法学院段陆平老师的指导下，李佳怡、刘奕成、黄梦茜、刘诗

法学院学子与桂林学校校长进行交谈

欣、颜紫瑜、凌子芊等同学开展以"乡村振兴走基层，普法调研助前行"为主题的"三下乡"暑期社会实践调研活动。在访谈过程中，同学们与梅州市梅江区三角镇龙上村桂林学校校长进行了深入的交谈，进一步了解了桂林学校普及法律基础知识的实际情况。访谈结束后，团队成员在学校周边进行了实地宣传，向学生和家长分发普法宣传册，以简单易懂的方式进行详细讲解，帮助当地青少年树立正确的法治意识。最后，同学们对问卷调查结果与实地访谈情况进行深入分析，为促进乡镇学校普法教育发展、赋能乡村教育振兴提出了自己的建议。

在法学院陈捷老师的指导下，钟佳荟、罗圳婷、何怡铃、谢海妮、崔茂雅

五位同学积极投身以"开展普法活动，赋能乡村振兴"为主题的梅州市实践调研活动。她们通过实地调研的方式，以采访镇村干部、口头提问居民、发放问卷的方法，调查永和镇老年人对养老诈骗的了解情况以及防范意识；利用诈骗问题识别、对策及追偿方法指导的宣传单，向居民们进行普法宣传教育，传诵朗朗上口的反诈骗口诀，帮助居民们树立反诈骗意识。

（法学院　邝泽林）

八
月

我们的大学

September 九月

9 月 1 日　公共管理学院举行 2022 年秋季新兵入伍欢送会

　　9 月 1 日下午，公共管理学院 2022 年秋季新兵入伍欢送会在大学城校区文逸楼 514 会议室举行。公共管理学院党委书记刘向晖、副书记万朝春、综合办主任黄鑫、辅导员陈亚楠以及唐可欣、黄健新等在校生代表参加了本次欢送会。会议由陈亚楠老师主持。欢送会上，学院党委书记刘向晖为

公共管理学院 2022 年秋季新兵入伍欢送会参会师生合影

经过严格的体检、复检和政审等层层环节选拔出的社会学 181 班李晓龙、182 班郑华扬以及社会学 212 班甘安铃、行政管理 211 班朱明军四位同学颁发荣誉证书，万朝春副书记赠送他们学院精心挑选的书籍，希望他们服役期间不忘学习知识，在部队身体力行地践行公管精神。

　　公共管理学院的四位学子即将带着党和国家的期盼、家人和师友的祝福开启军旅生涯，为守卫国家的和平安宁奉献青春力量，这是致敬共青团百年华诞的最好礼物，也是公共管理学院学子秉持家国情怀、不畏艰辛、砥砺前行的美好品质的最好诠释。

（公共管理学院　新媒体中心）

9 月 2 日　数学与信息科学学院为八名投身支教的同学举办欢送会

　　为鼓励同学们积极参与支教活动，数学与信息科学学院积极鼓励宣传，最终八位同学主动报名去祖国最需要的地方投身支教。9 月 2 日，数学与信息科学学院为八名即将投身支教的同学举办了欢送会。出席欢送会的嘉宾是学院党

委书记郑美玲、副院长钟育彬、党委副书记杨春荣、2019 级辅导员郭翠敏，八名支教成员分别是前往西藏支教的陈楠，前往英德支教的张睿、梁颖仪、阿卜杜凯尤木江·阿卜杜热合曼，前往连州支教的卢志轩、谭小迪、查启好和卢泳安。

支教学生欢送会

欢送会上，八名支教团成员分别讲述了他们选择支教的原因，他们不仅是为了提升自我教学技能、开阔视野，更是为了促进偏远地区教育事业发展，让山区的孩子们认识更加广阔的世界。

学院党委书记郑美玲勉励同学们，支教活动是一次向欠发达地区输送优质教育的宝贵机会，每位支教成员肩上都背负着重要的使命。支教是知识和科学的传播，理想和信念的传播，更是文明的传播。

学院副院长钟育彬表示，支教活动非常有意义，不仅能够让学生们增长见识，也能丰富学生们的人生经历，收获一段美好的回忆，同时他也提到学院将对支教活动给予充分的支持与帮助，学院可以为支教团成员中的非师范生申请特殊课程帮助。

学院党委副书记杨春荣为支教团成员送上了祝福，希望在此次支教活动中，他们不仅可以收获一段有趣的旅程，还可以将知识带给孩子们，将回忆送给自己。

通过这次欢送会，支教团成员对支教有了更深刻的认识，相信在未来，他们能够在祖国最需要的地方发光发热，传递知识、传递温暖。

（数学与信息科学学院　唐雨晴）

9 月 3 日　化学化工学院举办 2022 级新生开学典礼

为鼓舞新生以饱满的精神迎接即将到来的大学生活，9 月 3 日下午，化学化工学院 2022 级化学系、化工系研究生新生开学典礼于理科南楼 210、211 会场分别举行。学院党委书记周海兵、院长韩冬雪、副院长邹汉波、刘兆清、吴旭，党委副书记杨艺，学科带头人牛利、彭锋，优秀教师代表孙会靓、乔智威，新生班主任老师以及2022级全体新生出席典礼。本次典礼由化学化工学院团委和学生会主席团邝晓曼、马韵茹、黄靖和许晓枫主持。

化学化工学院2022级本科新生开学典礼现场

学院党委书记周海兵对新生的到来表示欢迎和祝福，并寄语新同学，中学可能是梦想开始的地方，大学绝对就是实现梦想的乐园。作为一个科技工作者，要尊重大自然的客观规律，要自律奋斗、敬畏知识。

院长韩冬雪对学院情况进行了总体介绍，详细介绍了学院师资教研力量、学科建设平台优势，以人才培养目标为切入点，深刻剖析了我国面临的科技窘境以及化学、化工学科的重要性；鼓励同学们要树立远大的理想，将自己的奋斗根植于祖国的大地，努力把自己锻造成为未来发展的"国之大器"。

学院专家代表、俄罗斯工程院院士牛利教授，以三句话和一个关键词表达了对新生的殷切希望。三句话是：做一个有理想的人，做一个学业优秀的人，做一个身心健康的人。而关键词是"行动"。牛利教授寄语全体新生："学生所取得的成就是对教师最大的回报，从今天开始，期待你们的精彩表现！"

（化学化工学院　学工办）

9月3日　电子与通信工程学院举行2022级新生线上开学典礼暨新生家长会

金秋送爽，丹桂飘香。9月3日上午，电子与通信工程学院2022级本科生开学典礼暨新生家长会在腾讯会议与腾讯直播双平台同步举行。出席本次活动的有学院领导、新生班主任、辅导员、2022级本科新生及部分新生家长。

典礼由学院党委副书记谢玲主持。

典礼伊始，全体师生起立奏唱中华人民共和国国歌和广州大学校歌。紧接着由学院院长唐冬教授作开学典礼发言，他代表学院对 2022 级新生的到来表示热烈欢迎，并对学院的发展历程、专业建

电子与通信工程学院 2022 级新生代表分享新学期感悟

设、学科发展等方面做了详细介绍，同时对新生提出三点建议：一是明德，塑造好正确的价值观念；二是笃行，磨炼出坚实的专业本领；三是健体，锻炼出过硬的身体素质。他勉励新生们不要辜负了寒窗十二年的辛苦努力，要在广州大学这个新平台，迈出新步伐，走上新高度，正如广大的校训所言：博学笃行，与时俱进。随后，学院党委副书记谢玲及学院教学副院长曾衍瀚分别介绍了学校概况和学院目前已有的专业及相应培养方案。

来自物联 193 班的王坤辉同学作为老生代表发言，他分享了大学生活的所感所想以及希望师弟师妹们能够成为为理想而奋斗的人。最后，电子与信息工程系的蔡秉宜同学作为新生代表，表达了新生们对于大学生活充满憧憬与向往的心声。

此次开学典礼暨新生家长会，不仅让新生和家长们对广州大学以及电信学院有了充分的了解，更为新生们锚定了大学方向：新生们与广大共同发展进步，不负青春、不负韶华。

（电子与通信工程学院　学工办）

9月9日　公共管理学院部分学生参加第四十三期"公管午餐"

9月9日中午，公共管理学院第四十三期"公管午餐"活动在桂花岗校区 1 号楼 406 室举行，活动主题为"开启金秋新起点，迎接广大新生活"。学院党委副书记万朝春、副教授李智、2022 级辅导员谭宇轩、科研助理陈哲、

2022 级兼职辅导员夏莹及 13 名本科新生代表出席本次活动，活动由行政管理 215 班李蔚菀主持并作开场介绍。

活动初始，学院党委副书记万朝春首先传达了学院党委书记刘向晖、院长陈潭等学院领导和老师对同学们的关心和慰问，书记、院长因下午参加学校的教师节表彰活动而无法赶到现场，他们祝福新生们中秋节快乐。接着同学们自我介绍并提出自己初入大学的困惑，老师们则积极地回应学生的疑问并给出建议，师生在欢快的交流氛围中共进午餐，浓浓关怀尽显师生真情。

公共管理学院大一学生与老师们在"公管午餐"活动后合影

中秋节将近，军训的新生虽无法离校归家，却在此次"公管午餐"中感受到公管大家庭的温暖，也拨开了大学生活的迷雾。为表对新生的关怀，在享用完午餐后，老师们还热情邀请各位同学共同品尝广州大学食堂特制的第一批月饼。本次活动体现了公管浓浓的师生情谊，激励公管学子砥砺前行。

（公共管理学院　新媒体中心）

9 月 10 日　教育学院顺利举办中秋晚会暨军训文艺汇演

9 月 10 日，教育学院团委文体部面向学院全体大一新生举办了主题为"红色铸军魂，情满中秋夜"的中秋晚会暨军训文艺汇演活动。此次活动既欢庆了中华传统佳节中秋，又丰富了大一新生的军训生活。

导生们和同学们给观众带来了青春活力的歌舞串烧

中秋是一个寓意团圆的节日，大一新生们远离家乡与亲人，但在这个中秋夜齐聚在一起，共同欢度中秋，给军训时光增添了别样的色彩。在本次活动中，参与表演的同学们经过了两次审核，在不断改进的过程中体会到了"台上一分钟，台下十年功"的不易。同学们给观众呈现了丰富的视听盛宴，有感情丰沛的独唱，有代表团结的合唱，有充满国与家深厚情感的手语操，有尽显青春活力的舞蹈……

身在异乡，共感亲情，中秋佳节，共庆欢腾。本次中秋晚会营造了教育学院的文娱活动氛围，给同学们提供了一个展示自己的平台，体现新生们的"新"活力。

（教育学院　李佳）

9月16日　马克思主义学院联合新闻与传播学院举行学生党史宣讲活动暨劳动教育基地揭牌仪式

为深化党史学习教育，马克思主义学院和新闻与传播学院共同选拔学生组建学生党史青年宣讲团，于7月7日、9月16日先后来到南沙区新时代青年志愿谷和横沥镇兆丰社区，向当地的居民讲述党史故事。

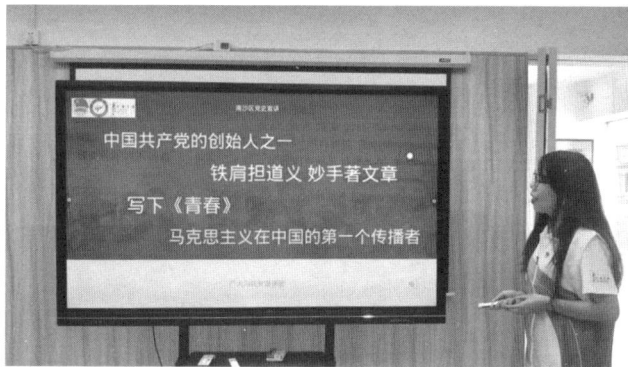

马克思主义学院刘嘉滢同学进行讲述

冯祖欣同学以一首广州脍炙人口的粤语号子《顶硬上》活跃气氛，引导兆丰社区的群众走进冼星海的故事。

刘嘉滢等同学运用讲解和朗诵的方式讲述李大钊先生的故事，揭示马克思主义在中国传播的过程和作用，让大家感受李大钊先生的革命精神和马克思主义的魅力。

谢倩梅等同学以赵一曼母子的合照导入，讲述革命女英雄赵一曼就义前为儿子留下两封书信的故事，让大家感受到烈士的亲情和革命精神。

许嘉炜、张佩瑶同学以"幸福社区"疫情防控颁奖仪式的方式带领群众了解疫情防控中的暖心故事，引导现场的社区群众们分享心中的模范。

宣讲活动圆满结束，广州大学劳动教育基地成功揭牌，同学们也有了新的收获。在冯祖欣同学看来，此次活动不仅深化了她对党史的认知，也给予她重新观察南沙、向群众讲述冼星海故事的宝贵机会，她表示会继续踔厉奋发，不负历史、时代和人民所托。谢倩梅同学在这次实践中深刻感受到党与人民的联系，并意识到青年学生在宣传党史中的重任。许嘉炜同学强调应该在新时代学习党史，并坚信在党的领导下疫情最终能够被战胜。

（马克思主义学院　刘嘉滢　冯家铖）

9月16日　新闻与传播学院学生荣获第14届全国大学生广告艺术大赛国奖13项

9月16日，期待已久的第14届全国大学生广告艺术大赛（以下简称"大广赛"）全国总评审结果揭晓，新闻与传播学院学生荣获国奖13项（全校15项），其中二等奖2项、三等奖1项、优秀奖10项。

今年大广赛参赛人数众多，竞争激烈。在此前公布的大广赛省赛成绩中，同学们在学院传媒创新创意中心老师们的精心指导下，取得了优秀的成绩，共获得省赛各奖项78项（全校98项），其中一等奖13项、二等奖30项、三等奖35项。张爱凤、孔令顺、陶冶、姚睿、王艺、曾丽红、苏凡博、王泸生、尹杭、陈智勇、张化东、陈浩、汪润时共13位老师被广东省教育厅评为广东省大广赛优秀指导教师。

学院师生此次获奖成绩在广东省本科院校中居于前列，有力地推动了学院赛事育人的创新实践和学院四个国家一流专业的建设，也充分展现了学院学生的青春风采。

（新闻与传播学院　王艺）

9月24日　建筑与城市规划学院开展主题劳动教育活动

9月24日，建筑与城市规划学院团委、学生会联合学院"五室一站"在理科教学楼北楼顺利举办了主题劳动教育活动——"寻找夏天的秘密"。

本次活动内容为修剪理北4、5、6层的花草，并为它们浇水，同学们踊跃报名、积极参与活动。来自园林 211 班的梁思莹、容绮彤、林玉婷同学结合专业知识为大家提供指导帮助。经过了夏季充足阳光照射，植物蓬勃生长。志愿者在师姐们的指导下拿起剪刀，修剪植株，让植株姿态更加美观。

"寻找夏天的秘密"主题劳动教育活动全员合影

活动过程中，同学们热情洋溢，在劳动中挥洒汗水，在劳动中收获成长。经过此次活动，同学们不但拥有了更美好舒适的学习环境，更感受到了劳动教育的魅力。

（建筑与城市规划学院）

9 月 26 日　体育学院组织开展"一院一品"体育兴趣小组特色活动

9 月 26 日至 11 月 30 日，体育学院组织开展"一院一品"体育兴趣小组特色活动。该活动由高年级学生作为指导教练，利用第一学期每周早晨 7 点到 8 点的时间，组织学院 2022 级本科生参与足球、篮球、田径、龙狮、羽毛球、跆拳道的兴趣小组培训。

学生在风雨跑廊羽毛球场进行早训

足球由夏洪伟、李浩略、汤伟明教学，共 11 人参加，早训内容为正脚背运球变向射门；篮球由陈文韬、植镇勇、陈睿杰教学，共 52 人参加，早训内容为运球加强球性练习、体能训练；田径由梁超彬、萧慧娴、马泽宇教学，共13人参加，早训内容为跨栏技术动作基本练习；龙狮由梁超斌、李锐锋、徐浪译、范逸云、邱从霸、莫和源教学，共12人参加，早训内容为龙狮文化、舞龙舞狮基本技术技能；羽毛球由陈建君、刘辉、何飞扬教学，共37人参加，早训内容为羽毛球技术中的发高远球、打高远球、挑球；空手道由钟启亮、孙永豪、古坤桓教学，共6人参加，早训内容为空手道基础理论知识、基本技型、基本组手及应用。

通过体育学院"一院一品"特色活动，同学们在劳动服务中提升自身的专业素质，丰富学风建设。学院党委副书记冯荣光和辅导员卢易老师在对兴趣小组活动进行指导时，多次强调：首先，要保证安全，一定要充分热身及做好应急措施；其次，训练内容要新颖多样，可以与游戏相结合，激发同学们的训练兴趣；最后，要持之以恒、脚踏实地办好每周每次的早训活动，切忌三天打鱼两天晒网，在学期末验收成果时，同学们应该掌握各项体育运动的基本专业技能。

（体育学院　邱从霸）

9月27日　外国语学院学生第一党支部开展"迎接党的二十大，强国有我向未来"主题党日活动

9月27日下午，外国语学院学生第一党支部在梅苑10幢二楼党团活动室，通过线上与线下相结合的方式开展了以"迎接党的二十大，强国有我向未来"为主题的党日活动。本次活动由杨可欣同志主持，支部书记徐慧及支部全体学生党员参加。

党日活动以全体党

支部成员在党日活动中共同学习

员同志共同观看《国家记忆》纪录片中的"不负韶华 强国有我"开始，号召党员同志们共同学习韩超、黄文秀等先进人物的先进事迹，把青春奋斗融入党和人民事业，努力成为实现中华民族伟大复兴的先锋力量。

随后，党支部围绕本月主题党日活动主题，结合实际，共同深入研讨了党支部和党员如何引领广大学生践行"请党放心，强国有我"的青春誓言。支部书记徐慧总结道："第一，需要认清自我，做好力所能及的事情；第二，需要加强身份认同感，做到知行合一；第三，需要结合实际，从小事做起，做好实事。"

会议尾声，外国语学院学生第一党支部进行了《党员干部疫情防控应知应会知识手册》知识测验，共同学习、理解疫情防控应知应会的知识，增加对防疫防控工作的了解。

（外国语学院 张国萍 徐慧）

9月29日 广州大学党委书记、校长魏明海为2022级新生开讲"思政第一课"

9月29日上午，广州大学校党委书记、校长魏明海以"做习近平新时代中国特色社会主义思想的坚定信仰者、忠实实践者"为题，为公共管理学院桂花岗校区2022级行政管理、社会学专业学生讲授"思政第一课"。校党委宣传部部长温志

公共管理学院学生在上"思政第一课"

昌，桂花岗校区管理服务中心主任何瑞豪、副主任璩银吉，宣传部副部长朱晓军，教务处副处长伍卫文以及公共管理学院党委书记刘向晖、副书记万朝春、年级辅导员谭宇轩等旁听授课。

课上，魏明海书记播放他在做客中央电视台《百家讲坛》特别节目《我们的大学》里的精彩片段。视频展示了《羊城暗哨》《雅马哈鱼档》《骡子和

金子》《山童宴》等文艺作品，也展示了周福霖院士毕生致力于抗震研究，为我国减震控制事业做出开拓性贡献等众多感人故事。一代代广州大学教师和校友不断回应时代需求，以文艺创作及科学研究等形式叩问时代。魏明海书记鼓励在座学生向前辈学习，向社会求知，厚植家国情怀，勇担时代使命，传承"博学笃行，与时俱进"的广大精神，以 24 字人才培养目标为引领，努力成长为有信仰、有责任、有担当、有追求的人，在完成民族复兴的历史伟业中守正创新、踔厉奋发。

思政课在师生们热烈的掌声中结束。同学们纷纷表示必将常念书记、校长寄语，加强理论学习、注重开阔视野、强化实践运用，与人民同向同行，与时代同频共振，让青春在实现中华民族伟大复兴的进程中绽放异彩。

（公共管理学院　新媒体中心）

9 月 29 日　环境科学与工程学院举行少数民族学生座谈会

9 月 29 日晚，环境科学与工程学院在行政西楼 638 会议室组织开展主题为"喜迎国庆，情暖师生"的少数民族学生座谈会。2022 级少数民族学生与老师们共进晚餐并亲切交流，深切感受到老师们的关怀。

座谈会中，同学们踊跃发言，从家乡美景、民族特色、兴趣爱好等方面介绍自己，畅谈来校后的学习生活感受以及未来规划，表达了对国家和民族政策的认同与感恩，对学校、老师、同学的关心帮助表示感谢，并就宿舍设施、食堂饮食、学习实践等方面进行交流。同学们还和老师们一起享用了新疆特色美食，在学校也感受到了家乡的温暖。

会议结束前，学院领导赠送经典书目给同学们阅读，希望他们能文理兼修，提升素养。同学们收到书籍欣喜万分，更加感受到了学校对他们的关心和照顾。

此次座谈会增加了师生之间的了解，增进了各族师生之间的情谊，充分体现学校对同学们的重视。同学们对学校给予他们的关怀表示十分感谢，并表示在以后的学习生活中会更加努力，不辜负学校的殷切期望。

（环境科学与工程学院　李家心）

9月29日　2022年"部校共建"新闻与传播学院暑期社会实践总结交流会顺利进行

9月29日上午，2022年"部校共建"新闻与传播学院暑期社会实践总结交流会在行政西楼二楼会议厅举行。学校团委副书记李睿贤、学院院长田秋生、党委书记李雁、副院长张爱凤、副院长夏清泉、党委副书记方建平以及暑期社会实践各

师生代表在暑期社会实践总结交流会后合影

支队伍师生代表，各年级学生代表出席了交流会。会议由学院党委副书记方建平主持。

会议伊始，全体参会人员观看了学院暑期社会实践的成果汇报视频。视频中，学院师生走进乡村探访民情，走入城市找寻生活魅力，深入山区感受扶贫功绩，走访革命遗迹传承红色基因，以大学生的视角，见证新时代的伟大成果。

随后，各支实践队伍的指导老师和优秀学生代表一一发言，分享心得，介绍成果。师生代表发言总结后，副院长张爱凤宣读了暑期社会实践优秀指导教师、优秀学生的表彰决定，代表学院对本次社会实践涌现出的一批先进典型进行了表彰，也鼓励大家向受表彰的教师和同学学习，积极参与社会实践，服务社会，做"德才兼备、家国情怀、视野开阔，爱体育、懂艺术，能力发展性强"的高素质创新人才。

在总结交流会的尾声，学院党委书记李雁总结致辞。她勉励今年参加实践的同学们认真梳理自己的体会并记录下来，践行新闻人的时代使命，用脚丈量中国大地，紧紧围绕时代发展主题，在作品制作中突出重点并有所创新，达到在实践活动中"受教育、长才干、做贡献"的目的。

（新闻与传播学院　付清泓）

九月

我们的大学

October 十月

10月1—7日　音乐舞蹈学院开展红色舞蹈作品实践活动

10月1—7日，音乐舞蹈学院舞蹈系本科四个年级25名同学在李颂东书记、刘瑾执行院长、佟树声副院长、王洪涛副院长、王志刚副系主任以及王珊老师的带领下开展红色舞蹈作品实践活动，旨在促进舞蹈系优秀舞蹈创作

同学们在编排红色舞蹈作品

和引领训练，努力营造各个年级之间良好的学习和创作氛围，团结引领舞蹈系全体学生共同进步，让2022级新生更好、更快地融入舞蹈系这个大家庭。

在佟副院长、王珊老师的指导下，同学们能够更细致地把握革命英雄形象，全身心地投入编创表演之中，不断变换动作，尝试不同的方式表达情感，在相互学习与分工合作中完成剧目的编排。在训练时，同学们巩固了舞蹈编创的技法和形式，学会如何用身体说话，控制好舞蹈的情绪变化。为期七天的排练，老师们不辞辛苦，同学们乐在其中，克服万难，一起坚持到最后，使作品达到了理想效果。

此次红色舞蹈作品实践活动，既贯彻了习近平总书记关于文艺工作的重要论述，以更好的精神面貌迎接党的二十大召开，又促进了音舞学院师生之间的学习交流，期待以后创作更多优质的舞蹈作品，登上更大的舞台！

（音乐舞蹈学院　学工办）

10月11日　经济与统计学院举办党员发展对象培训专题讲座

为了加强对党员发展对象的培养和教育，深化党员发展对象对新时代中国共产党的青年观的理解，增强党性修养、强化党员意识、端正入党动机，奋力做担当民族复兴大任的时代新人，经济与统计学院举办了以"做担当时代大

任的青年"为主题的发展对象培训专题讲座。讲座于 10 月 11 日下午在大学城校区文清楼 120 室开展，主讲人为广州大学马克思主义学院 2020 级思想政治教育研究生梁峰。

梁峰向同学们介绍了"新时代中国共产党的青年观"和"新时代青年成长的价值引领"，让同学们对新时代青年的使命有了更深刻的理解。

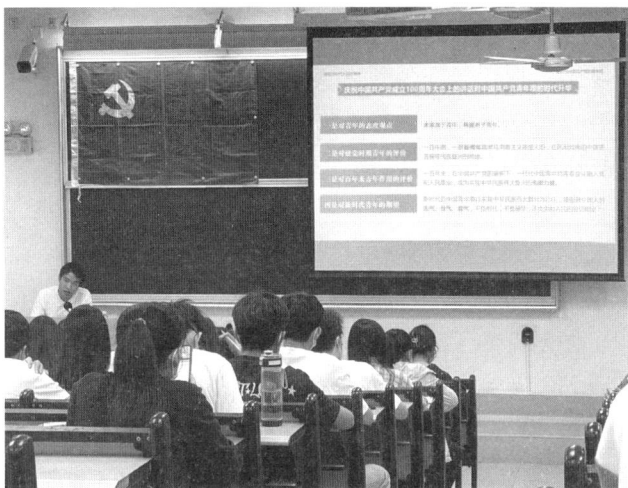
同学们认真倾听研究生梁峰的讲座

梁峰结合党的十九大报告向同学们讲述了青年与国家的关系、青年与时代的关系、党对青年的态度以及党对青年的期望。最后，就"如何做担当民族复兴大任的时代新人"，梁峰提出了以下"五个自觉"：一是自觉以习近平新时代中国特色社会主义思想武装头脑；二是自觉树立共产主义理想和中国特色社会主义信念；三是自觉践行社会主义核心价值观；四是自觉以中华民族伟大复兴的使命激励自己；五是自觉以社会主义建设者和接班人的要求塑造自己。

通过本次专题讲座，同学们找到了新时代青年的时代定位和历史使命——树立远大理想、热爱伟大祖国、担当时代责任、勇于砥砺奋斗、练就过硬本领、锤炼品德修为。

（经济与统计学院　党建办）

10 月 12 日　体育学院开展"金秋劳动月"主题活动

10 月 12—22 日，体育学院开展了"金秋劳动月"主题活动，活动形式多样，内容丰富：举办垃圾分类征文比赛、垃圾分类创意海报设计比赛、招募志愿者开展垃圾分类督导行动、对"五室一站"进行全面大扫除和组织宿舍安全知识竞赛等。

活动期间，线上投稿共收到海报 9 份和征文 15 份，经公开公正投票后，最终选出海报比赛获奖的学生：物理 203 班李约瑟（一等奖），体教 211 班梁蕴（二等奖），体教 212 班杨锦秀（二等奖），物理 203 班程文俊（三等奖），智能 201 班雷昊（三等奖），体教 212 班温妙红（优秀奖），体教 211 班钟启亮（优秀奖）；征文

体育学院学生作为志愿者在进行垃圾分类督导服务

比赛获奖的学生：生科 202 班黄泽双（一等奖），社体 212 班刘璨铭（二等奖），体教 212 班张智滔（二等奖），体教 211 班许铁成（三等奖），体教 223 班陈婉诗（三等奖），小教 203 班黄学英（优秀奖），环设 201 班黎兴伟（优秀奖），智能 201 班雷昊（优秀奖），旅游 213 班杨蕊（优秀奖）。

在垃圾分类督导行动中，体教 224 班谢重贵表示，能够作为志愿者向大家提供服务令他受益匪浅。他说："前进一小步，文明一大步。通过此次垃圾分类志愿活动，我增强了垃圾分类意识，在日常生活中也将养成垃圾分类的习惯。如果人人都能进行垃圾分类，那么不仅可以美化环境，保护我们美丽的地球，还能帮助我们辛劳的环卫工人减少工作量。因此我号召大家，前进一小步，文明一大步，垃圾分类，保护环境，是我们共同的责任。"

（体育学院　五室一站）

10 月 12 日　人文学院团委和学生会"灯塔学习会"顺利举行

10 月 12 日晚，人文学院团委、学生会"灯塔学习会"于广州大学大学城校区梅苑 8 栋党团活动室顺利举行。

"青春心向党，礼赞新时代"，百年薪火永相传，代代中国青年初心如磐，书写出无愧于时代之答卷；赓续接力正当下，人文学子以青春之名追寻党史精神星芒，汲取红色力量，传承红色基因。本次学习会阅读、讨论与分享《习近平谈治国理政》（第四卷）第一章，在新时代绽放青春光彩。"以史为镜，

以史明志",坚定不移走中国特色社会主义道路,增强"四个意识",捍卫"两个确立",做到"两个维护",心往一处想、劲往一处使,迈进新征程,奋进新时代。新时代青年应以青春之我,逐未来之梦;以青春之名,寻精神之芒。党史之光照亮方向,党史精

人文学子在"灯塔学习会"上认真研读书籍

神指引前路,夯实党史基础,引吭高歌,无愧时代与青春,人文学院团委、学生会以实际行动迎接中国共产党第二十次全国代表大会!

至此,人文学院团委、学生会"灯塔学习会"完美落下帷幕!

(人文学院 新闻中心)

10 月 14 日 物理与材料科学学院举办"讲述党史故事,观看党史电影,传承红色精神"党史故事分享会与党史电影观看活动

为学习和传承红色精神,10 月 14 日晚上 7 点,物理与材料科学学院在 B22"五室一站"举办"讲述党史故事,观看党史电影,传承红色精神"党史故事分享会与党史电影观看活动,物理学院 2022 级辅导员李文轩老师和物理学院学生参

同学们在党史故事分享会与党史电影观看活动后合影

121

与了本次活动。

主持人为此次活动做简短介绍后，活动便进入了党史故事分享环节。现场气氛热烈，学生代表或从党史故事，或从历史人物出发，描绘了中共历史艰辛曲折的伟大征程，分享了长征路上《七根火柴》《一袋干粮》等军民同心、顽强拼搏的长征故事，还讲述了周恩来同志的故事，让在场学生更全面地认识到周总理为党、国家和人民做出的伟大贡献。

学生代表分享结束后，李文轩老师表示我们需要注重对党史故事背景的理解，努力回到历史现场，并能在和平时代下思考"人与国家"的关系。

最后是观影环节，在座观众共同观看电影《我和我的祖国》。影片以真实情节从总体上勾勒了新中国建设的坎坷路途，而且展现了开国典礼、原子弹研究等重要历史节点背后的小人物和小细节。影片落幕，然而大家意犹未尽，互相交流分享，更加明白"我和我的祖国，一刻也不能分割"。

通过分享党史故事和观看党史电影，同学们不仅回忆了党的艰苦历程与伟大功绩，而且从革命前辈的身上明白"如何看待自己与国家的联系"与"中国共产党为何能取得解放全中国的胜利"。本次活动在大家热烈的掌声中结束。

（物理与材料科学学院　五室一站）

10 月 15 日　教育学院顺利举办第十八届多媒体课件制作大赛

随着互联网的日益普及，多媒体技术也随之不断发展，在学习场景中发挥着愈加重要的作用。本着引导学生体味经典百书、回看中国共青团百年光辉历史的目的，为同学们提供锻炼多媒体课件制作技能的机会，增强同学们将历史文化与现代科技相

多媒体课件制作大赛师生合影

结合的意识，10 月 15 日，教育学院主办了为期三周的"读经典百书·承百年薪火"的多媒体课件制作大赛。

本次大赛经过前期的活动宣传和系列推送信息的发布，吸引了广大学生踊跃报名和热情参与。活动打破学院、年级之间的限制，既允许不同学院的同学合作参赛，又让来自不同年级的同学能够同台竞技。

本次比赛设立专业组和非专业组两个赛道，分为预赛、初赛和决赛三个阶段。预赛、初赛由专业评委线上遴选，各赛道共选出 6 组队伍晋级决赛。决赛阶段邀请了教育技术系专任老师梁瑞仪、孔瑞宏和丁国柱作为评委，进行指导点评。决赛现场上，各位选手展示了紧扣主题、界面美观且具有良好交互性的参赛课件，评委老师根据参赛作品进行总结发言，并分享了制作课件的经验方法，让在场的同学获益匪浅。

学生们通过本次活动，不仅锻炼了运用各种制作工具的能力，而且在传播经典百书过程中汲取经典百书的智慧结晶，为成为时代需要的新青年打下坚实基础。

(教育学院　邱美霖)

10 月 15 日　环境科学与工程学院"五室一站"开展扎染美育活动

10 月 15 日，环境科学与工程学院梅苑 7 栋"五室一站"在三楼活动室举办了以"巧手来扎染，缤纷展魅力"为主题的扎染活动，积极响应学校培养"德才兼备、家国情怀，爱体育、懂艺术、能力发展性强"的新时代青年的号召。本次活动邀请了李慧副

同学们展示自己的扎染作品

书记、冯雪玲老师前来指导和体验。

环境科学与工程学院兼职辅导员郑荃琳师姐为同学们介绍了扎染的相关步骤和注意事项，并结合扎染视频让同学们能更加直观地学习扎染的方法。学习完毕，同学们都兴致勃勃地创作自己的作品，积极发挥自己的创造力和想象力，用简单的一根橡皮筋和一块白布，扎染出色彩缤纷的图案。看似无序的捆扎，却带来创作的无穷惊喜。

同学们在有趣的扎染活动中不仅对传统艺术有了更深入的认识和体会，而且增强了发现美、感知美和创造美的能力。

（环境科学与工程学院　谈卉）

10 月 15 日　管理学院组织新生跳大绳比赛

10 月 15 日，管理学院新生跳大绳比赛在桂花岗校区后山篮球场正式开幕。比赛项目主要分为三个部分：团体赛、精英赛与趣味赛。

不同于往年的秋高气爽，今年的太阳格外热情，更点燃了同学们的青春激情。炎炎烈日之下，22 个班级的参

管理学院同学们参与跳大绳比赛

赛选手与啦啦队准时到场等候。现场工作人员带领参赛选手与啦啦队分批检录，现场井然有序。比赛中，选手们喊着拍子，配合默契；场外观众不断给选手们鼓气呐喊，掌声连连。激昂的汗水，挥洒不尽同学们的运动活力；摆动的大绳，击溃不了同学们的众志成城！

本次跳大绳比赛不仅丰富了大家的课余生活，而且增强了同学们的团结精神和友爱情谊，让新生能充分融入管理学院大家庭之中。

（管理学院　新媒宣传中心）

10 月 16 日　广州大学援疆学子认真学习贯彻党的二十大精神

中国共产党第二十次全国代表大会于 10 月 16—22 日在北京举行。10 月 16 日上午，广州大学援疆支教实习队收听收看了本次直播。

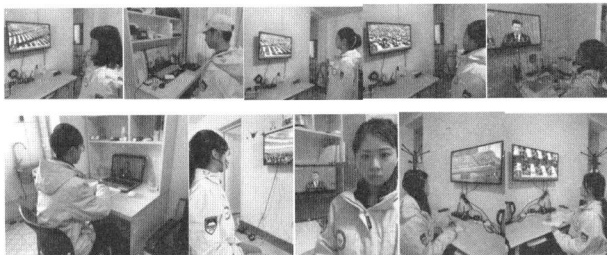

广州大学援疆学子认真学习党的二十大精神

党的二十大是在全党全国各族人民迈上全面建设社会主义现代化国家新征程、向第二个百年奋斗目标进军的关键时刻召开的一次十分重要的大会，是一次高举旗帜、凝聚力量、团结奋进的大会，具有划时代、里程碑意义。收听收看后，大家一致认为，作为援疆支教大学生，一是要把认真学习贯彻党的二十大精神，把学习好、宣传好、贯彻好习近平新时代中国特色社会主义思想作为当前援疆工作的重要内容；二是要把理论学习的成果切实转化为全面办好人民满意的教育、全面推进新疆教育事业发展的磅礴力量。

11 月 5 日晚上，为深入学习贯彻党的二十大精神，驻疏附县广东大学生支教团开展"学习贯彻党的二十大精神"专题学习会。因疫情防控要求，此次会议于线上举行，会议由广州大学学生处辅导员邹静莹主持。广州大学马克思主义学院副教授刘雪松、肇庆学院辅导员杨旭及驻疏附县广东大学生支教团全体成员参加会议。

广州大学学生处辅导员邹静莹从党的二十大胜利召开的重大意义及其精神展开论述，提出全体援疆队员务必办好人民满意的教育，用实际行动展示广东教育的先进理念、广东青年的青春风采。

广州大学马克思主义学院副教授刘雪松从"中国式现代化"五大特征展开论述，提出促进教育援疆高质量发展的工作思路，指出援疆队员就像是"不拿枪的解放军战士"。

肇庆学院辅导员杨旭从青年工作角度展开论述，依据其新疆工作经验对援疆队员作具体教学和生活建议，强调要严格遵守当地的疫情防控规定，做好防护防范措施。

十
月

随后，驻疏附县广东大学生支教团各队代表分享了学习党的二十大精神的感想。其中，广州大学支教队代表们分享了心得体会。

广州大学援疆队队长梁芷晴结合党的二十大精神和支教现状表示，作为新时代的青年和一名援疆教师，虽然采用居家教学的形式，但仍然需要努力把所学知识运用到实际工作中去。比如，除了完成好教学任务外，还可以充分利用疏附县教育系统"红色筑基"系列活动这一平台，结合新疆各学段学生的学情，从方向创新和思想引领两个角度对幼儿、小学生、初中生、高中生的思政教育下足功夫，展现新时代大思政教育视野，努力做好学生的引路人。

广州大学援疆队副队长黄彦君表示，作为一名中共党员，要肩负起历史使命，坚定理想信念，坚定不移听党话、跟党走，努力提高自身素养；作为一名援疆教师，要坚持以思想引领实践，加强自己的思想建设与理想信念，要牢记习近平总书记的殷切期待和殷殷嘱托，立志培育有理想、敢担当、能吃苦、肯奋斗的时代好青年！

广州大学援疆队队员梁嘉欣表示，其通过学习党的二十大报告的内容和精神，感到十分振奋；增强了对我国未来发展的期待和信心，与党同心，跟党奋斗，今后会在教育和教学中不断弘扬党的优良传统；坚定了为党育人、为国育才的目标，今后会在工作和学习中不断加强自身教学能力，提高综合水平素质，为建设美丽的边疆作出贡献！

最后，会议强调，援疆学子要提高政治站位，认识到开展校地共建工作是贯彻落实党中央和省委省政府新阶段援疆部署所做的重要举措。以铸牢中华民族共同体意识为主线丰富教育援疆的内涵，推动新阶段广东教育援疆工作再上新台阶。要坚持立德树人，做好教育援疆工作。铭记支教教师的身份和使命，用所学知识、科学素养浇灌新疆教育事业，在祖国最需要的地方绽放光彩。要严格遵守本校与支教学校的纪律与安排，遵守当地疫情防控要求，保质保量完成教学任务，自觉增强安全意识和自我保护意识。

（学生处）

10 月 16 日　电子与通信工程学院学生党员集中收听收看中国共产党第二十次全国代表大会开幕会直播

10 月 16 日上午 10 点，中国共产党第二十次全国代表大会在北京人民大会堂隆重开幕。党的二十大是党进入全面建设社会主义现代化国家、向第二个百年奋斗目标进军新征程的重要时刻召开的一次十分

学生集中收看党的二十大开幕会直播

重要的代表大会，是党和国家政治生活中的一件大事。电子与通信工程学院组织学生党员及入党发展对象集中收听收看现场直播，开展了形式多样、载体丰富、学习氛围浓厚的收听收看活动。

中共中央总书记、国家主席、中央军委主席习近平代表第十九届中央委员会向大会作报告。大会上，习近平总书记明确宣示党在新征程上举什么旗、走什么路、以什么样的精神状态、朝着什么样的目标继续前进，对全面建成社会主义现代化强国"两步走"战略安排进行了宏观展望，科学谋划了未来 5 年乃至更长时期党和国家事业发展的目标任务和大政方针。

党的二十大的召开之年也是我国踏上全面建设社会主义现代化国家、向第二个百年奋斗目标进军新征程的开局之年。现如今，吾辈身处新时代，时值百年未有之大变局。此次电子与通信工程学院收听收看党的二十大开幕盛况，不仅让同学们明确了自身的发展目标，而且激发了同学们的奋进潜力。此次活动后，大家更清楚地认识到了时代给吾辈带来的新机遇与新挑战，着力把小我融入祖国的大我、人民的大我之中，立志在新时代为党、国家和人民的美好未来不懈奋斗，建功立业。

（电子与通信工程学院　学工办）

十月

10 月 18 日　地理科学与遥感学院举办第一期院长书记午餐会

10 月 18 日，地理科学与遥感学院第一期院长书记午餐会在行政西楼前座 523 室举行，院党委书记陈宇红老师、院长吴志峰老师、院党委副书记白鹤云飞老师和 10 位学生代表参加了本次活动。

虽然午餐会只有一个小时，但是大家的收

地理科学与遥感学院的同学们积极与书记、院长互动

获远不能用一个小时计量。同学们表示，在与书记、院长的午餐"约会"中近距离地感受到了院领导的关怀与教导，进一步明确了自身的发展方向，并希望在接下来的大学生活中拓宽视野，学到更多知识和技能。

（地理科学与遥感学院　郑渲桐）

10 月 18 日　外国语学院举行"青春心向党，外院人启航"团干培训大会

10 月 18 日，外国语学院"青春心向党，外院人启航"团干培训第一期在广州大学大学城校区理科南楼 614 室顺利开展。校团委组织部主要负责人区楚怡、外国语学院团委书记廖沛玲、团委副书记周莹、团委副书记林梓

师生重温入团誓词

豪，公共管理学院优秀团干赖展桦以及外国语学院全体团支书出席了培训大会，通过重温入团誓词、团干讲团课、兄弟学院优秀团干分享、业务培训等形式激发团干忠于使命，争做让党放心的优秀团干部。

培训会上，外国语学院团委书记廖沛玲分别从青年和团干的角度分析了当代青年该如何思考和行动，提倡团干要对党忠诚，组织团员深入学习党的二十大精神，善于用青年喜闻乐见的方式开展活动，在活动中不断增强团员的归属感。

来自兄弟学院公共管理学院的优秀团干赖展桦分享了他带领团支部所取得的优异成绩。他认为团支部书记身处团基层建设的最前沿，要时刻自我赋能、自我增值；要将自身融入班级、心怀责任感，勇敢地寻求和开辟解决问题的新路子。最后他表示，团支书是让他成长最快的一个舞台，勉励各位团干要善于抓住机会提升和锻炼自我。

外国语学院未来将深入开展多期团干主题培训，切实贯彻全面从严治团要求，夯实团的基层基础，通过系统化的培训帮助各级团干强化对共青团的认识，切实推进高校共青团改革。

（外国语学院）

10 月 21 日　计算机科学与网络工程学院举办"中国计算机学会（CCF）广州分部走进广州大学"活动

10 月 21 日下午 2 点，"中国计算机学会（CCF）广州分部走进广州大学"活动在图书馆讲学厅顺利举行。CCF 广州分部与广州大学计算机科学与网络工程学院特邀郝天永教授和臧根林博士为学院一百多名学生做了精彩的报告。

计算机科学与网络

学生参与"中国计算机学会（CCF）广州分部走进广州大学"活动

工程学院高鹰老师作为本次活动的主持人，欢迎并介绍了出席本次活动的两位特邀嘉宾。计算机科学与网络工程学院党委副书记吕延明老师介绍了中国计算机学会的发展历史和当前提供的主要服务，描述了 CCF 为推动相关学术进步和技术成果的应用所发挥的巨大作用。

郝教授从 CCF 的历史发展、组织架构、文化理念等多个方面展开介绍。作为国内计算机领域具有影响力的学术共同体，CCF 时刻努力服务会员，推动计算机学术、技术、产业、教育的进步。在文化理念方面，CCF 广州分部对内讲究团结、平等、奉献；对外讲求传播正能量、改革创新、学术引领、推动技术产业发展和社会进步。

臧博士讲述了他的人生经历与创业经验。在人生经历方面，他给予我们的经验是：把握机会和可利用的所有资源，敢于挑战；认清自身核心优势，并多培养爱好和增加技能，二者相辅相成最终会获得充实的人生。另外，臧博士告诉我们，在创业的道路上，要有一个优秀的团队，做到"先做人，后做事"，同时要不忘初心，善于思考和变通，提升创新意识。

本次活动旨在让学生们能够更加了解 CCF，愿意加入 CCF，同时学习如何更好地规划自己的人生目标和发展道路。

（计算机科学与网络工程学院　学工办）

10 月 22 日　美术与设计学院师生参观国防教育基地

10 月 22 日上午，美术与设计学院数字媒体艺术系党支部书记陈晨副教授、王汇文教授、黎田田老师、高娅娟老师及 2021 级数字媒体设计专业 67 位同学来到海军某登陆舰大队国防教育基地参观学习。

学子们参观国防教育基地

登陆舰大队刘政委向师生们详细介绍了目前已完全实行国产化的世界上体型和吨位最大的气垫登陆艇——野牛气垫登陆艇。同学们带着激动的心情登上舰艇，认真聆听舰艇官兵们对各种功能室的介绍，以及指挥操作流程和舰艇的作用。望着威武的舰艇，摸着厚厚的钢铁甲板，透过指挥室的玻璃望向祖国的碧海蓝天，在场所有人的内心都深深感受到了祖国的繁荣强大。

登陆舰大队刘政委在报告厅向师生们介绍了中国海军的组建历史以及中国为什么要建立一支强大的海军。他鼓励同学们："中华民族的伟大复兴离不开海洋。无论是保卫300多万平方公里的海上国土，还是维护海洋权益和航运安全，我们都需要一支强大的人民海军。也衷心希望同学们在广州大学能好好学习，磨砺才干，将来报效祖国，建设祖国。"温暖的阳光照耀在基地五星红旗上，海风微微地吹拂着战士的面庞，同学们的爱国情和民族自豪感油然而生，这是一次难能可贵的经历，更是一次终身难忘的国防教育经历。

（美术与设计学院　学工办）

10 月 23 日　法学院、音乐舞蹈学院、新闻与传播学院、建筑与城市规划学院举办四院联合院运会

为提高学生身体素质、培养学生体育精神、推进全民运动进程，广州大学法学院于 10 月 23 日联合音乐舞蹈学院、新闻与传播学院、建筑与城市规划学院在广州大学体育场举办四院联合院运会。

四院联合院运会开幕式法学院旗手入场

院运会前期准备过程中，法学院文体部与其他三院文体部合理分工并动员各方参与其中，有效提高了文体部负责人的组织能力和执行能力。在各方的努力下，院运会顺利开展。

田径场上，法学院的运动健儿们奋力奔跑的身影深深印在了我们的脑海里。运动员跌倒后毅然决然重新站起并完成比赛，参赛学生将拼搏不息的精神

发挥得淋漓尽致。观众席上，观众的助威声令人热血沸腾，将赛场上的气氛推到了最高点。不管最后输赢，这种体育精神都值得我们颂扬和传承。

院运会的成功举办将各学院学生紧紧联结在一起，比赛荣誉不仅仅是个人奋力拼搏的见证，更代表一个集体团结奋进的青春风貌。法学院运动员们也展现出良好的精神面貌，在各项比赛中创出佳绩。借校运之风帆，扬体育之精神，运动永不止步，希望学生们在不服输的年纪不负青春、努力拼搏！

（法学院　文体部）

10 月 23 日　管理学院开展"虚竹杯"辩论赛

10 月 23 日至 11 月 13 日，第三届"虚竹杯"暨管理学院新生辩论赛成功举办。我院为刚踏入大学的新生搭建了一个表达观点、锻炼口才、思维碰撞的平台。大赛中，学生们展现了敏捷的思维能力、快速的应变能力和超凡的口才。

管理学院新生辩论赛现场

此次辩论赛不仅提高了学生的应变能力和辩论水平，而且有助于培养出爱体育、懂艺术、能力发展性强的学生，使大学生能够跟上时代发展的步伐，为以后的发展打下坚实的基础。

（管理学院　新媒宣传中心）

10 月 23 日　生命科学学院举办"聚从四海为一家，团于生科传薪火"新旧生交流大会

10 月 23 日晚，以"聚从四海为一家，团于生科传薪火"为主题的生命科学学院新旧生交流大会如期举行。

面对大学生活与学习，新生们感到困惑与迷茫。为此，生命科学学院特意

邀请了五位优秀学生出席本次大会分享宝贵经验，并为学院的新生答疑解惑。

保研至华东师范大学的朱雅婷师姐分别从学习、科研、工作及生活四个方面作分享和建议，用自己的亲身经历诠释了大学规划的重要性和意义。

新生在交流大会上积极提问

保研至华南理工大学的张瑞敏师姐介绍了保研的流程，并解读了生命科学学院 2023 年推荐优秀应届本科毕业生免试攻读研究生工作方案。

来自生科党支部的魏才琪师姐、制药党支部的李妍妍师姐以及优秀党员代表叶敏俐师姐为同学们分享了入党经验。

魏师姐和李师姐介绍了生科党支部和制药党支部的概况和入党流程。叶师姐作为优秀党员代表强调要从思想上入党，坚持党的初心，为人民服务。师姐们鼓励更多同学加入中国共产党。

最后，保研至中国科学院大学的林浩澎师兄为同学们分享他的科研经验并介绍了负责科研项目的老师及科研类的活动竞赛，鼓励同学们早日加入实验室学习并积极参加竞赛活动积累经验。

2022 级的新生在听了各位师兄师姐的分享后都有所收获：大学是我们充分发挥自主能动性的最佳时段，是最能提升自我的平台，要大胆尝试、不惧失败。

（生命科学学院　蔡晓眭　周宏）

10 月 24 日　美术与设计学院"心宝美育课堂"进校园

10 月 24 日下午，广东省妇女联合会"家越美，粤幸福"系列活动之大埔县"美育优家风，文明传万家"项目——"心宝美育课堂"主题活动在北塘红军小学举行。

广州大学美术与设计学院美术系主任李健博士带领 2020 级学生郭莹若、

廖梁薇、陈景幸和陈思琼参加了活动。四位大学生为北塘红军小学的三十多位学生上了一堂生动的美育课："会变魔法的朋友：植物中国画拓印"。这是行走在大自然中的绘画方式——植物拓印，形状各异的植物拓印下多姿多彩的自然，像多棱镜般映射出自然的万千变化。

通过本次美育课，四位大学生将中国画拓印以生动有趣的方式传播给学生，并一致认为本次植物中国画拓印做到了将自己专业所学与实践相结合，感染更多人去感受美、体验美、创造美。

北塘红军小学校长张电昌和部分老师也参加了活动。北塘红军小学"心宝美育课堂"是北塘乡村美育基地"乡村美育大讲堂"的一个项目，由广东心宝药业科技有限公司提供资金支持，梅州市林风眠研究会、北塘艺术部落共同承办。

（美术与设计学院　学工办）

美术与设计学院学生与孩子们合影

10月25日　马克思主义学院第五次学生代表大会顺利召开

10月25日下午，广州大学马克思主义学院第五次学生代表大会在文新楼106课室召开。马克思主义学院党委书记罗明星、党委副书记梅淑宁、团委书记马娟，广州大学校级组织代表冯奕聪，以及马克思主义学院85名学生代表参会。

马克思主义学院第五次学生代表大会全体参会人员合影

大会分为预备会议与正式会议两个阶段，由苏煜琳同学主持。

在预备会议阶段，与会代表听取了马克思主义学院第五次学生代表大会筹备工作报告，审议并通过了代表资格审查报告和大会选举办法，大会秘书长、副秘书长建议名单，大会总监票人、监票人、计票人名单，大会提案工作报告，马克思主义学院第五届学生会主席团候选人和学生会委员会候选人名单。

在正式会议阶段，苏煜琳同学宣布广州大学马克思主义学院第五次学生代表大会正式开幕。罗明星书记致开幕词，校级组织代表冯奕聪发表讲话，黄柳美同学代表马克思主义学院第四届学生委员会作工作报告，马娟老师作《广州大学马克思主义学院第四届学生委员会学生工作报告决议》。本次大会选举出广州大学马克思主义学院第五届学生会主席团成员黄柳美，第五届学生委员会成员冯颖雯、方泰林。最后，梅淑宁副书记为大会致闭幕词。

马克思主义学院第五次学生代表大会在中国共产主义青年团团歌的歌声中圆满闭幕，马克思主义学院学生会工作将开启新的篇章！

（马克思主义学院　学生会）

十月

10月 土木工程学院推进开展"千名教工党员联系千个团支部工程"

为深入学习贯彻习近平新时代中国特色社会主义思想和党的二十大精神，全面贯彻习近平总书记关于青年工作的重要思想，落实团的十八大工作部署，树立大抓基层的鲜明导向，推动团的组织力明显提升，不断增强团的政治性、先进性、群众性，更好地发挥党的助手和后备军作用，土木工程学院团委组织部响应号召，于10月至12月开展"千名教工党员联系千个团支部工程"，简称"千千工程"。

"千千工程"通过指导团支部主动规划学期思想政治教育活动，加强与党员老师的联系和沟通，并根据专业特点形成学习成果。同学们在党员老师讲授课程的时候，认真学习、感受优秀事迹，收获良多。通过党员老师对优秀事迹及学习成长故事的讲述，同学们更加了解了党的相关思想精神，在思想上更加坚定跟党走、执着理想、不断奋斗。

此次"千千工程"活动具有深刻意义，让同学们在优秀党员和优秀事迹的影响下努力学习，实现理想目标。

（土木工程学院　团委学生会、组织部）

我们的大学

November 十一月

11 月 1 日　计算机科学与网络工程学院、化学化工学院、法学院、生命科学学院举行四院联合青马班开班仪式暨第一课

11 月 1 日下午 3 点，计算机科学与网络工程学院、化学化工学院、法学院、生命科学学院四院联合"青马工程"培训班举行开班仪式。

出席本次仪式的嘉宾有：计算机科学与网络工程学院党委副书记吕延明、研究生第一党

四院学生参与青马班开班仪式

支部书记孙梦恬、团委书记唐思雅，生命科学学院党委副书记刘晓亮、团委书记黄兆锋，法学院团委书记郑晓诗和化学化工学院团委书记许同晖。

吕延明副书记提出，我们要坚持用马克思主义中国化最新成果武装青年，用社会主义核心价值体系教育青年，不断提高学生骨干的思想政治素质和政治理论水平，并衷心希望各位学员把握机会，认真学习，不断提升自己的理论素养和思想境界。她最后殷切祝愿："不负时代，不负韶华，不负党和人民的殷切期望，珍惜来之不易的学习机会，刻苦学习理论，你们要努力成为中国特色社会主义伟大事业的合格建设者和可靠的接班人！"

学生代表陈权钊发言，他为自己能成为青马班的学员感到高兴，并表示非常珍惜这次宝贵机会，将认真完成各项学习任务，积极参加各种实践活动，努力成为一名优秀的大学生骨干，以实际行动为全院学生树立榜样，不辜负学院领导和老师们的期望。

至此，计算机科学与网络工程学院、化学化工学院、法学院和生命科学学院四院联合"青马工程"开班仪式暨第一课圆满结束。四院联合青马班学员将以本次"青马工程"培训学习为契机，在未来的学习生活中真正做到信念坚、政治强、本领高、作风硬，从优秀走向卓越。

（计算机科学与网络工程学院　学工办）

11月4日　建筑与城市规划学院举办"喜迎党的二十大、永远跟党走、奋进新征程"征文活动

2022年是中国共产主义青年团成立100周年，100年栉风沐雨，共青团始终坚定不移跟党走，团结带领共青团员和广大青年前仆后继、勇当先锋，书写了中国青年运动的华章。为团结共青团员，宣传团的历史，建筑与城市规划学院举办了"喜迎党的二十大、永远跟党走、奋进新征程"征文活动。

从来稿的96份作品中，建筑与城市规划学院经过评选，最终选出10份优秀作品——7份感谢信和3份三行情书。

在这些作品中，我们能感受到同学们对共青团真挚的热爱与赞美，看到许多同学们与团组织温暖的故事。

（建筑与城市规划学院　组织部）

11月4日　土木工程学院举办"研途有你"暨"青年微讲堂"考研分享会

十一月

为考研的师弟师妹们更好地了解考研情况、理清考研思路、高效备战考研，11月4日，土木工程学院团委学生实践中心权益部于理科北教学楼举办了考研分享会讲座活动。讲座邀请土木学院优秀研究生刘贯东、沈柏舟和叶鑫海，王忆娴为主讲

考研分享会与会人员合影

人，以经验分享、解答疑惑等方式，讲述如何高效备战研究生考试，展现了土木学子互帮互助的团结风貌。

正式活动开展之前，权益部和土木工程学院研究生会学术部成员们进行了充分准备，包括活动物资、宣讲PPT、分享会海报等，并将分享会信息散发到各班班群，完成了考研分享会的预热。

尽管面临疫情压力，筹办分享会的工作人员们不退缩、不放弃，秉持一切从实际出发、实事求是的理念，灵活变通，邀请本学院有考研意向的同学，联络分享经验的师兄师姐。活动过程穿插提问互动，使活动氛围更加有趣，传达出"博学笃行，与时俱进"的广大精神，给予广大土木学子更多的鼓励和拼搏的动力。

考研分享会的顺利进行背后是学校的信任与支持，是各位成员的默默付出。此次活动为有意愿考研的同学提供了很好的交流平台，不仅让他们获取了诸多有用信息，还激发了他们的考研信心。相信在未来的日子里，他们定会加倍努力，为建设中国特色社会主义现代化强国贡献出自己的力量。

（土木工程学院　王煌钦）

11月5日　地理科学与遥感学院举办"研"途有你——考研经验分享会

11月5日，地理科学与遥感学院"研"途有你——考研经验分享会在理科南楼522室举行。曾祺盛同学、吕玉珊同学、王玉娇同学、吴钊俊同学以及肖羽彤同学作为不同专业高分上岸的师兄师姐，在会上与同学们分享了自身考研的经验和经历。本次分享会吸引了众多同学前来参加，两百多人的大教室座无虚席。

同学们认真汲取考研经验

此次分享会结束后，不少同学表示虽对考研之路充满迷茫，但是在师兄师姐的分享中逐渐寻找到前进的方向，希望将来的自己能够静心沉淀、踏实走好每一步。

（地理科学与遥感学院　陈琪琪）

11月5日 体育学院校园足球培训团队完满结束在汕头市开展的体育浸润活动

10月8日至11月5日，体育学院组织校园足球培训团队，赴汕头市华南师大附属濠江实验学校与汕头市渔洲中学，开展一系列校园足球培训活动。此次活动是2021年校园足球文化培育活动的延续和深入，希望通过持续的校园足球文化浸润活动助力汕头市校园足球文化振兴。

温志钊同学在渔洲中学进行足球教学

此次活动分两个阶段，师生分两批前往汕头市开展浸润行动：第一批由体育学院卢易老师带队，专业学生有2020级本科生林鸿彬（组长）、徐柏伦、周振红、吴文华、梁杭、刘杰汉6人；第二批由体育学院郭观池老师带队，专业学生有2022级研究生蔡二发（组长），2021级本科生李浩略、夏洪伟、温志钊以及2020级洪益涛、吴超贵6人。

团队工作内容主要有：协助学校开展课外足球训练或组建足球代表队并开展训练；协助学校开展校园课外足球活动；协助学校开展课堂足球教学与研究。第一批师生抵达学校后，迅速投入到各自的岗位中，在很短的时间内掌握了帮扶学校足球活动的基本情况，针对性地制定工作方案，有条不紊地开展各项工作。据后续校方体育科组老师反映，团队成员的工作非常紧凑，卓有成效。团队深入分析了帮扶学校的足球教学训练特点，为后续的教学训练打好基础的同时，也为参与相关活动提供了开展思路。

本次体育浸润活动于11月5日完满完成。

（体育学院 学工办）

十一月

11月5日 "星火"宣讲团深入班级宣讲党的二十大精神

为深入学习宣传贯彻党的二十大精神，由数学与信息科学学院学生党员和学生骨干组成的"星火"宣讲团近日集体备课，深入学生班级宣讲党的二十大精神，推动习近平新时代中国特色社会主义思想和党的二十大精神入脑入心。

在学院党委的指导下，宣讲团成员认真学

"星火"宣讲团成员为班级宣讲党的二十大精神

习、集中备课研讨，精心设计了同学们喜闻乐见的宣讲内容。在宣讲会上，宣讲团成员声情并茂地宣传党的二十大精神，从回顾国家近五年发展成果到对未来的展望，从国家层次的计划到对新一代青年的殷切期许，与同学们共同分享了学习党的二十大精神的体会。宣讲团成员与同学们亲切互动，带动了宣讲氛围，也加深了同学们对党的二十大的理解，启示同学们高举中国特色社会主义伟大旗帜，全面贯彻新时代中国特色社会主义思想，弘扬伟大建党精神，自信自强、守正创新、踔厉奋发、勇毅前行，为全面建设社会主义现代化国家、全面推进中华民族伟大复兴而团结奋斗。

回望过往的奋斗路，眺望前方的奋进路。同学们纷纷表示，历史是最生动的、最具说服力的教科书，我们必须要把党的历史学习好、总结好，把党的宝贵经验传承好、发扬好、铭记好，担当好历史的使命，从党的历史经验中吸取前进的力量，为中华民族伟大复兴贡献出青年的力量。

（数学与信息科学学院 黄俊源）

11月6日 马克思主义学院新生辩论赛圆满结束

本次新生辩论赛在选拔赛第一场中，正反双方围绕"当代年轻人面对焦虑时，更应该逼自己一把/放自己一马"展开辩论。正方辩手认为在当今社会形势以及社会责任感的要求下，年轻人更应该逼自己一把；反方辩手则认为，放自己一马是短暂的休息和修正，从而能够更好地进行明确的自我定位。

在选拔赛第二场中，双方辩手围绕"懂得自欺欺人是人的幸运/不幸"展开辩论。正方辩手认为自欺欺人可以使自己的心灵得到慰藉，因此懂得自欺欺人是人的幸运；反方辩手则从长远角度出发，认为自欺欺人最终使人无法走出痛苦，并且一旦形成依赖就难以停止，甚至让社会停滞不前、丧失发展动力，是社会的大不幸。

在决赛场中，双方辩手围绕"人生更应该追求不期而遇/如期将至"展开辩论。正方辩手认为追求不期而遇能发现更多的机遇，不被既定目标束缚，以更坦然的心态面对挫折、享受过程；反方辩手则认为追求如期将至是一种积极的人生观，争取在有限的生命中实现自己的目标。

马克思主义学院辩论队队长陈轩彤对正反双方辩手的表现给予了充分的肯定，也建设性地指出了不足之处，鼓励大家多辩论、多思考。

本次辩论赛既锻炼了辩手们分析问题、逻辑推理和语言表达等方面的能力，同时也让同学们对辩论赛有了更为深入的认识，进一步了解到团队协作的重要性。

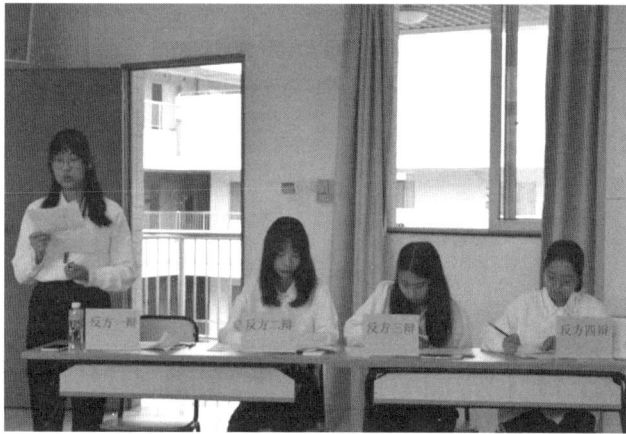

辩手进行发言陈述

（马克思主义学院　赖翠婷）

11月6日 管理学院圆满结束"海珠区疫情防控线上电话流调工作"志愿活动

10月28日至11月6日，为助力广州抗击疫情，管理学院响应学校号召，组织各年级439名学生志愿者积极投入到广州市的疫情防控工作中，参与支援海珠区疫情防控线上电话流调工作，以实际行动支持抗疫工作，共完成6 900个任务电话量。

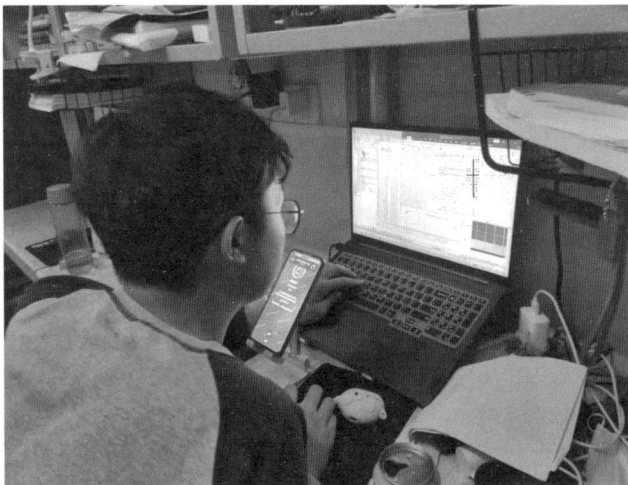

志愿者开展线上电话流调工作

在对参与此次活动的志愿者回访时，他们谈到，通过参与线上电话流调志愿服务工作，切身体会到了流调人员的辛苦与流调工作的重要性，虽然遇到种种困难，但在克服它们的过程中也更加了解这份工作的重要意义。他们用细心和耐心对待每一位接受流调的群众，并且对每一位群众进行安抚和解释。

在志愿活动中，管理学院的志愿者们都鼓足干劲、争分夺秒，以最好的态度和耐心面对电话里素未谋面的市民们，尽职尽责地将他们的需求一一反馈给流调中心，配合广州市防疫工作，助力广州本轮疫情尽快得到控制，展现了管理学院学生青年有为的担当。

本次志愿活动于11月6日圆满结束。

（管理学院　新媒宣传中心）

11月6日 校团委学术科技中心联合机械与电气工程学院共同举办学科训练营活动

在本次活动中，来自校团委的讲解员针对各类学科竞赛进行了简单的介绍，其中包括训练及比赛时间、主要涉及的技术，还有同学们最关心的对于各类加分、改分的政策。充分的讲解使大一新生们对学科竞赛有了初步了解，能根据自身能力以及兴趣爱好找到适合自己的竞赛类型。

通过对竞赛形式、组队分工、比赛经历、如何加入各类竞赛等方面介绍"挑战杯"、大学生创新创业训练计划竞赛、"攀登计划"和专项赛等各类比赛，同学们不仅了解到竞赛的整个流程和要求，也能体会到竞赛过程中参赛者的身心历程。

活动结束后，同学们纷纷表示，本次训练营印象最深刻的作品便是绿源科技和博安护卫。这些学长们的创意，以及在竞赛和学习的时间中取得平衡的技巧，让新生受益良多。

点亮科学梦想，培养爱国情怀，增长知识才干，肩负时代使命。通过本次活动，相信大一新生对相关科技竞赛有了进一步的了解，也将会因此坚定今后成长的目标。

（机械与电气工程学院　练诚扬）

学科训练营合影

11月8日　化学化工学院承办攀登大讲堂

11月8日，由共青团广东省委员会、广东省学生联合会主办，广州大学承办的攀登大讲堂系列讲座在图书馆副楼报告厅举行。本次讲座由校团委、化学化工学院、国家级化学化工实验教学示范中心共同协办，特邀俄罗斯工程院外籍院士、化学化工学院教授牛利为主讲嘉宾。本次讲座采用线上线下相结合的方式开展，约有师生5 000人次在线观看了讲座。

牛利院士通过引用历史、结合时事，分析了青年科技人才所面临的挑战。根据广州大学发展历程以及发展目标，重点强调了学校正在着力推进高水平大学建设，展示了学校的重点交叉平台，分析了学校青年科技人才发展的优势；同时，列举了多

牛利院士开讲攀登大讲堂

项我国当前所取得的科技成就以及在科研上作出卓越贡献的榜样人物。这些都勉励着广大青年科技人才砥砺前行，勇于攀登。他殷切嘱托广大青年科技人才在"攀登"的过程中，要勤学苦练，提高技能，勇于实践，落实过程。

最后，牛利院士引用了习近平总书记的原话："当代中国青年一定能够担当起党和人民赋予的历史重任，在激扬青春、开拓人生、奉献社会的进程中书写无愧于时代的壮丽篇章！"牛利院士希望广大学子在今后的学习生活工作中，锐意进取、开拓创新、不忘初心、牢记使命、敢于担当，为祖国的建设贡献自己的力量。

（化学化工学院　马韵茹）

11 月 8 日　金秋劳动月，劳动最美丽

为丰富劳动教育实践活动，营造劳动教育实践浓厚氛围，提升广大学生劳动教育素质，促进学生德智体美劳全面发展，法学院于2022 年 10—11 月开展"金秋劳动月"实践活动。

同学们积极参与劳动教育班会发言

在"金秋劳动月"实践活动中，同学们积极以各种方式参加实践活动，如利用校内划区场地，开展卫生清洁、垃圾分类等劳动实践，掌握劳动技能，培育积极的劳动精神；以班级为单位开展劳动教育主题班会课，积极分享劳动感悟以及观看劳动榜样纪录片，通过身边人的劳动事迹，引导大家树立正确的劳动观念；积极分享自己参加劳动的感悟与心得等。

通过本次劳动实践活动，同学们都有所收获，有所感悟，认为劳动可以树德、增智、健体、育美，勤于劳动、热爱劳动是根植于中华儿女内心深处的优秀文化基因。我们要用劳动之手创造幸福生活，成为人格健全、德智体美劳全面发展的社会主义建设者和接班人，在生活中坚持培养良好的劳动习惯，向身边优秀的劳动模范看齐，热爱劳动，珍惜劳动成果。

（法学院　李颖琳）

11月8—16日　体育学院组织线上瑜伽比赛活动

11月8—16日，突如其来的疫情让校园按下暂停键，广州大学体育学院瑜伽比赛转为线上进行。

线上瑜伽活动等体育运动得到了同学们的积极响应。同学们纷纷晒出自己静态管理期间在宿舍进行的室内活动，其中较为典型的便是瑜伽活动。这些活动极大鼓舞了广大学子抗击疫情的信心和决心。

11月16日，在全校师生的共同努力下，广州大学结束了校园静态管理。同时，瑜伽活动也获得了良好的效果，彰显了静态管理期间体育学院学子的精神风貌，弘

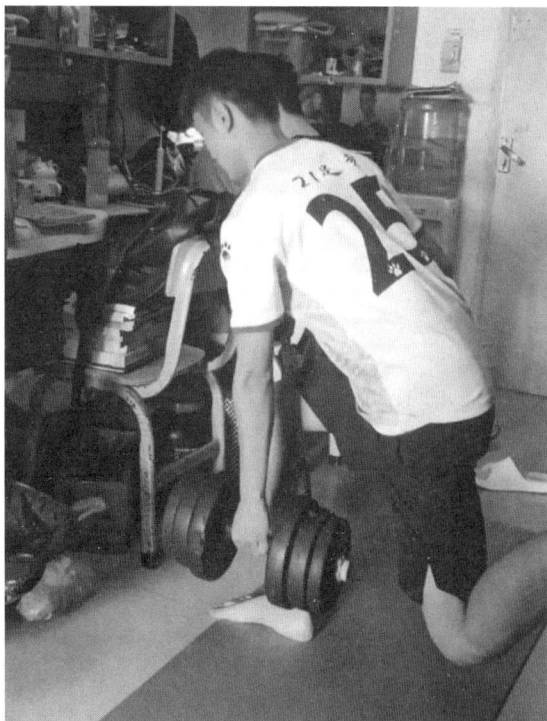

学生在静态管理期主动加强身体锻炼

十一月

扬了校园瑜伽文化，提高校园的知名度，增强师生对校园文化的认同感和归属感。

（体育学院　学工办）

11月9日 "疫"起战疫，我们一直在你身边

11月9日上午，突如其来的疫情让我们的大学校园生活按下暂停键，学校第一时间启动一级应急响应，提级管控、精准施策，实行静态管理，各部门管理人员有条不紊地开展工作，为全校师生教学、生活筑牢坚实的免疫屏障。

突击队为同学们运送物资

数学与信息科学学院立即响应疫情防控应急预案，组成教师党员先锋队、防疫突击队，住校到岗，到我们的身边，用心血和汗水为学生服务，解决学生的生活困难，筑牢校园安全的防线。

为满足封闭管理期间师生的就餐需要，数学学院突击队挺身而出，齐心协力，为同学们搬物资、发食物。有辅导员老师化身为可爱的大白，送爱上门，奔走于各个急需岗位马不停蹄地做好服务。有学生志愿者在楼栋下协助分发，绿色的马甲构成一道道亮丽的风景线，凝聚了抗疫的力量，展现了学生抗疫的决心。

与此同时，学院老师积极统筹学生工作，召开学生干部防疫工作会，发动学生骨干密切关注周边同学们的生活，班长、团支书、心理委员、楼层长等学生干部，在班群不断发送防疫信息，做好线上对接协调，保障信息的畅通，保障服务落实到位；班主任们时刻牵挂着校园里的同学们，立即召开班会，关心同学的生活所需，引导同学们做好个人防护及开展宿舍互助互爱行动；为保障

学生们的学习，防疫突击队老师来回于教学区与生活区之间，不断为同学们领取学习资料，送来了一包又一包学习资料，拓开了一条爱的道路，保障生活的同时还不忘学生的学习。

在此感谢为抗疫付出的每一个人，感谢你们的辛勤付出，感谢有你！

（数学与信息科学学院　刘庆盛）

11月9日　经济与统计学院学生志愿者积极参加学校疫情防控工作

11月9日，学校紧急启动静态管理模式。面对如此严峻的疫情防控形势，经济与统计学院"五室一站"迎难而上，包干楼栋，以竹苑一栋宿舍楼为主阵地，充分发挥"一站式"学生社区的优势，通过学生楼长在楼栋学

学生志愿者测温和引导学生排队进行核酸检测

生群体中自发组织志愿者先锋队，担起新时代青年的责任。

在启动紧急封校、学校每日全员核酸的关键时刻，经济与统计学院的学生志愿者以楼层为单位，带领同学们往返核酸检测点，保证一米距离、不聚集，戴好口罩，确保宿舍楼栋全体同学均完成核酸检测，不漏一人。除此之外，我院的学生志愿者还协助教职工一起成为同学们的饮食"护送天使"，为同学们一日三餐保驾护航。在同学们用餐结束后，学生志愿者对垃圾进行打包处理，并协助学校工作人员将垃圾运出宿舍楼栋，做好垃圾分类处理工作，维持宿舍楼栋整洁。

党旗飘扬的地方，就有力量。战"疫"任务艰巨，但惟其艰险，才更显勇毅；惟其笃行，才弥足珍贵。经济与统计学院学生志愿者在这场战"疫"中坚定信心，响应党的号召，纷纷化身为疫情防控的"战斗员"，为学校的防

十一月

疫工作贡献自己的青春力量，用脚步、用温情构筑起校园疫情防控的牢固壁垒。

（经济与统计学院　五室一站）

11 月 13 日　计算机科学与网络工程学院国际大学生程序设计竞赛和中国大学生程序设计竞赛顺利举行

11 月 13 日，在广州大学大学城校区疫情管控状态下，计算机科学与网络工程学院国际大学生程序设计竞赛和中国大学生程序设计竞赛顺利举行。

上述两项比赛旨在激发高校学生学习计算机领域专业知识与技能的兴趣，鼓励学生灵活运用计算机知识和技能解决实际问题，有效提

学生参与国际大学生程序设计竞赛和中国大学生程序设计竞赛

升算法设计、逻辑推理、数学建模、编程实现和计算机系统能力，培养团队合作意识、挑战精神和创新能力。经过选拔，我院共有 3 支队伍 9 人获得了这两项赛事的参赛资格。

在校院领导及相关部门大力支持下，学院克服疫情防控重重困难，协调交通、安保、后勤、设备等各项保障性工作全部落实到位，并临时组织比赛保障队伍，全面落实各项参赛工作，确保了同学们在最好的条件和环境下顺利参加比赛。

（计算机科学与网络工程学院　学工办）

11 月 13—16 日　穿越时空的学术盛宴：从岳麓书院、红旗渠到紫禁城

为了丰富公管学子的精神生活和缓解大家因疫情封校而产生的低落情绪，GUPA 特意为同学们邀请了三位在不同领域深造的教授，为大家带来了三场别开生面、动人心弦的讲座。

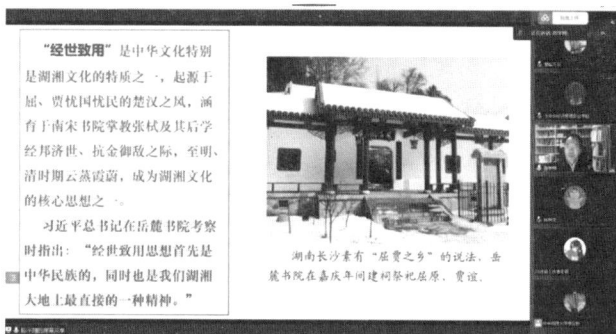

学生倾听岳麓书院与党的"实事求是"思想路线讲座

11 月 13 日晚，南国讲堂第 232 讲暨回归学堂第二十六讲之"岳麓书院与党的'实事求是'思想路线"的讲座在线上开展。11 月 14 日晚，南国讲堂第 233 讲暨回归学堂第二十七讲之"红旗渠精神的当代意义及其启示"讲座在线上开讲。11 月 16 日晚，南国讲堂第 234 讲暨回归学堂第二十八讲之"从皇宫到博物院——故宫博物院的前世今生"讲座在线上开讲。尽管讲座以线上形式开展，但学生们参与的热情并没有减退。三场讲座可以说是一场穿越时空的学术盛宴，在讲座中，我们领略了湖湘文化蓬勃的生命力与独特的精神品质，理解了红旗精神的当代意义，从故宫的前世今生中体验了中华文化的博大精深。

"东风半夜雨，南国万家春。"三位教授带来的精彩绝伦的讲座如同春风化雨般滋润着同学们的心田。希望大家都能在南国学术之风的吹拂下有所收获、学有所成！

（公共管理学院　王思茗）

11 月 13 日　地理科学与遥感学院举办第八期地理文化沙龙

11 月 13 日，地理科学与遥感学院在钉钉直播间举办了第八期地理文化沙龙，闻德保教授为广州大学全体学生开展题为"北斗——不断超越想象力"的科普报告。本次讲座参与人数达 12 391 人次，点赞数超过 22 000 个。

参与本次活动的同学们均表示教授细腻生动的分享让自己对中国自主研发

的北斗导航系统有了更准确、更深刻的了解和认识，同时也认识到"脚踏实地，仰望星空"是北斗人的写照，也将是青年一代努力的方向。

（地理科学与遥感学院　秦韵扬　郑丽璇）

11月13日　新闻与传播学院在中国国际"互联网＋"大学生创新创业大赛总决赛中再获佳绩

11月10—13日，第八届中国国际"互联网＋"大学生创新创业大赛总决赛在重庆大学举行。经过激烈的角逐，11月13日，由新闻与传播学院优秀校友李佳环同学担任负责人的项目"白金元宇宙——打造国内具有影

我校学子在"互联网＋"大学生创新创业大赛赛场

响力的数字艺术赋能服务商"及来自生命科学学院11名同学的项目"盛道传媒——开创中国品牌校园营销数智化模式"双双斩获国家级银奖！

近年来，学院师生积极参与中国国际"互联网＋"大学生创新创业大赛，并取得优异成绩。截至目前，学院在这项已举办多届且受到习近平总书记高度重视的大赛中，共斩获国家级金奖1项、银奖3项、铜奖2项，为广州大学大学生创新创业工作做出了突出贡献，充分展示了学院落实国家"双创"战略，助力社会经济发展的实际行动。

（新闻与传播学院　欧颖）

11月14日　生命科学学院举办2022年劳动教育宣讲会

11月14日，广州大学生命科学学院于理科教学南楼522室举办劳动教育宣讲会，2021级和2022级全体本科同学参加会议。

会议伊始，由生科院团委学习部负责人范迪森为大家介绍生科院劳动教育的总体情况。会议分为3个部分，分别为劳动理论与技能课程、劳动教育实践课程以及学分认证与评优。

随后，兰苑二栋"五室一站"的工作人员邹爱玲对"五室一站"的劳动教育进行介绍。她对"五室一

学生们认真观看《大国工匠》影片

站"劳动教育的劳动内容、劳动流程、劳动教育评分细则、劳动时间、劳动人数、报名方式与联系方式进行了讲解。

青年志愿者协会的廖静文为同学们讲解劳动教育实践课程，分别是学分抵扣和社会服务劳动实践，详细说明了有关寒、暑假社会实践活动和除特色社会实践活动以外的社会服务性劳动的加分事项。紧接着是有奖问答环节，主持人围绕经典诵读、劳动教育和志愿活动三方面进行提问，学生们踊跃发言并回答出了正确答案。

最后，会议全体人员共同观看《大国工匠》片段。观看影片后，学生们都深刻地感受到劳动的重要性，并表示要立志以大国工匠为学习榜样，传承工匠精神，提升自我素养。

通过此次会议，学生们对于劳动教育的相关事项都有了更清楚的了解。相信今后，同学们都能从劳动中感受喜悦，积极参与各项劳动服务，用双手创造更好的明天！

（生命科学学院　钟海）

十一月

11月15日 第二届"乡村振兴·青年担当"口述故事演讲赛举行

11月15日下午，由广州大学公共管理学院、乡村振兴研究院联合举办的广州大学第十八届学术科技节暨第二届"乡村振兴·青年担当"活动之"扎根乡村·时代青年"演讲赛决赛在线上举行。本次比赛是对去年"乡村振兴·青年担当"活动之"大学生讲脱贫攻坚与乡村振兴故事"的延伸，更是

林可欣同学正在进行主题演讲

对广州大学"口述乡村"大学生社会实践项目育人成果的展示与推广。

比赛分为"讲故事：温暖人心""说人物：学习先进""谈思考：担当重任"三个部分，选手们根据"口述乡村"大学生社会实践成果——《攻坚2020：一线扶贫干部亲历记》《从"扎根"到"引领"：新农人致富记忆与带头密码》中的故事素材，以录播演讲、即兴演讲等形式对口述群体在帮扶与致富过程中的动人事迹进行讲述。在学生所讲述的故事中，有年近七旬的中共党员赵明礼，他不辞艰辛勇挑重担，在十年里积极探索企业改革榜样，为米箩村产业发展找到新出路；还有理科高才生变身荒塘村"摩托仔"的陈敬区，他因地制宜，大力发展当地光伏产业，鼓励当地发展种植业，极大推动了当地精准扶贫政策顺利实施……这些帮扶干部与致富带头人用"小故事"展现"大时代"，向观众传达脱贫攻坚与乡村振兴的时代精神与教育价值。选手林可欣同学感悟道："今天我在这里讲故事，真正的主人公是我，是你，是我们，希望我们可以一起行动起来，为乡村振兴奉献出自己的一份力量。"

（公共管理学院 王思茗）

11月16日　广州大学援疆学子认真学习习近平总书记在新疆考察时的重要讲话精神

11月16日晚，广东驻疏附县大学生支教团线上集体学习习近平总书记在新疆考察时的重要讲话精神，支教团指导老师邹静莹、支教团全体成员参加会议，团长何天宸主持会议。

会议强调，习近平总书记考察第一站就来到新疆大学了解青年学习成长情况，并寄语青年要"作为中国特色社会主义、为中华民族努力奋斗的一代青年"。在7月15日的重要讲话中，习近平总书记指出："要教育引导广大干部群众正确认识新疆历史特别是民族发展史，树牢中华民族历史观，铸牢中国心、中华魂，特别是要深入推进青少年'筑基'工程，构筑中华民族共有精神家园。"习近平总书记的重要讲话重要指示充分体现了对新疆工作的高度重视，体现了对青年成长的深切关怀，支教团全体成员深刻感悟人民领袖亲民爱民为民的炽热情怀，切实把对习近平总书记的绝对忠诚内化于心、外化于行，深刻领会"两个确立"的决定性意义，增强"四个意识"、坚定"四个自信"、做到"两个维护"，始终在思想上政治上行动上同以习近平同志为核心的党中央保持高度一致，坚定不移听党话、感党恩、跟党走。

会上，副团长梁芷晴以习近平总书记新疆行的路线为框架，从"看大学""看陆港""看社区""看博物馆""考察军垦第一城""调研吐鲁番市""会见驻新疆部队官兵"七个方面来解读讲话精神，凝练出"铸牢中华民族共同体意识，发扬兵团精神，开放创新，建设美好新疆"的思想主题。

学习后，支教团全体成员表示，在接下来的援疆支教工作中应拿好、学好、用好这份重要思想指南，继承革命先辈的优良传统，坚持立德树人的教育理念，传播革命精神的珍贵火种，为当地的教育事业贡献力量。

邹静莹老师表示，习近平总书记在新疆考察时的重要讲话精神是支教团做成、做好教育工作的行动指南，希望支教团成员提高政治认识，积极落实推进中小学"红色筑基"工程和学科思政建设，帮助当地学生铸牢中华民族共同体意识，建设中华民族共有的精神家园。

会议要求支教团全体成员认真学习贯彻习近平总书记在新疆考察时的重要讲话重要指示精神，切实把思想和行动统一到重要讲话精神上来，用所学知识、科学素养浇灌新疆和西藏的教育事业，以实际行动做好广东大学生教育援疆工作。

十一月

近日，驻扎在疏附县的全体支教团老师多措并举、全力以赴地投入到受援学校开展线上教学工作，援疆实习支教生们主动肩负起疏附县五个学校线上课的重任，分别有疏附县中心幼儿园、疏附县第二小学、疏附县第二小学分校、疏附县明德小学、疏附县第三中学。五个学校共有七个年级、十一个学科，累计112个教学班。此举不仅解决了受援学校师资紧缺的问题，同时也让当地学生有更多机会沉浸式体验广州的优质教育。援疆实习支教生们在接到线上教学分配变化，增加教学任务的通知要求后，也做到了迅速响应，即刻落实。非常时期，援疆实习支教团的学生们勇挑重担的行动得到了当地受援学校的一致好评。

全体援疆实习支教生们经过入疆以来的理论学习全面融入以及生动地结合实践，援疆情怀日渐浓厚。全体援疆实习支教生们表示，将认真学习贯彻习近平总书记在新疆考察时的重要讲话重要指示精神，切实把思想和行动统一到重要讲话精神上来，以实际行动成为助力受援学校全体师生共克时艰的坚强后盾！

（广州大学第一批援疆实习支教队）

11 月 17 日　"寻心之悸动，赴音影之约"摄影大赛

为了丰富同学们欣赏音乐的体验，捕捉对音乐与摄影画面相连接的瞬间；也为了让更多人了解摄影爱上摄影，且给予同学们分享自己摄影作品的机会；更为了拓展同学们的艺术视野，活跃学校的音乐氛围，广州大学土木工程学院于11月至12月举办广州大学"寻心之悸动，赴音影之约"摄影大赛。

本次大赛于11月17日正式开始接受投稿，面向广州大学全体师生，活动前期以线上投稿及投票的形式进行，各院同学纷纷踊跃报名，展示了饱含回忆且具有丰富音乐风格的摄影作品。这不仅仅是音乐与摄影的碰撞，更是旋律和生活的相会。决赛因为疫情等种种原因在线上进行，选手们各自阐述自己摄影作品所蕴含的情感和深意。在观赏其摄影作品的同时，现场观众及受邀评委们的耳边仿佛响起了那首歌，一下子被拉进了快门按下的那个瞬间。

本活动的组织成员在组织活动过程中学习到了很多，活动负责人们提高了自己的组织能力以及策划能力，其他工作人员也培养了自己的应变能力。经此活动，参赛者们和观众们都感受到了音乐与摄影碰撞时产生的美妙火花。

（土木工程学院　唐欣欣）

11 月18—20日　教育学院参加广东省第十届本科高校师范生教学技能大赛（心理组）

11 月18—20 日，由广东省教育厅主办，华南师范大学心理学院承办的第十届本科高校师范生教学技能大赛（心理组）正式开始。比赛受疫情影响，大赛全程都以线上形式开展，并圆满落下帷幕。

为了本次大赛，学院的参赛选手们准备了半年，在指导老师的辛勤教导下，在选题、设置问题、设计活动、扩充内容、对教学内容进行合理科学化、做好知识备课等方面，各个选手都有了自我突破，提升了自身的能力。

参赛选手合影

本次比赛教育学院荣获拟推一等奖 1 名、拟推二等奖 2 名、拟推三等奖 1 名、拟推优秀奖 1 名的优秀成绩。

知行合一，教学相长。通过这次比赛，每个人都提升了自身的师范技能。我们应当与同台竞技的学生互相学习，从倾囊相授的老师身上汲取技能知识并融会贯通；在自省中不断提升自己，向着更好的自己进发。

（教育学院　融媒体工作室）

十一月

11 月 19 日　马克思主义学院在第十届广东省本科高校师范生教学技能大赛中获得佳绩

11 月 19 日，第十届广东省本科高校师范生教学技能大赛（政治组）于线上顺利举行。经多轮选拔，马克思主义学院思教 201 班黄梅鑫同学获二等奖，思教 192 班陈垠熙同学、思教 202 班杨杰同学获三等奖，获奖人数达历年之最。

黄梅鑫同学参加比赛

广东省本科高校师范生教学技能大赛是广东省本科师范生最高水平的教学技能竞赛。马克思主义学院大力支持此次比赛，最终在刘雪松副教授的带领下，4 位选手参加了线上决赛。黄梅鑫同学以"价值的创造和实现"为主题，结合自身的参军经历，引导学生感悟军人的爱国情怀和崇高理想，并以此为精神动力实现自身价值；陈垠熙同学以"价值判断与价值选择——自觉遵循社会发展的客观规律"为主题，通过云研学永庆坊的教学设计，引导学生树立保护粤剧等非物质文化遗产意识，促使学生主动了解并积极参与优秀传统文化的传承和发展；杨杰同学以"实现中华优秀传统文化的创造性转化和创新性发展"为主题，在对文化传承与文化创新的综合探究中，引导学生正确对待传统文化，继承和发扬中华优秀传统文化；王健全同学以"使市场在资源配置中起决定性作用"为主题，以天然气危机的实际情景，引导学生进一步认识市场的调节机制与相关作用。

（马克思主义学院　罗羽妍）

11月20日　计算机科学与网络工程学院第一届计算机知识竞赛圆满落幕

十一月，第一届计算机知识竞赛在参赛选手的热情参与和工作人员的有序组织下圆满落幕，为特别的秋日留下美好的记忆。

在初赛中，计算机科学与网络工程学院采取了线下闭卷考试的形式，选手们有序入座考试，有条不紊地答题。

学生参加第一届计算机知识竞赛

初赛一结束，工作人员便认真批改试卷，统计分数，并根据分数高低选出前十名的小组作为决赛队伍。

在决赛中，比赛形式换成小组轮流答题和限时抢答，意在加强小组间的合作互动。小组之内，分工配合，献计献策；小组之间，竞争激烈，你追我赶。在限时抢答环节，各组排兵布阵，蓄势待发，只等题目亮相。只见一位选手眼疾手快，抢答成功，其他各组没有灰心，而是铆足干劲投入下一轮抢答之中，整个赛场热血澎湃、激情四溢。

第一届计算机知识竞赛用线下考试、趣味问答和限时抢答的形式，为同学们搭建了展示计算机知识储备的舞台。竞赛不仅丰富了课余生活，为学术科技节增添了别样的色彩，更增进了同学们对计算机知识的兴趣和同学们之间的友谊。

（计算机科学与网络工程学院　学工办）

十一月

11月22日　建筑与城市规划学院成立学生会功能型团支部

11月22日，建筑与城市规划学院学生会功能型团支部成立大会通过腾讯会议在线上举行，并在会上围绕学习党的二十大精神开展第一次团日活动。

经组织推荐，由大会决定并产生了建筑与城市规划学院学生会功

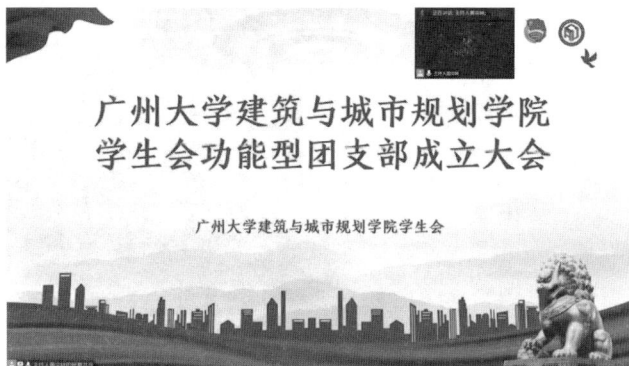

广州大学建筑与城市规划学院学生会功能型团支部成立大会

能型团支部委员会委员候选人：余心瑶、姜雨佳、赖科凤、黎建秀。

建筑学院学生会将坚持"三个务必"，以更高的标准要求自己，继续带领广大团员青年肩负历史使命，坚定前进信心，立大志、明大德、成大才、担大任，努力成为在为祖国、为人民的不懈奋斗中绽放的绚丽之花。

（建筑与城市规划学院　办公室）

11月22日　马克思主义学院第十八届"挑战杯"竞赛项目结题评审会顺利举行

11月22日下午，马克思主义学院第十八届"挑战杯"竞赛项目结题评审会在行政东楼后座612室举行。冉杰教授、左康华副教授、王雄副教授和邱丽博士担任评审专家，赵中源院长、梅淑宁副书记、项目组成员和本研

张立峰同学进行项目汇报答辩

学生参会。评审会采取了线上与线下相结合的方式开展，15 个项目组依次进行汇报答辩。经专家评审，所有立项项目顺利结题，10 个优秀项目推荐进入校赛。

此次汇报，各汇报组都做了充足的准备，并在指导老师的指导下对研究报告不断地改进和完善。15 组汇报者依次上台汇报展示本组的研究成果。有小组聚焦当代青年实际，对"emo"情绪、"内卷"、"网络饭圈"等现象开展研究；有小组关注社会热点，围绕公民政治参与、城市无障碍设施空间治理、老年群体"数字鸿沟"等方面进行阐释和研究；也有小组结合疫情防控的时代背景，研究社区应对重大公共危机事件的韧性治理。此次汇报呈现了各项目组的研究过程和研究成果，充分展现了参赛人员心系社会、追求创新、认真扎实的研究精神。

评审专家们肯定了各项目组研究报告的优点，也针对各项目组研究报告中的不足之处提出了建设性的建议。冉杰教授对项目汇报评审会作总结点评，鼓励大家积极培养自身创新意识和实践能力，敢于向难题挑战，不断开拓自身认知视野。

（马克思主义学院　陈紫珊　赖翠婷）

11 月 22 日　环境科学与工程学院本科生党支部举办党员政治生日活动

11 月 22 日下午，环境科学与工程学院本科生党支部全体党员同志在文新楼 301 室度过了难忘的政治生日。

会议伊始，与会同志共同学习了习近平总书记在瞻仰延安革命纪念地时强调的弘扬伟大建党精神和延安精神，以及习近平总书记在陕西延安和河南安阳考察

党员参与政治生日活动合影

161

时所强调的全面推进乡村振兴战略，并再次清晰地认识到我们要为实现党的二十大提出的任务团结奋斗，为实现农业农村现代化不懈奋斗。

接着，支部书记吴海威老师发言，希望全体党员同志增强"四个意识"、坚定"四个自信"、做到"两个维护"，遵守规矩，保守党的秘密，珍惜党员权利，听从党组织的安排，保持积极进取，不断学习。

此次有十五位同志共度政治生日，在全体党员的见证下，这场仪式感满满的政治生日活动，进一步增强了党员们的归属感，提升了党员们的党性。

本次政治生日活动既体现了党组织对党员们的关心关爱，又强化了对支部党员的党性教育。很多过了政治生日的党员表达了对这项工作的认可，还未过政治生日的党员也纷纷表示了期待。让党建工作更接地气，才能推动党建工作出特色、上水平！

（环境科学与工程学院　陈韶成）

11 月 24 日　生科讲坛：枝叶瞬间定格，生命永远铭记

一枝一叶一定格，一花一草一世界。11 月 24 日，生命科学学院举办一年一度的生科讲坛。讲坛特邀生物科学系主任陈健辉老师为植物标本大赛决赛选手及标本制作爱好者讲授植物标本的制作方法和注意事项。

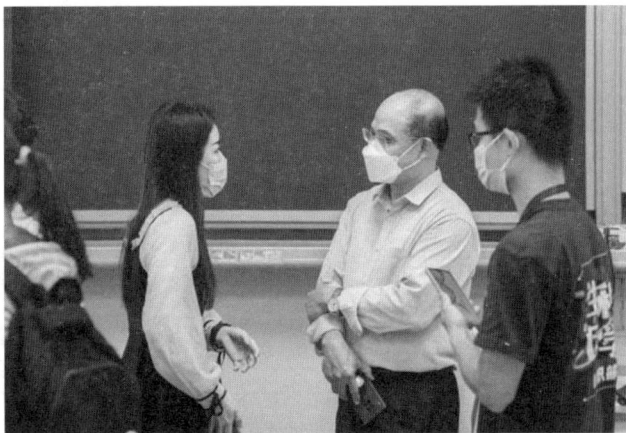

同学们向老师请教植物标本制作问题

陈健辉老师首先讲解标本与模型的区别以及照片无法取代标本的原因，接着讲授了一个完整的腊叶标本需要具备的素材，随后为同学们讲解了制作标本的方法步骤、技巧与要点。制作植物标本时，首先需要采集标本制作材料，采集时应根据不同植物对象选择不同的工具和方法，还要注意临时存放要求。接着陈健辉老师为我们一一讲解了整理、压制、上台纸、消毒、存放五个步骤，同时也教会同学们压制标本时要在重心位置用小纸条固定等小技巧，并且要重视采集记录的填写，比

如采集地点、采集地海拔、区分学名和中文名。

紧接着，陈健辉老师为同学们讲解了植物贴画的制作要领。他向同学们介绍植物贴画的特点与植物素材的应用，并强调制作植物贴画时要有足够多的素材与巧妙的构思，还要保证所采用的材料全部来源于植物。最后，陈健辉老师采用图片和讲解相结合的方式，介绍了植物贴画的步骤、技巧以及注意事项。

"一岁一枯荣，植物即使能重新生长，却将不再是同一个它，而将其制成标本便是让它们永生的仪式"，通过主持人的话语，同学们认识到制作植物标本的意义。最后，在同学们的积极发问和老师的耐心解答中，本次讲坛圆满结束。

（生命科学学院　新媒体中心）

11 月 25 日　物理与材料科学学院开展校园劳动实践

11 月 25 日下午，物理与材料科学学院举办"金秋劳动月　劳动最美丽"实践活动及"金秋十月，劳动最美"集体劳动日校园劳动实践，两个活动分别在实验室、教学区劳动教育实践区开展。此次劳动实践，邀请了物业公司绿化主管现场演示和指导。此次活动作为物理与材料科学学

学生开展校园劳动实践

院劳动教育月活动之一，提升了同学们的劳动教育素质，引导同学们领悟劳动精神，促进同学们德智体美劳全面发展。

通过此次活动，同学们收获很多，留下了精彩的劳动心得。物理 221 班梁晓晴同学说："高尔基说'我知道什么是劳动：劳动是世界上一切欢乐和一切美好事物的源泉'，今日，物理学院开展了校园教学区劳动活动，我收获颇多。我跟着后勤主任学习了如何除草，如何修剪树木，这是我之前从未体验过

的。将校园的花草树木修理干净整洁，让我获得了小小的成就感。最让我印象深刻的是后勤主任和后勤师傅们对我们的耐心指导，让我学到了许多劳动小技能！"

物理222班钟杏灵同学说："今天下午没课，于是抱着劳动充实自我，同时又做些公益事情的想法，我参加了劳动教育活动。在整个活动中，我和组员共同完成了除杂叶、杂草，拾垃圾等任务。因为戴着帽子和口罩，所以我一直汗如雨下，连续站着脚跟也很痛。回忆起这两个小时，虽然很辛苦，但也收获满满，既锻炼了自己的动手收纳能力，也体会到平日那些任劳任怨的环卫工人、园丁们的不容易以及他们劳动的重要性。有了他们，学校环境才能井然有序、光鲜整洁，从而给我们营造良好的生活学习氛围。"

（物理与材料科学学院 学工办）

11月25日 计算机科学与网络工程学院心协举行观影活动

11月25日，广州大学计算机科学与网络工程学院心协在文新楼322室举行了观影活动。活动择选了著名影片《爆裂鼓手》，希望同学们在欣赏电影的同时，找到情感共鸣和价值认同，获得思想境界的提升。

参加观影活动的同学们沉浸在影片之中

电影播放当天，工作人员早早来到现场迎接观影的同学们。热情的观众同样也早早到场，并安静入座，电影播放设备也准备就绪。电影一开幕，同学们便投入其中。随着电影剧情的推进，活动室里不时响起同学们的笑声和抽泣声，大家纷纷沉浸在电影的世界中。电影结束后，同学们或热烈讨论故事情节，或静静回味故事细节，并在心协公众号上发表了自己的感想。

同学一：世界的边界是人类创造的，那么，就必须先突破人类的边界，才可以突破世界的边界。这个过程就像成蝶，要么死在蛹里面，要么成蝶去撼动世界。

同学二：内曼是个敏感而孤独的孩子，但又具有偏执、不服输的个性。因此，为了成为优秀的鼓手，他用虐待自己的方式去练鼓，并成功展现了自己的实力。尽管内曼也有遗憾，他错过了妮科尔，因为他不懂如何对待这段关系。然而，青春总有遗憾，至少他在音乐方面取得了成就。

同学三：这个世界上没有天才，想成功就需要努力。但是每个人对于成功的定义并不一样，也无需一样。有的人希望成为陌生人晚餐上谈论的话题，有的人则追求柴米油盐酱醋茶的生活。二者都值得尊重，就算是很简单平凡的生活，只要还在努力，这也是一种意义。

（计算机科学与网络工程学院　心协）

11 月 26 日　人文学院团委、学生会第一次见面大会顺利召开

11 月 26 日上午，2022—2023 学年广州大学人文学院团委、学生会第一次见面大会于腾讯会议顺利召开。

活动伊始，党委副书记张立老师对学院团委、学生会的成员（以下简称"青团"）表示

团委、学生会第一次线上见面大会

热烈欢迎，衷心希望"青团"能在工作中收获快乐与成长。随后，前任主席团以视频的方式向"青团"表达祝福与期望，团委副书记及学生会主席团热烈欢迎新成员的到来，同时期望"青团"能培养能力，不忘初心，携手共进。随后，大会播放部门风采视频，加深工作人员对自身职责的了解。"青团"成

员依次进行自我介绍，加深对彼此的认识。最后，韩宝玉老师对本次会议进行总结并提出四维工作格局，同时强调身份意识与加强内部管理。

至此，人文学院团委、学生会第一次见面大会圆满结束。

（人文学院　新闻中心）

11月26日　经济与统计学院举办职业生涯规划经验分享会

11月26日，经济与统计学院开展了一场线上职业生涯规划经验分享会。

分享会中，学院邀请了林兆涛、陈一冰、陈泽升三位同学进行实习主题的职业生涯规划经验分享，也邀请了王扬、吴晓燕、刘喜月、胡晨雨、韦沛文、徐心

吴晓燕进行保研经验分享

茹等同学进行考公准备、保研经验、留学经验主题的分享。从这次的分享会中，学生们学习到了工作中的一些方法。例如，寻找实习工作时需要具备简历思维，在简历中突出自己与职位相匹配的能力，以及在职场中要学会沟通，找准自己在团队中的定位，这样才能够更好地发挥出自己的能力；同时也应该尽早了解自己想做的事情，及时做好规划。无论是考公、考研还是保研都需要较长的时间准备，所以要多与老师、同学进行交流，明确自己未来的方向。

师兄师姐们的经验分享对同学们的未来职业生涯规划产生了很大的影响，推动同学们进一步思考自己未来的人生规划，也让同学们对未来职业有更多了解，能够更快明确自己未来的方向！

（经济与统计学院　张盈莹）

11 月 26 日　挥洒热血，践行足球精神

11 月 26 日，土木工程学院新生杯足球赛于北区足球场如期举行，同学们积极参与了这次比赛。此次比赛以大一新生对阵大二足球院队的形式，力求在有趣的比赛中达到愉悦身心、提升素质的目的。

高中时期，很多学生可能没有充足的时间参加校园里的足球比赛，这不免让很多学生心中产生一些遗憾，而此次比赛的开办，终于有机会让热爱足球的伙伴们踏上球场，挥洒热血与汗水。在比赛中，大一新生面对大二师兄们也毫不怯场，敢打敢

球员在比赛中拼抢球权

拼，力争每一次球权，传导好每一次球，做好每一次防守，在雨中奋力冲刺，奋力扑下师兄们的每一脚射门。学生们愈战愈勇，感受团结协作的魅力，迸发拼搏的力量，努力追上更优秀的师兄们的步伐。最终，大一新生虽以 4∶6 遗憾落败，但此次经历和球场上的拼搏精神却让他们十分难忘。

足球是无数人心中的热爱。校园足球赛事的开展，让更多学生在丰富课余生活的同时，身心健康也得到发展。相信同学们会通过自己的实际行动，挥洒汗水与泪水，散发足球的魅力，热爱心中的热爱，践行足球精神，促进足球运动的发展。

（土木工程学院　团委学生会、体育部）

十一月

11 月 26 日　热血乒乓，"乒"搏人生

11 月 26 日，土木工程学院新生杯乒乓球赛于计算机楼 201 乒乓球室如期举行。

比赛于上午 8 时 30 分正式开始，虽然天气已经转凉，但是参赛者们的热情温暖了整个乒乓球室。每位参赛者都顽强拼搏，力争取得优秀的成绩。激烈的选拔赛后，前四名选手得到了与院队选手交流的机会。刚上大一的新生面对师兄师姐毫不逊色，比赛十分精彩。

方建文同学在全神贯注地接球

这一次的乒乓球赛，促进了大家对这项运动的喜爱，让许多人找到了志同道合的朋友，更让大家在紧张的学习中得到了放松。对同学们来说，在其中学习到了许多东西，如活动的筹办过程和比赛主持的方法，更收获了友谊。

（土木工程学院　团委学生会、体育部）

11 月 26 日　法学院王子睿等学生参加第十六届（中国大陆地区）红十字国际人道法模拟法庭竞赛并获奖

11 月 26 日，第十六届（中国大陆地区）红十字国际人道法模拟法庭竞赛由红十字国际委员会、中国国际人道法国家委员会与兰州大学法学院共同主办。广州大学及北京大学、清华大学、中国政法大学、西南政法大学等国内 60 所知名高校参加，参赛队伍数量为历年之最。经过为期两天的激烈角逐，由广州大学法学院师生组成的广州大学代表队荣获全国二等奖（第十一名）、辩方文书全国第五名！

本届广州大学代表队于 2022 年 7 月组建，由法学院隽薪老师担任教练。团队成员包括 2020 级本科生王子睿、张馨悦、杨弘道、王鹏。其中，在书状阶段，四位队员负责起草公诉方和辩方书状；在口头辩论阶段，张馨悦

王子睿、张馨悦、杨弘道、王鹏同学参加模拟法庭竞赛并获奖

与杨弘道作为 Oralists，王子睿和王鹏作为 Researchers。在长达四个月的备赛中，广州大学代表队以精益求精、刻苦认真的精神，通过钻研人道法文献、查阅各种资料，不断修改，以规范的 IRAC 写作方法完成了书状的撰写。在口语辩论环节，面对法官的追问，广州大学代表队能够层次清晰地作答，并有效地反驳对手，获得了法官们的认可与好评，展现了广州大学法学院学子的良好风貌。

（法学院　新媒体中心）

11 月 26 日　教育学院参加"舞起丝绸，诵读经典"比赛

11 月 26 日下午，教育学院参加广州大学第四届中华经典诵读大赛初赛，完成初赛的视频录制，成功晋级决赛！

为筹办本次比赛，教院艺术团面向全体教院学生招募演员，同学们以出色的表现入选并积极参加朗诵队训练。

学生认真录制经典诵读比赛视频

由于疫情原因，有时候只能进行线上打卡，但演员们都认真对待，积极打卡。教育学院以"一带一路舞起来"为主题进行经典诵读，与时俱进，敢于创新。结合古典舞、朗诵、话剧，使"一带一路"随着朗诵声"舞"起来。

朗诵表演的架构主要以"一带一路舞起来"的文章诵读做大框架，古典舞作为伴舞的小框架，话剧表演作为剧情穿插的小框架。其中，"古今对话"不仅体现在朗诵的篇章中，还体现在穿插的话剧表演中，大致剧情为现代大学生与古代的张骞先生进行"跨时空"对话：张骞先生向大学生讲述以前的"丝绸之路"，大学生向张骞先生讲述现代"一带一路"发展盛况。诵读内容包括古代经典诗句，以及结合现代优美诗歌与教院艺术团自编的剧场对白。

丝绸之路是先人筚路蓝缕开创的一条经济贸易之路、文明交往之路。今天，百年变局交织世纪疫情，我们当代大学生也应担当使命，砥砺前行，讲述中国故事，传播中国声音！

（教育学院　尹颂雯）

11 月 26 日　新闻与传播学院在第七届中国数据新闻大赛决赛中获全国三等奖

11 月 26 日，第七届中国数据新闻大赛决赛暨"智能时代的全媒体传播"学术论坛在线上隆重举办。新闻与传播学院网络与新媒体专业 2020 级的江春标小组荣获全国三等奖，张灵敏老师获优秀指导教师奖。

本届中国数据新闻

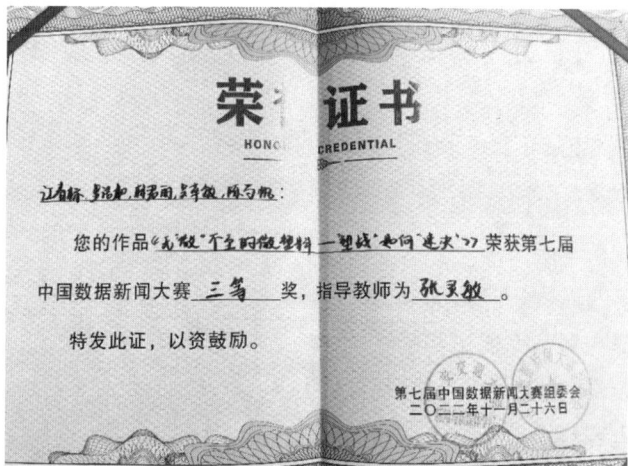

江春标小组获第七届中国数据新闻大赛决赛三等奖证书

大赛规模空前，吸引了全球知名高校与媒体机构 1 000 余支队伍、300 余所高校参赛，报名人数5 000余人，复赛投票网络总热度300 余万人次。经过激烈角逐，江春标小组作品成功从全国 1 000 多个作品中脱颖而出，排名跻身全国前六十！

"微塑料是什么？它与我们常见的塑料有什么区别？会给人们生活带来什么影响？"一条人体血液检测出微塑料的新闻引发了江春标小组的思考：微塑料其实在人们生活中普遍存在，但是大多数人并没有意识到它的存在。另外，限塑是我国生态文明建设的重要措施，但由于市场现状的复杂和新兴产业的崛起，给限塑令的实行带来了很多挑战。由此激发了他们做此选题的兴趣。

项目在开展过程中由组长协调各成员的工作，跟进项目开展进度，统筹全局工作。通过多次线下会议，逐字确定可视化方案；同时也向指导老师请教，商讨设计方案的可行性。团队成员齐心协力，取长补短，共同推进项目进度；指导老师无私地分享经验，并且给予支持和鼓励。这些都是他们取得成功的因素。

江春标小组表示，创作作品要打开视野，关注国家政策风向，作品内容、排版要充分体现新闻素养，善于开拓创新并向优秀的作品学习。团队后续会根据大赛评委老师的建议去继续完善和打磨作品，参加相关赛事，力争再创佳绩！

（新闻与传播学院　欧颖）

11 月 27—29 日　教育学院举办"心理课堂"活动

11 月 27—29 日，教育学院青年志愿者协会"心理课堂"正式开始授课。本次活动聚焦当下大学生的心理健康问题，教育学院青年志愿者协会特面向广州大学本科学生招募讲师团队，以"学生帮助学生"的方式，让更多的大学生培养健康的心理素质。

最终，根据教育学院青年志愿者协会初步筛选和讲师团队商议，确定以"如何缓解内耗""如何对抗 emo"以及"浅析追星"三个主题开展本学期心理课堂。在招募观众参与活动前，协会成员与讲师团队多次合作沟通，共同完善心理课堂流程以及丰富心理课堂内容。在正式授课前，讲师团队完成三次试讲工作，并考虑到疫情因素，做好了线上和线下两手准备，为心理课堂活动的圆满完成奠定了夯实的基础。

心理课堂是教院青协的特色活动，也充分体现了教院特色——以学生为讲师并结合互动进行授课。这旨在满足教育主题的基础上，以一种更富有趣味的方式向广州大学各学院的大学生科普心理学知识，引导同学们更简洁明了地理解较为复杂的心理学知识，并加以运用于生活当中。每个人内心都有一棵树苗，而生活中遇到的种种困难与挫折可能会让树苗笼罩在乌云与闪电之下，心理课堂将会是那股劲风，吹散乌云，赶跑闪电，让阳光再次照亮同学们内心。

（教育学院　青年志愿者协会）

11 月 28 日　计算机科学与网络工程学院举办第十八届"挑战杯"院赛

本次比赛共有 14 支参赛队伍，6 支为"挑战杯"项目队伍，8 支为自荐项目队伍。除了"挑战杯"立项团队之外，还有参加过大创、"攀登计划"等创新创业竞赛的团队，可谓是"强者如云，高手过招"。

学生参与"挑战杯"院赛合影

大会伊始，主持人皋鑫钰介绍了本次比赛参与点评的老师，他们分别是：计算机科学与网络工程学院汤茂斌副院长、邢萧飞老师、姚佳岷老师和李龙飞老师。

由于疫情防控的原因，本次比赛采用线上线下混合的方式。比赛分为展示和答辩两个环节，即选手按照顺序展示，每组选手展示结束后，需进行答辩，回答评委老师的问题。

会议最后，学院副院长汤茂斌老师为本次比赛进行总结，他建议选手们将自己的研发运用于实际应用中，并把科研方向细化，专精某个方面，把它做到极致。

（计算机科学与网络工程学院　学工办）

11 月 28 日　计算机科学与网络工程学院召开第六次研究生代表大会

为更好地配合学院的工作，使研究生管理工作更加制度化、有序化，充分发挥学院和同学之间的纽带作用，创造良好的教学秩序和舒适的学习与生活环境，广州大学计算机科学与网络工程学院第六次研究生代表大会于 11 月 28 日召开。

计算机科学与网络工程学院研究生代表大会参会人员合影

会议分为预备会议和正式会议两项。预备会议审议、表决《计算机科学与网络工程学院第六次研究生代表大会代表资格审查报告》《计算机科学与网络工程学院第六次研究生代表大会各项名单》《计算机科学与网络工程学院第六次研究生代表大会选举方法》。

正式会议分为开幕、领导嘉宾介绍、学工办胡鉴源老师致辞、听取《计算机科学与网络工程学院研究生会第五届工作报告》、选举计算机科学与网络工程学院研究生会第六届主席团成员和委员会常任委员、辅导员孙梦恬老师总结、闭幕几个部分。

（计算机科学与网络工程学院　学工办）

11 月 29 日　人文学院第三届师范生口语风采大赛决赛顺利举办

11 月 29 日下午，广州大学人文学院第三届师范生口语风采大赛决赛于腾讯会议线上顺利举办。

言传身教，为人师表；立三尺讲台，扬师者风范。人文学院院长、大学生语言能力教学中心主任禤健聪进行致辞，强调青年学子应具有较好的语言文字运用能力与自觉规范使用国家通用语言文字、自觉传承弘扬中华优秀语言文化

十一月

的意识，同时，希望有更多的同学关注并积极参与语言文字相关活动。

本次比赛分为"超级演说家""情景再现""大展风采"三个环节。14 位选手慧心妙舌，尽展师者风采。选手也在本次比赛中以赛促学，互相交流。比赛结束后，嘉宾评委进行点评，帮助选手发现不足、完善自我。选手与观众皆把握机会，提升自我，获益良多。

至此，人文学院第三届师范生口语风采大赛决赛圆满结束。

（人文学院　经典讲师团）

汉语 211 班朱奕梦同学进行演讲

11 月 29 日　教育学院举办"淬火磨砺，向阳赴云"学生资助工作总结大会

11 月 29 日，广州大学教育学院淬砺工作站面向教育学院领导、老师和 2019 级至 2022 级困难认定生及生委，于腾讯会议线上举办了"淬火磨砺，向阳赴云"——2022—2023 学年秋季学期学生资助工作总结大会。大会内容包括介绍淬砺工作站的职能与本学期工作成果，讲解资助工作注意事项和新学期工作计划，并邀请优秀学生周俊耀同学分享学习经验。

学生资助工作总结大会朋辈经验分享环节

淬砺工作站是负责学生资助工作的组织，是学院老师与家庭经济困难认定生沟通的桥梁。本次大会旨在汇报、反思本学期的学生资助工作情况，同时通过朋辈经验分享，帮助家庭经济困难认定生们强化自我认同感，树立信心，在大学生活中砥砺前行，从而真正实现淬砺工作站"资助育人"的目标。

本次学生资助工作总结大会为同学们提供了一个沟通交流的平台，使同学们在榜样力量影响下，更加积极向学，更好地把握大学生活的方向。同时淬砺工作站也期待能够通过本次活动，坚持戒骄戒躁、脚踏实地、砥砺前行的工作作风，不断磨砺自身，奋楫向前。

（教育学院　淬砺工作站）

11 月 29 日　经济与统计学院召开爱国主义教育暨 2023 年征兵工作动员会

为贯彻落实习近平强军思想，引导青年学生投身军营、建功立业，11 月 29 日下午，经济与统计学院召开了爱国主义教育暨 2023 年征兵工作动员会。大会由学工办赵梅岳老师主持，邀请了学工办刘源老师讲解服兵役资助

经济与统计学院征兵工作动员会

政策，退役学生管理学院旅游 203 班罗凯怡、经济与统计学院国贸 202 班赵天蔚做入伍经验分享。

会议伊始，参会人员一起观看了 2023 年全国征兵宣传片。接着，国贸 202 班赵天蔚同学分享了自己入伍与退伍的心路历程。他还帮助不同年级的同学做出当兵时机的优劣分析，鼓励同学们响应国家号召，积极报名应征。管理学院旅游 203 班罗凯怡同学分享了军营的苦与乐、训练与日常。她提到，艰苦的军旅生活中也有个人技能的提升，希望同学们积极应征入伍，为祖国做贡献。

最后，学工办刘源老师通过短视频生动地讲解服兵役资助政策，结合党的

二十大精神，鼓励同学们将爱国主义牢记于心，珍惜入伍机会，为自己、为学院、为国家争光。

通过本次大会，同学们对征兵政策、军营生活等一系列问题有了更深入的了解，燃起了心中参军入伍、报效祖国的激情。希望有志青年到祖国最需要的地方去，用青春诠释精彩人生，用奉献报效伟大祖国！

（经济与统计学院　学工办）

11 月 30 日　四院联合青马工程党课第一讲——喜迎二十大，永远跟党走

11 月 30 日，由人文学院、美术与设计学院、新闻与传播学院和教育学院联合开办的四院联合青马工程的学员们共同参加了由教育学院党委书记麻彦坤教授讲授的主题党课——喜迎二十大，永远跟党走。

麻彦坤书记为学员们介绍了各国对待疫情的态度，让学员们意识到了中国对公民生命安全的重视，启发学员们响应国家号召，把维护好国家利益放在首位，让鲜艳的五星红旗永远激荡心中。接下来，麻

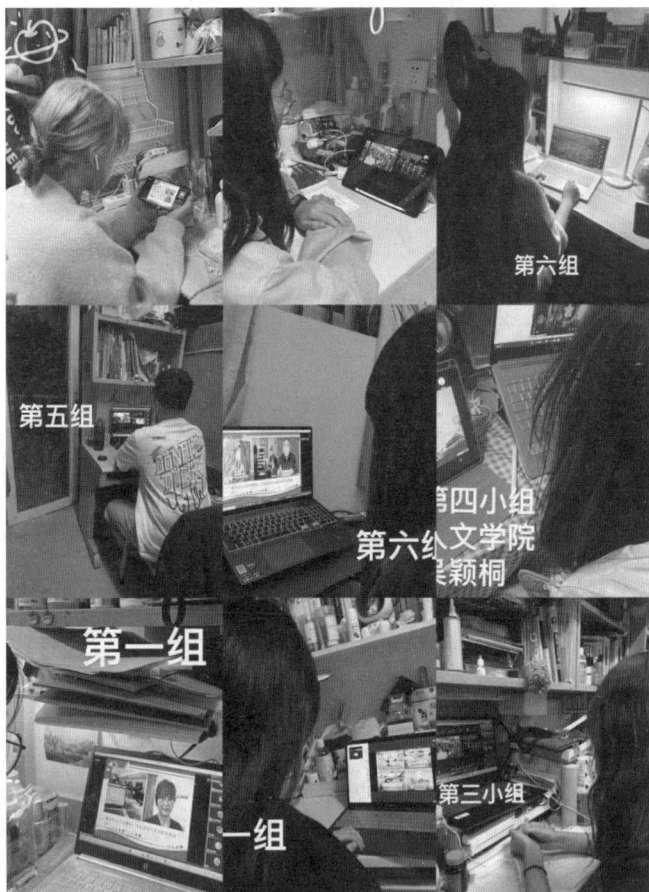

学员们认真倾听麻彦坤书记讲授党课

书记向学员们展示了抗疫期间的伟大人物，让学员们体会到爱党爱国、为人民服务、为国奉献早已成为其精神基因。学员们表示，从中看到了何为中国速度、中国力量、中国价值和中国精神。学习无私奉献、默默坚持的抗疫精神，让学员们更加坚定为中华民族伟大复兴而奋斗。

最后，麻书记根据党的二十大报告内容，重点讲解了党的全面领导在防疫中的重要性。党中央加强集中统一领导，各级党委和政府按照党中央决策部署，让党旗在防控疫情斗争第一线高高飘扬。启发学员们应该更加坚定自己心中的信仰，坚持中国共产党的领导，做到心中有国、行动为国。

活动结束后，学员们深受教育，并提交了自己的感想。

（教育学院　团委组织部）

十一月

12月2日　土木工程学院举办"未来工程师讲坛"活动

为丰富同学们的课外知识，12月2日，广州大学土木工程学院团委就业部主办了"未来工程师讲坛"线上讲座。主讲嘉宾为广州大学"百人计划青年杰出人才"副教授李哲健老师，讲座共有1 511名同学参与，直播间点赞数高达2.1万。

在直播间中，李老师就自己的研究——新型轻质吸能结构的设计与其抗爆炸、抗冲击性能的研究向同学们进行了详细讲解。该讲解不仅仅基于理论知识，还通过机械存储器、机器人驱动器、热可调结构、多稳定器件、复杂的3D几何图形、可编程表面到柔性电子器件等各个领域的实际应用，让同学们更全面、更透彻地理解这一项技术。

本次活动收获圆满成功，同学们也从李哲健老师的讲授中体会到科技的魅力，激发出对科学技术的兴趣。相信在未来的学习生活中，同学们也会找到自己的真正所爱，在不同的领域里发光发亮。

（土木工程学院　黄同璨）

12月2日　新闻与传播学院师生在"立志·修身·博学·报国"主题教育系列活动中荣获佳绩

12月2日，广东省教育厅公布了2022年"立志·修身·博学·报国"主题教育系列活动结果，新闻与传播学院师生在公益广告类活动中斩获一、二、三等奖各一个，充分展现了学院师生高度的历史自觉和投身专业实践的热情。

在副院长张爱凤教授的指导下，康莹、陈佳玲同学的作品《勿忘国殇 铭记历史——请保持安静，听历史诉说》荣获公益广告类一等奖。该团队成员重走侵华日军南京大屠杀遇难同胞纪念馆，追寻历史印迹，聆听历史声音，通过采访志愿者讲解员、融媒体出镜报道等方式助力红色文化传播，让更多的年轻朋友了解和学习历史，将历史记忆转化为家国情怀。

该团队制作的另一作品《雨花英烈，信仰永恒——传承历史记忆，弘扬民族精神》荣获公益广告类二等奖。讲解员以雨花台烈士陵园的历史引出烈士就义群雕，聚焦于群雕正中间的工人形象——邓中夏。在雨花台烈士纪念馆邓中夏展厅，实践团成员以出镜报道的方式感悟邓中夏烈士的精神。

在院长田秋生教授的指导下，王映骅、纵升、周楚、杨子怡、王晨瑶、廖泳梅同学的作品《弘扬冼星海精神，青年砥砺前行》荣获公益广告类三等奖。作品以冼星海的同乡黄汝梁的抗疫事迹作为创作切入点，通过四个部分，陈述冼星海的革命情怀与精神来源，结合时代背景，立足实践所得，以大学生的视角讲述星海精神"穿越时空"来到今天的"变"与"不变。"

（新闻与传播学院　韩一通）

12月4日　建筑与城市规划学院举办团支书培训会

为切实提高团干部的工作能力，更好地开展团委工作，建筑与城市规划学院团委组织部于12月4日举办一年一度的团支书培训会。

本次团支书培训会共分为两个部分：一是组织部工作人员针对各项团务工作对团支书们进行详细指导；二是由三位不同年级的团支书交流分享处理班级团务工作时的心得体会。

此次培训与交流学习，增进了部门与团支书的联系，同时也提升了团支书的业务能力，以帮助学院更好地完成各项团务工作。

（建筑与城市规划学院　团委组织部）

12月6日　音乐舞蹈学院研究生康瑾梁赴澳门参加国家艺术基金"原创现代芭蕾舞剧编舞者人才培养"项目

12月6日，音乐舞蹈学院2022级舞蹈编导硕士康瑾梁入选由国家艺术基金资助、澳门现代芭蕾艺术学会主办的"原创现代芭蕾舞剧编舞者人才培养"项目。

9月4日，康瑾梁经过了为期两个月的线上学习后，于10月30日前往珠海进行了四天的集中培训，又在11月4日前往澳门潜修与学习，不断地打磨自己的舞蹈作品，最后成功在澳门妈祖阁、巴黎人剧场两地先后进行展演，用舞蹈倾诉了往日的离别之苦和如今的共存之幸。在妈祖阁前的户外演出，当天下起了蒙蒙细雨，但这并没让演员们气馁，反而将演员们的斗志推上了顶点，为观众呈现了一场雨中曼舞的视觉盛宴，为自己提交了一份满意的答卷。

（音乐舞蹈学院）

12月6日　公共管理学院举行 2022 年度力麒奖学金答辩活动

12月6日，公共管理学院举办了 2022 年度力麒奖学金答辩活动。"力麒奖学金"是广州力麒智能科技有限公司在广州大学公共管理学院设立的奖学金项目，旨在资助和促进公共管理学院开展高质

公共管理学院学生王菁菁正在进行答辩

量的人才培养工作。最终，2019 级陈伟彬、杨景昊、王菁菁、许缘、徐利芳，2020 级谢龙英、林文迪、张柏珊、邝钰坤，2021 级苏虹尹等同学获奖。

这几位同学的突出表现，充分展现了广州大学学生的青春风采。他们的精彩表现鼓励了旁听的 2022 级新生，让他们能够以参加答辩的师兄师姐作为学习的榜样，吸取师兄师姐的学习经验，早日树立自己的奋斗目标，朝着"德才兼备，家国情怀，视野开阔，爱体育，懂艺术，能力发展性强"的 24 字人才培养目标不懈奋斗努力，在大学四年不断积累，在迷茫的时候能够激发自己，不断向前。

（公共管理学院　温心茹）

12月8日　"星火"宣讲——学习贯彻党的二十大精神

为深入学习宣传贯彻党的二十大精神，提高年轻党员的政治觉悟，数学与信息科学学院"星火"宣讲团近日向本科生第一党支部与本科生第二党支部宣讲党的二十大精神，着重推动习近平新时代中国特色社会主义思想和党的二十大精神入脑入心。

宣讲团讲述了党的二十大主题以及近十年来中国的成就，这些伟大成就彰显了历史自信、道路自信、文化自信，谱写了中国特色社会主义的绚丽华章。宣讲团还提到，我们要坚持中国共产党的全面领导，坚持人民至上，坚持自信

自立。宣讲团带领大家学习了中国共产党的中心任务，以及党的二十大报告中的金句和关键词，其中关键词为"五个必由之路""五个重大原则""六个必须坚持""九个精神"。

宣讲团以党的二十大中致青年的话作为结尾，启示党员干部要以身作则，听党话，跟党走，用敏锐的眼光观察社会，用智慧的力量创造未来，更要认真学习党史，坚定信仰，感党恩，学习党的二十大报告中的思想、任务，激发强国、报国之志，争做一名优秀的党员。

宣讲团正在进行党的二十大宣讲

（数学与信息科学学院　唐佳欣）

12月8日　新闻与传播学院学生在第十一届中国日报大学新闻奖中获最佳标题季军

12月8日，第十一届中国日报大学新闻奖大赛评选结果暨获奖作品名单发布。由学院《新窗报》选送的广电201班成于凡的新闻评论作品《压得下十米跳台的水花，却压不下人们恣意打扰的浪花》在此次评选中获得最佳标题季军。

2021年东京奥运会上，全红婵作为我国跳水队的一名小将，表现出彩，备受大家关注。而在网上有关她身世的故事随之被多家媒体报道，这些恣意打扰的行为频频发生在全红婵及其家人身边，几度影响他们的正常生活。成于凡认为"文章合为时而著"，她希望通过写出这篇新闻评论发表自己的见解。

2022 大學新聞獎
Campus News Awards

最佳標題
季軍

广州大学

成于凡

成于凡同学获奖

对于成于凡而言，写新闻评论有两个极为重要的问题需要解决：一是评论的主体是什么？二是评论想表达什么？成于凡从多角度还原全红婵正常生活受干扰事件，加深人们对整件事情的了解。在把控好清晰脉络之后，成于凡总结出了自己想要表达的观点，并阅读相关的专业理论和文章，归纳出论据来支撑想要表达的观点，将此事和自己的评论精准地呈现出来。这也呼应了对成于凡来讲最重要的问题：评论的主体需要明确、客观地呈现出来。

作品的指导老师黎蒌谈到："大学新闻奖"要求参赛作品为过去一年的已发表作品，所以"急就章"是无法参赛的，感谢"大学新闻奖"从纷扰的世界中发现默默埋头做事的人，看到耕耘的成果。

成于凡用自己的勤勉与努力，在向大众发出自己坚定声音的同时，也获得了专业媒体机构对学院学子专业能力的肯定。

（新闻与传播学院　唐沁心）

12月9日　人文学院第十五届"十佳学生"评选大赛顺利举行

12月9日晚，广州大学人文学院第十五届"十佳学生"评选大赛于腾讯会议线上顺利举行。

首先，汉语193班许小榕同学分享比赛经验。她认为，本场比赛不仅是朋辈学习的好时机，更是展望未来的重要时刻。她从自身参赛经历出发，鼓励参赛选手们展示风采，踔厉奋发，砥砺前行。紧接着，选手们以"把握行之三度，奔赴青春旅途""赓续前行，奋楫十佳"等为主题，展开个人自述。在答辩环节，面对评委们提出的问题，选手们从容自如，对答如流，展现出强者风采。"不晉微芒，造炬成阳"，张立老师对本次比赛进行总结。她表示，参赛选手的表现十分出彩，充分展现人文学子风采，希望各位选手能发扬优势、再接再厉，也希望各位同学在大学时光中有所获，在更宽广的舞台上发光发热。

至此，广州大学人文学院第十五届"十佳学生"评选大赛完美落下帷幕。

（人文学院　新闻中心）

12 月 11 日　机械与电气工程学院开展红色主题宣讲活动

12 月 11 日，机械与电气工程学院组织部联合青马班，开展红色主题宣讲活动。

本次青马宣讲课主要学习了党的二十大报告，报告中习近平总书记的谆谆教诲、殷殷嘱托，激发了广大青年为梦想不懈奋斗的澎湃力量，勉励广大青年要坚定不移听党话、跟党走，既怀抱梦想又脚踏实地，敢想敢为又善作善成，让青春在全面建设社会主义现代化国家的火热实践中绽放绚丽之花。

在认真学习了党的二十大精神后，同学们纷纷表示，一定牢记习近平总书记嘱托，坚定理想信念，筑牢精神之基，厚植爱国情怀，矢志不渝跟党走，以实现中华民族伟大复兴为己任，增强做中国人的志气、骨气、底气，不负时代，不负韶华。

相信这次的宣讲加深了同学们对新时代青年使命担当的认识和理解，也希望同学们能在新时代里坚守党、跟随党、相信党，为社会创造属于我们大学生的价值。

（机械与电气工程学院　团委组织部）

12 月 14 日　马克思主义学院学子在广东省 2022 年"爱在广东"学校民族团结进步教育活动中获多个奖项

为深入贯彻落实习近平总书记关于加强和改进民族工作的重要思想，推动民族团结进步创建活动进学校，加强铸牢中华民族共同体意识教育，促进各族学生广泛交往、全面交流、深度交融，广东省教育厅于 2022 年 6 月组织开展了"爱在广东"

获奖团队同学进行讲解

学校民族团结进步教育活动。活动包括"相遇广东"主题演讲作品征集、"相识广东"主题摄影作品征集、"相融广东"微视频作品征集、"相和广东"综合设计作品征集 4 个项目。

广州大学选送作品共获奖 14 项，其中马克思主义学院学生申报和参与的作品获奖 4 项，含"相融广东"微视频作品二等奖 3 项；"相遇广东"主题演讲作品三等奖 1 项。

（马克思主义学院　学工办）

12 月 15 日　管理学院开展 2022—2023 学年"千名教工党员联系千个团支部工程"

12 月 15 日，为深入学习贯彻习近平新时代中国特色社会主义思想和党的二十大精神，全面贯彻习近平总书记关于青年工作的重要思想，以实际行动践行党的二十大精神，树立大抓基层的鲜明导向，推动团的组织力明显提升，不断增强团的政治性、先进性、群众性，更好地发挥共青团作为党的助手和后备军的积极作用，管理学院推进并开展了2022—2023 学年第一次"千名教工党员联系千个团支部工程"（以下简称"千千工程"），共有 104 个团支部、97 名党员老师以及 3 359 名学生参与到活动之中。

在疫情的大环境下，各基层组织采取线上或线下的方式，联系当前党团热点，结合本专业特点，以创新的

会计 224 班团支部主题团学活动

活动形式和丰富的活动内容为基础，激发青年热情，发挥青年力量，深入开展"千千工程"。活动追求思想教育作用，落实、学习、贯彻党的二十大精神。

李晓铭同学分享活动心得：通过此次"千千工程"，让同学们学习党的二十大精神的同时，也能够彼此说说心里话，舒缓同学们紧绷的神经，"疫"苦思甜，共赴未来！我们应该努力践行党的二十大精神，在封校期间自律自强，展现青年意气风发的形象。

叶俊豪同学分享活动心得：在此次"千千工程"活动中，我们受益匪浅，我们将以时代的责任为己任，将这次学习到的知识和领悟到的精神运用到实际生活中，服务社会，常思奋不顾身，以急国家之急。

（管理学院　新媒宣传中心）

12月16日　地理科学与遥感学院第十八届学术科技节之手绘地图大赛落幕

12月16日，地理科学与遥感学院举办的第十八届学术科技节之手绘地图大赛落下帷幕。本次活动吸引了众多同学参与，最终在专业老师的评审下，19份作品脱颖而出。

不少参赛小组表示，本次比赛充分调动了自己的想象力和创造力，考验了小组内的团队协作精神，同时也提供了专业知识和专业技能相结合的机会及展示的平台。也有小组成员表示自己将会吸取本次比赛的经验教训，努力进取，让自己在下一场比赛中能更进一步，获得更好的奖项。

（地理科学与遥感学院　魏锐彤）

12月17日　从军营到校园，我的青春这样过——学院退伍学生专访

李伟文，退役士兵，广东湛江人。广州大学2018届本科毕业生，中山大学2018级硕士研究生，中共党员，广东省优秀退役大学生士兵，2018年高校征兵宣讲团成员。2012年9月，李伟文入读广州大学生命科学学院。入学仅3个月，报名参军入伍。

2014年10月，李伟文所在部队正在临沧驻训，云南省景谷县发生了6.6级地震。接到抗震救灾任务后，李伟文等人迅速出动。到达灾区后，士兵们开

始搬运救灾物资，搭建帐篷，拆除危房，解救被困人员等。乡亲们把猪肉、羊肉送给救灾的战士们。这种温馨，这种真情，只有当兵、救灾才能体会得到！

退伍复学之后，李伟文刻苦学习。到了大四，有退役大学生士兵考研专项政策，于是他决定试一下。他顺利考上了中山大学政治与公

李伟文

共事务管理学院硕士研究生。三年研究生学习过去，当他将论文提交导师审核之后，导师对他这三年的学习给予充分的肯定，也多次在师门学习报告会上进行表扬。

从入学到入伍，从退伍到复学，从读研到工作，每一个选择李伟文都是抱着尝试的心态去的，不管是参军还是考研，最需考虑的是能不能的问题，而不是要不要的问题。他是在做好现有事情的基础上去发现其他机会，如果获得机会，即便困难重重也要硬着头皮走下去，当跨过"绝望坡"之后才会觉得自己当初的选择是正确的。没有什么事情是可以轻轻松松就完成的，当坚持做下去之后才会发现原来自己是可以做成很多事情的！

（生命科学学院　新媒体中心）

12 月 31 日　物理与材料科学学院林俊燕同学参加寒假社会实践活动

12 月 31 日，物理与材料科学学院林俊燕同学到揭阳市惠来县开展 2022 年寒假社会实践，对当地"营老爷"习俗展开调研。

潮汕"营老爷"活动一般在元宵节前后，该习俗源于潮汕先民对神的崇敬，通过举办隆重的仪式，热情欢迎神明，使其高兴起来，从而为人民带来机遇、好运。在与当地老人交谈中得知，"老爷"在潮汕地区是指一个镇或村的

守护神，潮汕各地的大老爷名目众多。祭祀时，村里的青壮年会用八抬大轿抬着"老爷"们走遍村里的大路和小巷，游行队伍庞大。通过到潮汕走访调研，林俊燕同学领略到了当地独特的民俗风情，增强了荣誉感和归属感。

（物理与材料科学学院　学工办）

潮汕"营老爷"游行

十二月

我们的大学

黄彦君：笃行不倦，静待花开

黄彦君，中共党员，来自音乐舞蹈学院音乐191班，曾任班团支书、校学生会组织建设部部委、学院团委人力资源部负责人、导生等职务。连续三年学业成绩排名专业第一，曾获校一等奖学金、优秀学生、"器乐达人"等荣誉；参与校内科研重点项目，曾任省级创新项目负责人、校级创业项目核心成员，发表论文两篇。多次参加疫情防控、三下乡、文艺下基层等志愿服务活动。积极参加校级、省级、国家级比赛并获得20余项奖项。

黄彦君

让青春之花，在祖国边疆教育事业上绽放

大四生活刚刚开始，黄彦君就参加了广东省高校大学生首批援疆实习支教活动，在她看来，这是一次十分难得的机会。在这一段经历中，她收获了一群有着同样教育理想、热爱教育的伙伴们，援疆时，老师也在潜移默化地鼓励着她不断前行。黄彦君说，她希望为祖国的边疆事业做出自己的贡献，让青春之花盛开在祖国最需要的地方。

立德树人，教书育人

黄彦君从小就很喜欢音乐，梦想是成为一名人民教师，所以在选择专业时，她毫不犹豫地选择了音乐学师范类专业。正是怀着这样一颗坚定的心，让她在热爱的专业里一直名列前茅。她总说："十佳学生不仅仅是一份荣誉，一份对我大学生涯的肯定，更是在成长路上鞭策我前行的力量。"

规划人生，收获能力

音乐学专业是一个综合性的学科，它要求学生全面发展，具备综合素质能力。因此，黄彦君不仅保持着优异的成绩，还积极参加丰富的课余生活和实践活动。通过担任不同的职务，她认识到了很多志同道合的人，在工作上吸收他们的经验，学习他们的优点，在不断地试错和总结中一步步提升自己的统筹能力、组织能力和交流能力。星光不负赶路人，时代不负有心人，黄彦君在人生路上一直奋勇前进，努力成为综合能力高发展性强的高素质大学生。

劳逸结合，保持动力

当我们问到黄彦君的学习动力时，她答道："其实我们的学习就像长跑一样，需要有节奏地呼吸，也就是每天都要合理安排自己的学习时间，劳逸结合。"在学习累了的时候，她会通过练琴、运动等活动来放松身心。其中，她提到运动是一项有利于保持学习效率的方法，因为运动时可以让自己有更多时间停下来思考，而运动后大脑分泌的多巴胺可以使思维反应更活跃。因此，黄彦君鼓励广大学子积极锻炼，通过运动调节学习状态。

战胜困难，发表论文

黄彦君在学习过程中了解到导师在做自己感兴趣的课题，于是和导师联系请教。她的专业、论文事事要与田野调查相结合，在田野调查后再抽出一些可研究的问题。在疫情期间没有办法出去调查，黄彦君只能通过线上采访老师，进行总结记录。她在导师潘妍娜老师的帮助下理清思路，根据导师的指导反复修改论文，最终成功发表论文。

保研深造，继续前进

黄彦君保研到了华南师范大学的教育科学学院。她在大学的音乐教育专业的学习中发现自己对教育的热爱，于是决定走向更广阔的讲台。在未来的研究生学习中，她希望可以更加了解教育，同时融合她在本科期间在音乐教育中发现的问题进行研究，融会贯通。未来的生涯，她希望可以更上一层楼，继续读博。

寄语

越努力，越幸运。黄彦君努力学习，参加学生工作，收获了保研的惊喜。她建议："有梦就要去追，机会是留给有准备的人，希望师弟师妹们可以不忘初心，牢记心中所念，总有一天会开花结果。"

许小榕：以梦为马，砥砺前行

许小榕，女，中共党员，来自人文学院汉语 193 班，曾担任导生、班长，现任人文学院 2019 级级长。连续三年院内综合测评成绩排名第一，曾获国家奖学金、校一等奖学金。曾参与两届"挑战杯"竞赛获省一等奖与省金奖，发表论文两篇，并在省级论坛、国际教育

许小榕

论坛上宣读论文。参加志愿服务活动 451 小时，积极参与"推普助力乡村振兴"社会实践活动，其所在团队获评"全国优秀社会实践团队"。积极参加各项竞赛，获"广东省优秀党史宣讲员"称号、"全国粤港澳大学生中华传统文化知识大赛"三等奖、"广东省南粤师魂教师演讲大赛"特等奖等国家级、省市级、校级奖项 50 余项，现已推免至华中师范大学攻读硕士研究生。

赠人玫瑰，手有余香

作为中共党员，许小榕始终牢记中国共产党"为人民服务"的宗旨，发挥先锋模范作用，树立服务意识，在为大家服务的过程中，她不仅收获了满足感，更体会到帮助别人的快乐。在大学三年繁忙的学习和竞赛活动中，许小榕积极参加各种志愿服务活动，她的服务时长达 451 小时。在寒暑假，她回到家乡，利用自己的所学进行"推普助力乡村振兴"的社会实践活动，传播家乡的红色文化，和家乡人民进行打卡活动。在这过程中，她提高了自己的社会实践能力。许小榕说，正是因为自己在大学中得到过很多人的帮助，所以，她也想尽所能去传递这份温暖，用自己的所学为社会贡献自己的一份力量。

披荆斩棘，激流勇进

在保研过程中，难免会遇到许多挫折和失败。但是，许小榕并没有因此而

放弃。在她的心里，成为一名优秀的人民教师一直是她的梦想。所以，许小榕一直靠着自己对文学、对教师的热爱在保研路上披荆斩棘。当问到如何调节负面情绪时，许小榕说她会和老师同学们交流，说出自己面临的困难。在这个过程中也可以不断看到自己的不足之处，要多加思考，每一次交流后都进行反思总结。对于那些面临就业、考研不知如何抉择的同学，许小榕的建议是要思考自己喜欢的是什么，如果想要继续在专业上有所钻研那可以选择考研深造，但是最重要的是在考虑清楚之后就不要轻易动摇，要坚定自己的想法。

以爱为伴，书写梦想

许小榕连续三年综合成绩排名第一，曾获国家奖学金，校一等奖学金，发表论文两篇，获得国家级、省市级、校级奖项50余项。在大学学习过程中，许小榕始终根据专业人才培养方案来提高自己的各项技能，锻炼自己的读写讲演能力，在课余时间内，她也会根据自己的兴趣积极参加各种文体活动和竞赛。每当遇到困难，她会积极主动地寻求老师同学们的帮助。许小榕说，她之所以可以获得如此多的奖项，是因为每一个比赛都源于自己的热爱，也会主动寻求它们与自己专业技能之间的联系，在老师们的指导下以及自己认真准备下，会有很多意外收获。同时，她希望同学们可以针对自己的爱好、专业去选择比赛参加，不要太过功利，认真准备，积极寻求老师的指导，只要用心努力过，就肯定会有收获。

寄语

大学期间部分同学会因为追寻综测加分、绩点排名，而忘记自己的热爱所在、专业所需，参加比赛活动时也会过于计较得失成败而忽略过程，结果可能反而不尽如人意。希望师弟师妹们都能够找到自己的热爱，结合专业学习不断积累沉淀，关注过程，有时候惊喜就会在不经意间出现。最后，以改编的《广大赋》与大家共勉：我思广大，大有其所，不卷不平；广大青年，不倦不息，大有作为！

刘泽霖：初心如磐，鹏程万里

刘泽霖，中共预备党员，教育学院（师范学院）应心193班学生。曾任校党委宣传部新媒体中心副主任，现任教育学院19级级长。他坚持全面发展，综测及学业成绩位列专业第一，加权成绩92.41分，投稿科研论文两篇；致力于擦亮校园新

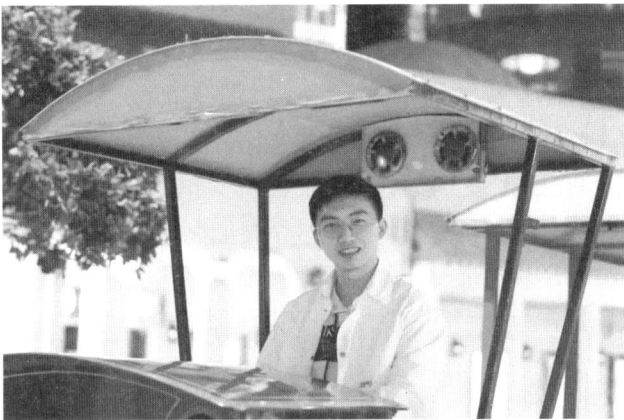

刘泽霖

名片，为广州大学创作新媒体作品70余篇，全媒体点击量突破300余万，作品曾受新华社、《人民日报》等官媒转载，荣获广东教育好新闻一等奖，为学校宣传工做贡献；热爱社会实践，担任以伴公益行政助理，志愿时长长达251小时，荣获"互联网+"国赛银奖、"挑战杯"省赛金奖、国家奖学金等荣誉十余项。目前推免至北京师范大学心理学部，攻读发展心理学学术型硕士。

潜心问学，孜孜不倦

三年来，刘泽霖严于律己、刻苦钻研，学业成绩92.41位居专业第一，综测成绩96.46位居教育学院第一。曾参与三项心理学科研工作，投稿科研论文2篇，以优异的成绩推免至北京师范大学心理学部攻读发展心理学学术型研究生，研究方向为"生理—神经—行为整合视角下逆境青少年积极发展与促进"。

谈及课内学习，刘泽霖有自己独特的学习方法。针对理论类的课程，他会注重利用思维导图来厘清整门课程的宏观知识结构；对于微观的知识点，他喜欢在期末考试前用"小卡片记忆法"，即把每一个知识点写在卡片的正面，然后不断地去想这个知识点的具体内涵和外延。在每天复习的时候，他还会在睡前将当天复习的知识点过一遍，他认为通过这样的方法强化记忆是有效的。此外，刘泽霖不否认方法类课程的学习存在一定难度，但如果能保持足够的热情，坚持不懈地进行大量练习，就能更高效地掌握好相关技能，提高自己的核

心竞争力。

在学业科研的路上，刘泽霖也遇到过不少挑战。在加入广州大学脑与认知科学中心路红教授的课题组之后，参与组会、阅读外文文献对当时还是大一的他来说，都是不小的挑战。

在路红教授的指导下，刘泽霖刻苦进取，取得了长足的进步：参加组会汇报文献、担任心理学学术会议志愿者、承担心理学科研任务……刘泽霖不仅发现了自己的心之所向，也全面提高了自己的科研能力与实践能力，包括荣获第九届广东省本科高校师范生教学技能大赛三等奖等。

刘泽霖建议想要向科研道路发展的同学，能够找到一个合适的老师或者师兄师姐作为"引路人"是科研路上最为珍贵的。其次，应该随时了解研究领域前沿成果，保持对科研的热情；最后，关注生活实际，发挥"心理学的想象力"，努力将心理学知识付诸社会实践，赋能社会发展。

学以致用，用爱守护

刘泽霖在平时的工作学习之外，还积极发挥自己的专业特长，参与公益项目，关心弱势群体。他担任广州市番禺区以伴青少年发展中心行政助理，为医护、应急、警务、扶贫等一线英雄子女及留守、流动青少年等困难学生提供专业长效的心理与素养陪伴。

刘泽霖周末有时间就为流动儿童、留守儿童等困难学生群体进行心理健康教育课的授课和团体辅导。尽管这个过程很辛苦，孩子们很闹腾，但他认为自己能发挥专业特长帮助儿童是很有意义的事情，治愈他人的同时也治愈了自己。

三年的公益实践，刘泽霖和团队发起、承接"护苗成长，阅动未来""花城有爱，众志成城"等大型公益活动多项，荣获"互联网+"创新创业大赛国赛银奖、"挑战杯"大学生创业计划竞赛省赛金奖等荣誉。

志愿公益服务的经历深深触动着刘泽霖，他深知对流动儿童、留守儿童、防疫人员子女心理健康关注不足、干预困难的社会痛点。刘泽霖立志要在研究生阶段从"生理—神经—行为—社会"的整合视角，揭示逆境影响青少年发展的神经生理机制，努力为逆境青少年开发积极发展的促进方案，产出高水平的心理学产学研成果，为逆境青少年贡献青年学子智慧、使命与担当。

"我"与广大，共生共荣

刘泽霖潜心致力于广州大学新闻宣传工作，为讲好校园故事、传扬校园新风贡献力量。截至目前，他从事校媒工作三年，担任过广州大学党委宣传部新媒体中心副主任，累计在广州大学微信公众号发布原创新媒体作品 70 余篇，点击量突破 300 万。

他参与广州大学高水平大学宣传工作，带领团队圆满完成 2021 年高考招生季、2021 年迎新季、2021 年研究生招生季、2022 年研究生招生季的推文策划与统筹工作，助力学校的招生宣传工作，学校录取位次显著提高；他用情致力讲好广大故事，传递广大精神，采访抗癌考研励志女孩陈琳琼，原创新媒体作品获得新华社、《人民日报》、央视新闻等主流官媒转载推介；他承担广州大学合并组建 20 周年的对外宣传稿及画册的编写工作，主笔原创作品荣获"广东教育好新闻一等奖"等，所在的广州大学新媒体中心连续两年获得广东省十佳校媒、年度校媒荣誉称号。

连续三年承担学校招生宣传工作之后，刘泽霖及其团队的成绩也获得宣传部领导的高度认可。因此，他认为他所做的工作是非常有价值、有意义的，他在用自己的力量让母校越来越好，让全社会关心广大的人知道广州大学的进步。与此同时，他也认识到了最优秀的一批广大人，这些人身上优秀的特质打动了他，成为他不断向前的勇气和力量。刘泽霖与广州大学同生于 2000 年，也有幸在最美的青春与她相逢：他在广大包容的平台下追求"博雅"，也在热爱中寻找着"心之所向"，一路探索热爱，一路自由生长，与广大共生共荣共成长。

寄语

"认识你自己"相传是刻在古希腊阿波罗神殿的箴言之一。在新的逐梦之旅中，愿永蕴社会科学情怀，感叹人性光辉闪耀，探寻心智发展之美；祝福广大学子带上爱与勇敢，不忘诗与远方，穿越万水千山，前程锦绣！

王坤辉：凡心所向，素履以往

王坤辉，男，中共党员，电子与通信工程学院物联 193 班学生。曾担任学院学生第三党支部副书记、团委组织部负责人等职务；综合测评成绩专业第一，发表 EI 论文一篇，申请发明专利六项；曾获国家级奖学金、中国科学院大学大学生奖学金、ICAIBD 最佳报告奖、广东省第十三届"挑战杯"大学生创业计划大赛银奖、广东省第八届"互联网＋"大

王坤辉

赛铜奖以及广州市优秀共青团员等荣誉奖项。现已保研至中国科学院大学。

脚踏实地，孜孜不倦

王坤辉在本科期间一直保持着优异的成绩，综合测评成绩专业第一。在学习方面，他认为，作为学生应该有一颗不惧困难、解决困难的心。王坤辉在本科转专业期间就曾遇到了课业、工作、比赛等事情繁多的问题，但是他通过合理规划，将事情进行四象限分类处理，高效利用时间。因此，在兼顾繁重学业的同时，也将学生党支部的工作开展得有声有色。

王坤辉向我们分享了学习和工作的经验。第一，在学习上要保持课前预习、上课认真听讲、课后复习的好习惯。本科期间学习上应脚踏实地，这也可以为期末的冲刺阶段奠定基础。对学过的知识点要熟悉，善于总结归纳。第二，对工作要有责任心，同时和部门的小伙伴们相互支持、帮助。他们的支部是一个很和谐融洽的团队，工作的任务合理分配，同时善于借鉴前辈的经验，合理策划，高效工作。第三，给自己定下长远目标，然后合理规划，将小目标定在人生中的每一个小阶段，让自己可以明确清晰地朝着目标前行。同时要对自己的选择坚定信念，不要因怀疑和犹豫导致精神内耗。

千里之行，始于足下

在大学期间，王坤辉积极参与各式各样的竞赛活动。他觉得在大学里，仅把书读好是远远不够的，书是浩瀚的海洋，书的外面仍然是一片汪洋。参加比赛是对自己专业知识的实践和能力的培养。参加创新创业类的比赛能够培养创新意识，了解国家以及市场需求，避免闭门造车。而这些比赛往往是多学科交叉的，团队合作能力也尤为重要，未来的工作仅仅依靠自己的力量，所做的东西是有限的。人工智能创意赛、计算机大赛、"挑战杯"等学科竞赛对个人专业知识的应用、知识的拓展、能力的培养、团队的合作、问题的解决等都有很大的帮助。王坤辉建议：学科竞赛、创新创业大赛都是值得大家去尝试的。

在竞赛方面，王坤辉分享了自己的感悟：首先要敢于迈出第一步。"不积跬步，无以至千里"，多去尝试和探索，总结经历，积累经验，这样一切才有可能。每个人都不是从一开始就具备所需的全部能力的，因此要不断提高自己的专业知识、实践能力，这是基础。其次大家要具备团队合作能力，良好的团队能够事半功倍。最后要培养独立自主解决问题的能力，比赛过程中遇到的

王坤辉的获奖照片

问题可能需要全新的知识，需要学会查阅文献、优化改进现有方法、提出新的方案等等。

同时，王坤辉还积极参与艺术类活动。他讲到，作为一个理工科的学生，

也可以做到"腹有诗书气自华"，在交流与交往中给人以舒适之感，并且这也符合学校人才培养目标中的"懂艺术"。他回忆道，在大一开学的时候，学校横幅上的二十四字人才培养目标给他的大学四年生活带来了深远的影响。因此在四年间，他也在不断提高艺术素养。

热爱生活，知足常乐

王坤辉热爱运动，常跑步、环岛骑行。在大一上学期时，去过白云山、物联网博览会，外出做志愿者。周末的时候，也会给自己放松调整的时间，及时充能，为下一阶段做好准备。

王坤辉积极参与志愿活动。他认为，志愿服务活动是美好的相互传递，用自己的实际行动影响他人，使更多的人投入志愿服务当中去。"我参加童心向党跳蚤市场志愿活动，通过这场活动，能够在大家的心底埋下一颗颗善意种子；我参加'三下乡'活动，则是希望为大家带来对知识的向往，而这种向往也必将根植于心底，成为他们走出去以及学有所成后为自己故乡发展做贡献的推动力量；参加各种有益社会的活动也给了我精神世界的富足。有意义的事情也能使自己成长，通过这些社会实践，能提高自己与人沟通交流能力、表达能力、积累工作经验等，这些都是宝贵的财富。"

寄语

无悔过去、不惧未来、珍惜当下。滴水石穿，绳锯木断，成功是点滴的积累，一鸣惊人的背后是厚积薄发。有目标才能有航向、持之以恒才能致远。

陆雨：弘扬科学精神，追逐科技梦想

陆雨，化学化工学院化工191班学生。曾在2019—2022年担任班长，学院辩论队队长和教练等职务，连续三年平均绩点排名全系第一，最高绩点达3.99，专业课程全优；在学术科研方面，发明了"淀粉基阻燃胶粘剂"，解决了行业痛点，申请了6项国家专利，其中4项已授权，发表2篇SCI一区论文；曾任国家级大学生创业训练项目负责人，获得第八届"互联网＋"广东省金奖、第十三届"挑战杯"创业计划竞赛全国铜奖、第五届大学生化工实验大赛全国一等

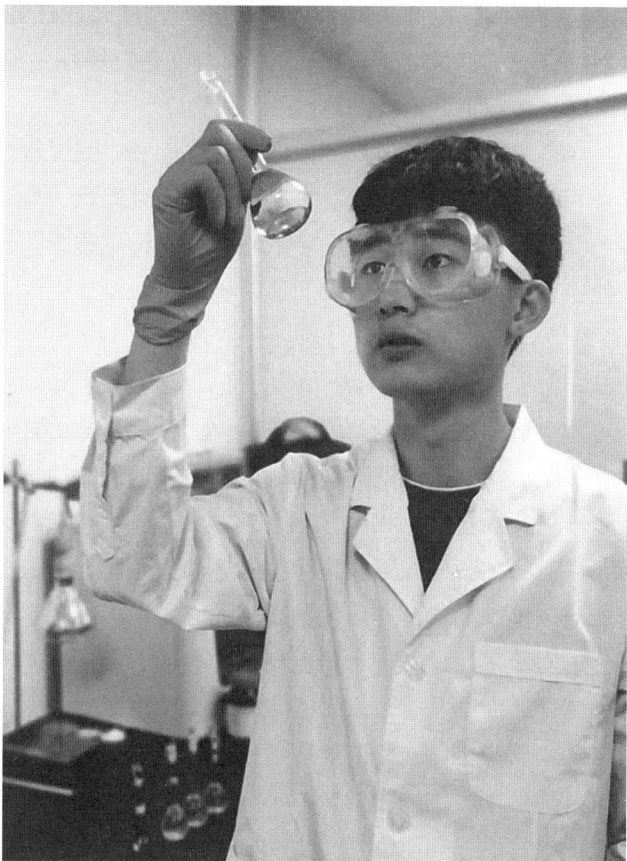

陆雨

奖，第十六届大学生化工设计大赛全国二等奖等国家级4项、省级5项、校级20余项奖项。

刻苦钻研，严于律己

在过去的三年里，陆雨做到了学习科研两不误。对于学习他颇有心得，他通过课前先预习，查询生涩难懂的概念，找出不理解的知识点，之后高效利用课堂时间解决问题，并在遇到疑难后积极请教同学和老师，绝不拖延。

当遇到影响学习的烦恼琐事时，他表示："可以适当休息，但不能以此为借口不去学习，要利用好环境对人的驱使作用，主动到图书馆或自习室等安静

的地方，让自己自然而然地投入到学习中去。"

在制订学习计划方面，他建议大家学会利用备忘录，记录重要的事情或容易遗忘的事情，以此来时刻提醒自己，通过完成任务来及时总结分析。他表示，"每次反馈都能给自己带来不少的收获，特别是那些正反馈会让他有一种成就感，从而更好地激励他继续努力"。

在科研方面，陆雨提到他已经有将近三年的暑假没回过家，留在实验室里全身心投入于项目的研究。在课后的零碎时间里，他专注于理论的学习，而像周末、节假日等大段时间就静下心来攻克科研难题。他如今的绩点和学术成果是他一直以来潜心钻研的有力证明。

不惧尝试，乐在其中

"兴趣是人的第一导师"，陆雨在大一开学就加入刘鹏副教授的实验室，并在不久后找到自己感兴趣的科研方向。他认为尝试是最重要，要勇于迈出第一步。若遇到自己感兴趣的研究方向，可以通过查阅文献、开展实验深入了解，然后将实践的成果与脑海中的想象作对比，若二者相差不大或仍处于能接受的范围里，那这个方向便是自己的方向。再者，本科是科研试错的阶段，本科生进实验室的意义在于培养自己的兴趣、掌握基本实验操作方法和培养基本科学素养，而不是关注发表了多少论文，出了多少个学术专利。

陆雨认为本科实验的经历对他本人科研兴趣和素养的培养要大于他的学术成果，他建议大家多去尝试，不要害怕出错。在加入实验室或参与项目之后，要发挥自己的主观能动性，主动联系老师，及时汇报项目进展。当项目没有达到预期时，要学会调整心态，注重实验过程带给自己的进步，厚积薄发，而不能只以成果来界定成长。

文理兼修，全面发展

身兼数职的陆雨认为，班长一职给他带来了很大的锻炼，从一开始的"下达命令"到后来的"为班级服务"，不仅改变了他的工作心态，还提升了他与人交流和统筹协调事务的能力。参加辩论队则提高了他的语言和书面表达能力，增强了思考的逻辑性。

陆雨认为，文化涵养和知识底蕴不是辩论的门槛。生活中也处处充满着思辨，辩论不在于你的遣词造句有多好，而在于对思想的碰撞、竞技和磨炼。而这些丰富多彩的经历，让他在大一就学会了快速检索文献的方法，并将其应用到学术研究上，从研究表面的"是什么"深入到"为什么"，学会逻辑性思考，让自己的论据更具有说服力。除此之外，听音乐，散步，观看辩论视频也成为陆雨小憩时的兴趣爱好。学生工作和兴趣爱好一样，所谓"凡是值得知道的，没有一个是能够被教会的"，只有深入其中才能有所感悟，有所收获。

美好未来，步履铿锵

从高三时埋下要成为科学工作者的种子，到本科阶段投身科研，成果丰硕，再到立志进入南科大深潜材料方向研究，陆雨的梦想在努力刻苦的浇灌下渐渐成为现实。往后，他希望在博士研究生阶段之后，积极寻找高校教职或企业研发，继续为中国科技创新做贡献，弘扬科学家精神。我们也相信陆雨一定能够在未来实现自己远大的抱负。

寄语

广州大学不仅拥有丰富的平台和资源，并且一直在不断发展，我们要充分把握住每一个机会，多与老师们交流，参与专家讲座，在提升专业知识和自我能力上下功夫。

赖杰伟：不避斧钺，金石为开

赖杰伟，男，中共预备党员，来自计算机科学与网络工程学院，曾任计算机学院拔尖人才创新实验班班长和网络 212 班导生。连续三年综测班级第一，获国家奖学金、国家励志奖学金、校一等奖学金等。负责或参与包括国家级、省级在内的科研项目多项，发表 SCI 论文 2 篇，一篇 SCI 在投，申请国家发明专利 2 项，曾获国家级、省级学科竞赛奖项多项；积极参与志愿服务，参与志愿活动 60 余次，获计算机科学与网络工程学院十佳学生等荣誉十余项。现已推免至中国科学技术大学攻读研究生。

赖杰伟

学会主动 充实自我

"发论文对于广大学子来说已经不是难事"，赖杰伟表示。在大家过去的印象中，科研、论文对本科生来说也许是件难以完成的事情，但近年来学校积极组织导师与学生参加大学生创新创业大赛、"挑战杯"、"互联网＋"等极具含金量的竞赛，同时创立以鼓励学生早进课题、早进实验室、早进团队为要求的拔尖创新班。赖杰伟表示，他也是在学校平台与资源的支持下，在创新班老师和导生的引导下，开始探索自己的科研学习道路。因此，赖杰伟鼓励我们学会主动，积极拓展自己，主动联系老师，善于利用学校提供的平台与资源，寻找自己的"发力点"。

面对焦虑

一直与难题搏斗难免精神过度紧绷，如果一直沉浸在这种状态中，内耗便会不可避免。

赖杰伟认为克服困难与焦虑的方法有很多，每个人都可以根据自己的喜好选择自我放松、自我解压的方法，如运动、游戏、阅读都是一种选择。当然，最重要的还是要学会以平常心对待生活与学习、遵循自己的节奏，这也是赖杰伟面对焦虑时的法宝。

抱有责任感

赖杰伟曾参加 60 余次志愿活动。当被问到印象最深刻的一次时,他回忆起了他第一次做核酸志愿者时的场景。密不透风的防护服下,是满身的汗水。志愿者桌前的通道,做核酸的人接踵而来。之前作为学生没能切实体会到他们的辛苦,而此次作为他们中的一员,赖杰伟真正感受到了医护人员的不容易。同时,他也感受到志愿者们肩上沉重的社会责任。是每一位医护用身体铸成的防线,才换来了我们如今疫情下较为安全的生活。

林华威：全面发展，正视未来

林华威，男，中共党员，地理科学与遥感学院地规191班，现任学院本科生资环党支部书记、2019级年级长、地规191班和第五届"行知地理"拔尖人才创新实验班班长。连续三年综测第一，绩点专业第一，曾获国家奖学金、校一等奖学金、优秀学生、优秀共青团干

林华威

部等荣誉十余项；发表SCI论文一篇、录用CSCD论文一篇、在投CSSCI论文一篇；积极参加学科竞赛及文体比赛，在国家级、省市级、校级比赛中获奖二十余项；积极参加志愿服务活动与社会实践活动，志愿服务时长达270小时。

六边形发展

林华威在十佳学生的竞选中将自己的大学生活概括为六边形发展，在学习、科研、学生工作、社会服务、文体和思想方面都有所收获。他回顾自己的成长经历，认为大学应该分"三步走"——"多方涉猎""多岗历练"和"多行远谋"。刚进入大学时，林华威通过广泛参加学校举办的活动发掘自己的兴趣，通过认真学习打开科研这个新世界。在不断的尝试中，他发现自己对戏剧表演有着浓厚的兴趣，积极参加戏剧演出；他在多类专业相关的学术科技竞赛中磨炼，提升科研素养；乐于为人民服务的他也将时间投注于学生工作和社会服务之中，最忙时曾同时担任七个职务。林华威认为，本科生涯过半后，就要充分结合自身对未来的思考，将有限的时间全部花在刀刃上。锁定科研方向并进行深入探究、坚守骨干职位等都是他努力为自己未来谋划的体现。参加十佳学生评选，林华威觉得是对自己过去三年的"体检"，而竞选成功则是一份"健康报告"，给了他激励。他表示将以此为节点继续扬帆，继续完善自己的"六边形"。

分配时间，战胜困难

林华威认为学习过程中的一个要点就是调整自己的心态。在专业课程的学习中，各科的学习任务往往接踵而至，如果在完成一个任务之后就想着放松，那么后面的任务就会完成得很困难。面对多个学习任务，林华威通过制作任务清单的方法去分配时间，为自己创造良好心态的同时也提高了完成任务的效率。林华威认为安排一个时间段专注一件事情是最好的，这样可以让自己更高效和自律。同时他也提出可以将"放松"同样纳入到自身计划中，因为安排固定时间休息可以避免放松时间过长，也能杜绝懒惰心理以及随之而来的面对下一个任务的烦躁。

选择和初衷

林华威认为他过去三年中有两个重要的选择，这两个选择在提升自己的同时也实现了服务他人、服务社会的初衷。第一个选择是不忘初心，坚持担任学生干部，为同学们服务。在经过大一的尝试与碰壁后，林华威从大二开始真正肩负起学生干部的责任，并以较强的工作能力在大三成为大家认可的学生骨干。他认为学生干部不是官职，而是一个发挥自己能力来服务同学和帮助老师建设学院的平台。因此进入大四后，林华威虽将更多的时间精力投入科研中，但内心的责任与担当也驱使着他继续关注学生工作，在学院的各类活动中仍旧能看到他活跃的身影。第二个选择是确定自己的导师和研究方向。林华威非常感谢他的导师朱竑教授，他表示每次与导师交谈过后都深受启发、鼓足干劲。他在导师的言传身教下不断明确自身开展科研的意义——为社会发展建设做贡献，也在导师的专业指导之中开拓科研视野、激发科研灵感，并坚定了他继续走科研道路的决心。

学习和兴趣不存在对立关系

当提到戏剧表演时，林华威表示很高兴能够参加这些活动。而关于如何平衡兴趣和学习生活时，他认为，"平衡"一词就像是把兴趣和学习放在天平两端，存在着一种孰重孰轻的对立关系。而在他眼中，兴趣和学习之间更像是一种互补的关系。在长时间的学习后，在兴趣活动中放松是减轻学习和生活压力的极佳方式，对于他而言也是一次能量补充，能够让他以更好的状态往前走。他建议广大学子们不管是学习还是娱乐生活，都要学会不断尝试，通过积极参与各类活动发现自己擅长的领域，不断明确自身所热爱的东西。

科研探索

进入大四，林华威已经发表了两篇核心论文，其中一篇更是发表于 SCI 期刊。关于他走进科研生活的经历，他认为关键在于要有阅读文献的习惯，要有善于发现问题的眼睛，在不断的阅读与思考中找到灵感和兴趣点，并在老师的指导下进一步探索。除此之外，丰富的野外实习与田野调研经历都是他科研道路上必不可少的催化剂，给了他丰富学习经验的同时，更让他在一步步探索中坚定了科研的梦想。

立德树人，尽我所学

在梦想的话题上，林华威表现得很坚定——成为一名高校教师。在大学期间林华威就曾多次担任学生干部，总是尽其所能地去帮助同学和老师，传递向上友爱的奉献精神，贴合老师"立德树人，传递所学"的精神。而源于对地理的热爱、对科研的向往，林华威表示，他将在未来的科研过程中继续探索，实现梦想！

寄语

保持好心态，直面人生中的所有障碍。

龙文迪：视野开拓，未来可期

龙文迪，女，广州市优秀共青团员，外国语学院英语 196 班及 2019 级拔尖创新实验班班长，英语 202 班导生，加权成绩排名专业第一。公众号"爱英语的糯米糍"运营者。在校期间连续三年获一等奖学金，曾获 2021—2022 年度国家奖学金。曾获广州国际友城大学联盟国际级铜

龙文迪（左一）参加英语师范技能系列比赛之说课比赛获奖

奖、全国大学生英语竞赛国家级二等奖、第七届中国国际"互联网＋"大学生创新创业大赛广东省银奖、广东省民间公益博物馆年度优秀志愿者等国家级、省市级、校级奖项 50 余项。现已保研至北京外国语大学攻读硕士研究生。

始于热爱，终于习惯

作为"爱英语的糯米糍"公众号的运营者，她认为主要有两方面因素推动自己坚持做这件事。首先，自己就读于英语专业，出于对英语的热爱，她从大一开始日更推文，一直持续到现在，1 000 多天的持续日更也让她成为一名专业的自媒体人。

虽然运营公众号比较耗费时间，但是她觉得自己在这个过程中成长了很多，因为做这个公众号的初衷就是为了记录自己学习英语的历程，同时分享给更多志同道合的人。另外，她也经常在公众号后台收到读者的反馈，粉丝们对她分享英语知识的行为给予了高度认可与赞美，这也成了她不断创作的重要动力来源。

善做规划，细致入微

龙文迪成绩优异，目前加权和平均成绩稳居专业第一。当谈起学习方法

时，她认为，第一，是对自己的学习生活要有明确的规划，要清楚自己每一个时间段该完成哪些任务；第二，要保持自律，面对各种诱惑，懂得明辨是非轻重，只做自己该做的事；第三，虚心好学，遇到困难可以向学长和老师虚心请教问题，多跟老师交流可以开阔自己的视野，在交流中锻炼自己，提高自己的综合素质；第四，将学习内容进行细致的量化，她不相信一蹴而就的神话，笃信日积月累的力量，经过长期的学习，她早已将学英语、背单词当作一种习惯，并能够做到一以贯之地坚持。

热爱演讲，提高素养

龙文迪热衷于参加校园朗诵与演讲活动，在十佳学生的竞选中更是进行了一番精彩的演讲。当谈及如何实现演讲技能提升的时候，她向我们分享几个方面的方法：第一，平时注重语言的输入与输出的训练，可以是对着镜子练，也可以对着手机录音练，经过多次刻意练习之后，对语言的驾驭会变得十分熟练，站在讲台上也会更加自信；第二，注重把控语调和停顿，通过向专业老师请教，她知道演讲需要通过一定的抑扬顿挫使语气更加突出，达到强调重点的作用；第三，内容在质不在量，内容丰富但语言冗杂的演讲是不会吸引观众的，好的演讲稿往往短小精炼，不仅内容重点突出，更可以给予观众更加良好的听觉效果，在演讲时可以时不时停下来与观众进行互动与交流，增加亲和力，营造氛围感。

张弛有度，劳逸结合

适当的放松可以让学习事半功倍，平时课业闲暇之余，她会听音乐、看美剧，以缓解学业上繁重的压力；假期时，她会约朋友们出去玩，而不是一直在家里学习，充分做到劳逸结合；此外，她还热爱运动，保持身体的健康，精力的充沛，以更好的姿态投身学习生活中。

选准赛道，明晰所长

龙文迪在学科竞赛上也取得了骄人的成绩。当问起竞赛的经验时，她向我们分享了几点建议：

第一，对比赛的选择要有较高的要求，宁缺毋滥。需要明晰并非所有比赛都适合自己，必须弄清楚自己擅长和感兴趣的方面。为了充分发挥自身在策划和语言能力上的优势，她组队参加了 AI 产业命题赛道和跨境电商的比赛，与团队成员进行明确的分工，大家各展所长，同舟共济，最终在比赛中得到了不错的成绩。

第二，要具有挑战精神。面对自己不擅长的领域，不要一味回避，而是要抱着学习的心态迎难而上，积极地去争取机会。在参加比赛前，联络负责项目的老师，向导师请教、取经。这使得她在学科竞赛领域积累了丰富的经验。

第三，勤奋进取，尽职尽责。机会都是留给有准备的人，这也是她一路行来一直践行的箴言。面对每一场比赛，她都会做足准备。作为队长，为了高质量呈现比赛的作品，她会主动协助队员完成他们的任务与队友一起努力合作，无惧艰苦只为完成作品。皇天不负有心人，竞赛中的硕果累累正是对她最大的褒奖。

助人为乐，不忘初心

大一时，她参加了外国语学院志愿者协会，之后的两年里，从部委到部长再到会长，前进的步伐从未停歇过。问起原因，她说参加不同的志愿活动能让她接触到更大的世界，增长自己的知识与社会经验。当站在陈家祠博物馆里，给游客们讲述中国优秀的历史文化时，她觉得这是一件很有意义的事情。曾经受到过导生帮助的她，在大二时积极报名担任导生一职，帮助学弟学妹们答疑解惑。在疫情防控形势严峻的大三，她也担起重任，任职外国语学院青年突击队副队长，受到学院和各辅导员老师的高度肯定。大四时担任班长，继续为同学们服务。不忘初心，砥砺前行。

另外，龙文迪也乐意向师弟师妹分享自己的学习经验，曾受广州大学英语角、梅苑B10五室一站、广州大学外国语学院"易班"发展中心等部门邀请为同学们分享关于专四备考、科研竞赛、四六级经验、英语学习经验。她相信"教学相长"的力量，也获大量师弟师妹们好评。

格局长远，拥抱未来

在未来发展方面，她并不满足于当一名中学英语老师。推免成功的她选择了攻读北京外国语大学的语言学硕士学位，之后将会继续攻读博士学位。她希望能成为一名大学老师，继续在英语语言研究方面深耕。相信她定能以梦为马，勇创新的辉煌。

寄语

Stay hungry, stay foolish, keep advancing.

祝梓博：念念不忘，必有回响

祝梓博，来自物理与材料科学学院物理191班，曾获第十届全国大学生光电设计竞赛一等奖，第三届全国师范生微课大赛二等奖，以及一等奖学金、先进个人、优秀学生等省市校级奖项50余项，连续两年专业综测第一，接收、录用SCI论文两篇，现已保研至厦门大学。

祝梓博

读万卷书，行万里路

"不要局限于书本的知识，更不要将目光只放在一纸试卷上。不仅要读万卷书，更要行万里路。"这是祝梓博最想跟广大学子说的。同时，他十分遗憾自己在本科阶段没有多出去走走、看看，他建议大家在兼顾学业的同时，也要热爱生活，强身健体，勇于进行更多的探索和尝试，看一看未知的世界，不断丰富自己的大学生活，为自己的这四年增添更多的色彩。

精益求精，不断成长

当被问到印象最深刻的比赛时，祝梓博向我们描述了第十届全国光电设计竞赛时的情景：陈炳聪老师一直陪伴我们左右，是他的"高标准、严要求"使得我们的项目不断推进，去寻找跟别人不一样的东西，最后也取得了不错的成绩。对于今天的成绩，祝梓博说："我的今天离不开大家的支持与帮助。特别感谢学院的潘书生教授、李文安、舒玉蓉老师对我的学习生活提供了很多的指导；学院学工办的各位老师，特别是我的辅导员叶忱老师经常在我学习、工作'压力山大'的时候关心、鼓励我。与此同时，与党支部、部门同学一起学习、工作、奋斗的日夜是我最为宝贵的财富。"

当问到收获时，他这样答道："我收获到了很多很多，比如我学会了在合作中找到自己最适合的位置，以及在面对困难时大家100%的付出可以发挥出超常的力量，越是困难，我们就越要迎难而上，永不言败，当然也有着知识上的收获，但是我感觉这些收获才更加可贵。"

祝梓博觉得当代大学生应该具备的品质是持之以恒、永不言败，就像科比一样，他凭借着日复一日"凌晨四点"在球馆的坚持，成为"60亿球迷"的骄傲。"感觉很多时候包括我在内的很多人都有些浮躁，我们更需要学习企鹅的'沉潜'，有时候努力可能并不能立刻带来什么，但是持之以恒的坚持或许会有意想不到的收获"，祝梓博这样说道。

找寻热爱，平衡生活

祝梓博说："整合热爱与工作，有工作，同时也有生活——这是我的追求。"当兴趣与职业相结合时，我们对兴趣的热爱就是我们对工作的要求。热爱多高，工作就有多强。或者退一步说，即使热爱与职业没能"情投意合"，但我们所热爱的也能帮我们维系平稳的生活。

寄语

乾坤未定，你我皆是黑马。"在你毕业的那天，你的简历的每一项都要填满"，大学四年在眺望时是漫长的，在回忆时是短暂的。我们说不定结局，但我们能把握住现在。

生活的意义不在于有多努力，而在于能找到自己的热爱。而当你见得广，走得多，热爱总会与你不期而遇。

面对同辈竞争激烈的困境，解决的办法很简单——该学习的时候学习，该放松的时候放松。别把事情拖着，不然心里有压力，不能心安理得。

学生风采 : 十佳学生

郑佩萍：稳中求进，成为更好

郑佩萍，土木工程学院 2020 级学硕班研究生，中共预备党员。曾任导生组组长和生活部部长，现任暖通学硕生活委员。曾获得国家级、省级、校级等奖项。到目前为止，郑佩萍发表了六篇论文，在申请专利三项。

郑佩萍

坚守"低碳"追求

郑佩萍致力于为人们营造绿色健康环境，助力实现中国碳达峰碳中和目标。她曾参加了很多关于低碳环保的会议和比赛，并且在 2018 年 SSGF. 筑梦杯东莞市第四届大学生绿色建筑设计中获得一等奖、在 2019 年的全国高等学校人工环境学科比赛中获得三等奖，在第二届和第三届全国高等院校绿色建筑设计技能大赛中分别获得了优秀奖和二等奖。她还曾参与两项国家级研究项目，提出新型预测人员热健康技术、探索临时建筑的低碳发展道路，从不同的方面来服务中国双碳目标。

不怕失败，超越自我

郑佩萍是一个不怕失败、大胆尝试的人。在本科及研究生期间，郑佩萍参加了各种国家级、省级及校级比赛。她曾获得 2018 年全国大学生计算机技能应用大赛优秀奖、广州大学第十届 BIM 校级全能三等奖。在第八届中国国际

"互联网＋"大学生创新创业大赛中郑佩萍获得了广东省铜奖，她在这项比赛中担任负责人。

在本科和研究生期间，郑佩萍自学了许多软件。郑佩萍说，自学一个软件，如果漫无目的，找不到驱使你去学的动力，就很容易放弃。所以我们可以找到对应的比赛，再通过对应的教学视频，让自己有动力、有目标地去学对应的软件，应需而学，学的效率会高一些。

在比赛中获得新的思考

对于参加比赛，郑佩萍认为应该大胆去尝试，在参加比赛的过程中可以学到平时学不到的知识和技巧，第一个就是和优秀的人进行思想碰撞。在比赛中，你会认识许多优秀的人，与优秀的人共事，往往更容易学到他们身上难能可贵的品质和学识，自己也更容易走向成功。第二个就是可以学到很多专业以外的知识。参加比赛是对一个人各方面能力的全面锻炼，是一个自我提升的过程。

学业稳中求进，筑牢专业根基

在学业中，郑佩萍一直是稳中求进，不满足于所获得的成绩，从优秀到更优秀。她凭借超过三分之二课程九十分以上的成绩，连续两年综合测评专业第一。以优异的成绩，拿了七项奖学金，其中四项校级奖学金、三项国家级奖学金，获得广州大学创新论文（设计）三等奖。

在学业上，郑佩萍认为要肯花时间、肯下功夫，持之以恒，不能只是三分钟热度。来到大学之后，也要兼顾学习，不能因为新鲜的事物太多而被迷惑。在学习方法上，郑佩萍认为针对不同的专业要有不同的方法，而融会贯通是非常重要的。她认为书与书之间彼此是有联系的，专业课应该要找到彼此之间的联系，然后建立自己的一个网络架构，这样会容易把它学透、学懂，也能够比较好地掌握这门课。

谨慎思考，条分缕析

在时间管理方面，郑佩萍分享了她平时的管理方法。首先，对事情进行排序，分轻重缓急，从最重要的事情开始做起；其次，找到解决这件事情的方法，如果是团队合作，就要合理分配任务；最后，持之以恒，争取做到最好。

践行服务初心，勇当青年使命

在学习之余，郑佩萍还利用闲暇时间积极参加志愿服务活动，履行党员义务。她倡导做志愿不能强制，要从心出发，不是为了收获而去做志愿，更不是被要求而去做。她建议同学们在闲暇时间可以去多做志愿，丰富自己的课余生活。在把自己的事情处理好之余，应该去伸出援助之手，可能这只是一件微乎其微的事情，但在其中可以收获很多乐趣，丰富自己的生活。

寄语

作为一名学生，就要有不断前进不怕失败的精神，在踏踏实实地把自己的任务完成之余，要多去尝试其他活动。此外，作为一名学生还要有追求，要找到能让自己不断前进的动力。对于有意愿去评奖学金的学生，前期打好基础，再从多方面均衡发展。后期在掌握基本课程的同时，应该多去尝试参加一些比赛，不管结果如何，都要多去尝试。

我们的大学

优良学风标兵班

软件 192 班：脚踏实地，砥砺前行

软件 192 班来自计算机科学与网络工程学院，班级成员积极响应学校号召，积极开展政治学习和团队建设活动。近年来，同学们获得了蓝桥杯省赛银奖、挑战杯省赛银奖、软件著作等多项省市级奖项。软件 192 班是个团

软件 192 班

结向上的集体，通过班级全体成员的共同努力，班级获得 2 次广州大学优良学风班和 1 次广州大学优良学风标兵班的荣誉。优秀班级的建设靠的不是一个人的优秀，而是班级里每位同学的不断坚持与持续努力。

软件 192 班是一个团结、努力的集体，班级同学有着较强的学习能力和综合素质。在课堂上，同学们认真学习，积极讨论，在课堂外，他们则通过考取额外的专业证书提升自身能力。软件 192 班的同学们团结、友爱，积极配合班委组织活动，共同商讨班级活动的内容与形式，大家都为了班级更好的发展而努力，每个人都是班级的受益者，更是班级的建设者。

软件 192 班的同学们积极配合协助班委们出谋划策，举办多种形式的党风建设活动，形成了良好的政治学习氛围。在参观辛亥革命纪念馆、党史答题活动等形式新颖的团日活动中，同学们深刻感受到了党的力量，增强了勇气，丰富了阅历，认识到不少志同道合的新朋友。跨院联谊活动和编程探讨大会等活动，也能够激发同学们的学习热情，让他们在成长的道路上稳步前进。

良好的班风犹如和煦的春风，它吹走同学们的疲惫，为大家带来积极向上的班级氛围。一个优秀的班集体离不开积极的班风，而良好的班风则离不开班干部的管理。班级代表陈春鸿在谈及如何形成良好的学习氛围时说到，班集体应该有热爱学习、负责任的班干部，他们积极主动地开展学习活动，带领全班同学进步，而同学们内心那颗渴望学习的种子也会逐渐地发芽生长，最终绽放。

班级寄语

希望学弟学妹们能够持续地努力，学习、活动两者兼顾才是我们的最优选项。

记者手记

在本次采访中，我们可以感受到软件192班这个大家庭的热情和团结，每位同学都在尽自己所能地让这个大家庭变得更美好，软件192班能获此殊荣，离不开每个人的努力，相信他们也能在未来的道路上发光发热，实现自己的价值。

旅游191班：直面挑战，畅享成长

广州大学管理学院（旅游学院/中法旅游学院）旅游191班共有36名同学，其中学生党员（含预备党员）12人，入党积极分子11人。自入学以来，班级先后获得了2020—2021学年"优良学风班"、2019—2020学年"优良学风班"、广州大学管理学院微团课大赛一等奖、

旅游191班

易班优秀班集体等集体荣誉。在班级建设方面，旅游191班秉持着"充分发扬民主，公开公正公平解决各项事务"的原则，通过以往的实践总结，先后制定了班委责任制、班级奖惩制和班级考勤制等班级管理制度，实现了班级管理的规范化和制度化，使旅游191班成为一个团结向上的集体。

党团建设

旅游191班的同学们政治立场坚定，积极向党组织靠拢。班级成员中有党员12人、入党积极分子11人、团员23人。为响应党组织和学校的号召，旅游191班的同学们曾多次参与学校组织的疫情防控志愿活动，体现了奉献、友爱、互助的良好精神风尚。其中，王玥玲同学作为学校党史长廊讲解员，也常常利用课余时间为校领导、老师和同学讲述红色故事、传播红色文化。

班级建设，优良学风

旅游191班团结向上，勇于尝试。他们"坚持以党风促班风，抓好党团助班建"，三年来共开展了31次班会、16次团日活动以及读书分享会、电影观赏交流会等形式丰富多彩班级活动，实现了活动主题与时代接轨，活动形式与专业结合。同学们也时常在向老师请教后，以严谨、求真的态度积极参与学习强国等答题比赛。

良好的班风学风让班级涌现出更多优秀的学生。王玥玲同学连续三年获得广州大学学年礼先进个人；黄钰玲等4名同学荣获广州大学"五星党员"称号；吴子柔等3名同学获得广州大学"优秀共青团员"称号；杜佩琳等5名同学曾获得广州大学"优秀共青团干部"称号，班级同学三年内共计获得校级以上奖项59次。因此，优良学风标兵班是班级成员团结一致共同努力所收获的荣誉。

班委带头，共同建设

班级干部兢兢业业，积极负责。在同学提问时，班委们充分了解每位同学的真实想法，针对性地开展班级工作，帮助同学们解决困难。在班级培养时，班委们秉承着学校的二十四字人才培养目标，多层次、多维度组织班级活动，营造良好的班级氛围，提高凝聚力。在内部管理时，班委彼此配合默契，各司其职，在自己的岗位上做到班级利益的最大化。班委是同学们学习生活中的榜样，认真负责的班委让同学们在良好的班级氛围中变得更加优秀。

班级寄语

建设优良学风标兵班需要有一定的规划和目标，班级活动的素材要善于整理，班级建设的目标需要全班同学坚定信心，不论结果如何，都要勇于尝试和努力，加油！

旅游 191 班是一个团结友爱，有目标、有理想的班集体，希望优秀班级的氛围和经历可以帮助同学们继续向未来的人生目标迈进！

生科 193 班：团结一心，砥砺前行

广州大学生命科学学院生物科学（师范）2019 级 3 班共有学生 38 人，其中党员 5 人、入党积极分子 9 人、共青团员 22 人。生科 193 班是个包括班主任陶文琴老师和 2 名导生在内，拥有 41 名成员的大家庭。自班级建立以来，同学们向着理想和目标前进，积极参与

生科 193 班

各项活动，遵守校规校纪，奋发图强，团结协作，与班级共同成长。

党建风采：多彩活动造就时代新人

在思想建设方面，班级同学积极学习党团知识，自觉坚持和发展中国特色社会主义事业。班级有党员 5 人、入党积极分子 9 人、共青团员 22 人。生科 193 班 2021—2022 年度学习强国平均年度积分 7 131.05 分，青年大学习平均参学率为 87.72%。开展形式多样、内容丰富的活动，进行思想上的学习和教育，以及督促鼓励班级入党积极分子进行每日的学习强国、青年大学习，有助于培育同学们的家国情怀、爱国主义思想，弘扬社会主义精神和社会主义文化。本学年生科 193 班共开展了"请党放心，强国有我""致敬抗美援朝，争做时代新人""南京大屠杀与我们有什么关系"等 7 次团日活动和千千工程。同时，生科 193 班也积极参加红歌合唱大赛等团支部活动，将同学们的心团结在一起。

优良学风标兵班

学术风采：互帮互助共同进步

在学习方面，全班同学学习目的明确，学习态度端正，学习氛围浓重，积极上进，学风严谨。在 2021—2022 学年度班级出勤率为 100%，学期到课率为 99.96%，各门学科及格率（60 分及以上比例）高达 99.27%，成绩优良率（平均学习成绩在 80 分及以上比例）高达 97.37%，必修课和专业选修课优秀率（必修课和专业选修课成绩在 90 分及以上比例）达 21.05%。同时，获得国家励志奖学金 4 人，综合一等奖学金 2 人，综合二等奖学金 3 人，综合三等奖学金 4 人，进步奖学金 1 人。

生科 193 班的学习氛围很浓厚。同学们每节课都会提前到教室，在课堂中也常常发现问题，通过向老师提问或相互帮助等方式去解决问题。同学们课后学习态度端正，无论是专业课还是选修课，他们对于作业都会精益求精，作业质量时常受到各科老师表扬。同学们相互帮助的同时保持良性竞争，既实现了个人的成长，又使班集体越来越优秀。生科 193 班曾获得 2019—2020 学年广州大学易班优秀班集体、2020—2021 学年广州大学优良学风班、2021—2022 年度广州大学优秀班集体等荣誉。

班级建设：班委定期组织，同学积极参与

生科 193 班通过确定班歌、班训等，营造积极良好的班级氛围和学风，定下要拿优良学风班的班级目标，引导同学们奋发向上，向着理想前进。班委定期召开团支部和班级会议，组织分享会、学习竞赛等活动，引导同学之间相互分享学习、竞赛、科研等经验，开阔视野，增强交流，塑造看齐意识，实现共同成长，达到"1＋1＞2"的效果。在学习科研之余班委注重同学们的课余生活体验，在举办一些班级娱乐活动时会制定几个方案由同学们选择，让同学们放松身心，劳逸结合，更好地迎接未来的学习与挑战。

班级寄语

希望班里的每一位同学都可以坚持自己的初心，拒绝焦虑，砥砺前行。或许现在付出的努力与所收获的结果并不成正比，但我们要相信所有的经历都可以化作成长，人生没有白走的路，每一步都算数，努力过后自有万丈光芒在等你！

记者手记

生科 193 班同学团结互助的精神让我感动。他们对共同目标的坚持和对学习的热爱使班集体越来越优秀。希望未来他们能够实现自己的理想，创造人生的辉煌。

信安 191 班：班集体的氛围，每位同学的"责任"

数学与信息科学学院信安 191 班是一个极具凝聚力与执行力的班级，这不仅得益于班上每位同学的努力付出，同时也与该班级极具个性的管理体系息息相关。在过去的一年间，全班同学勤于律己，早晚自习全勤，到课率达

信安 191 班

到 98%，学年总成绩优良率（平均学习成绩在 80 分以上）达 90%。班集体个人荣获校级奖项 23 人次。同学们积极参与科学竞赛，获得省级奖项 40 余项、国家级奖项 40 余项。全班现有 1 名正式党员，3 名预备党员，7 名入党积极分子，班集体思想积极，氛围和睦。

学风建设

信安 191 班有着浓厚的科研学习氛围，这离不开班主任和导生在大一时的循循善诱。在大一大二时，班主任就积极带领班级同学参加各种赛事，向他们传授竞赛知识、端正其科研态度，为他们的竞赛道路奠定了良好的基础。同时，各位导生积极地与同学们相互熟悉、分享经验、畅谈未来。在大一军训的时候，恰巧碰上导生的生日，同学们便借教官之口，将导生"骗"到操场，然后送上精心准备的蛋糕，给导生过了一个意义非凡的生日。在欢声笑语中，他们彼此了解，陌生的间隙渐渐消弭。正是这些点点滴滴促成了班内相互激励、相互帮助、良性竞争的氛围。同学们也借此氛围积极努力，积极参与各项

比赛，在各大赛事活动中斩获佳绩。

其中李相龙同学曾获得全国高校密码数学挑战赛中南赛区一等奖和全国大学生数学建模竞赛广东省一等奖等奖项，郭易之同学曾获得 2022 年第七届数维杯大学生数学建模挑战赛国家一等奖，美国大学生建模竞赛 S 奖等奖项，胡淼、陈禹诺、吴雅凝、刘纪源等二十多位同学各获得省市等多项奖项。

个性的班级管理模式

一般情况下，班委各司其职，但作为班长的李相龙同学意识到这种模式可能会出现班委间工作量分配不均的情况。他便汲取众意，推行了小组轮换制的班委系统。当遇到工作烦琐的活动，班委会选出小组，由小组负责完成事务。而平常的小事仍采用各司其职的安排，这种模式极具效率性与便捷性。

最能体现小组轮换制优点的便是在上一年的元宵节中，由同学提议，班委执行的包饺子活动。从元宵节前一天班级成员的偶然提议，到元宵节当天全班齐聚一堂，围坐在饭堂桌前，一起吃着大家一起包的辣条饺子、芥末饺子，整个活动离不开同学们的分工合作与无私奉献。

相亲相爱的一家人

信安 191 班的日常处处体现着真情真意，当碰见晚归的学霸，大家互相激励和鼓励；当自习室关门时，大家又相聚在实验室，一起继续自习和讨论。

在最近组织的一次团建中，信安 191 班级的创新能力也是相当出色。这次活动中，他们并不打算选择辅导员提议的娱乐活动，而是策划了一场更为喜闻乐见的娱乐活动——与邻近宿舍的技科班一起联合举行电子游戏友谊赛，让每一位同学在活动中都能放松愉快地玩耍，大家的状态在此过程中得到调节，更能在接下来的学习中学得更好。

记者手记

在与信安 191 班班长的交流中，我明白到，正是班级每位同学独特与包容的性格造就了欢乐、和谐、相互激励的班级。

汉语203班：学为人师，行为师范

广州大学人文学院汉语203班是一个拥有41名同学的大家庭，他们来自五湖四海，坚持"学为人师，行为师范"的建设理念，并为之不懈奋斗！学高为师，扎实知识，提升中文专业素养，当一位优秀的中学语文老师是同学们一直以来的共同

汉语203班

目标。班级学业成绩合格率、优良率均达100%，专业课优秀率（满绩4.0）62.5%，学业成绩占年级（共201人）前20名比率25%，加入创新班（共30人）占比20%。班级曾获得广州大学优良学风班、优秀班集体荣誉称号，并连续两年获得人文学院五四红旗团支部。接下来，让我们一起来认识这个班级吧！

学风优良，寓教于乐

人文学院汉语203班常规性地举办过很多活动，主要有以下三种：第一个是党团型，包括各种和政治学习有关的活动。班级负责人采取寓教于乐的方法，通过做书签、小彩蛋的游戏营造学习党团知识的浓厚学习氛围，也取得了实实在在的成果。目前班级共青团员40人，校优秀共青团员7人，提交入党申请35人，成为入党积极分子21人。第二个是学术型，比如读书报告，读书会等活动。第三个是校园文化活动型，比如中秋节、元旦节，班级会举办一些娱乐性的团建活动。在举办活动的过程中，班级紧扣与汉语言专业相关的文学经典作品和学校推出的经典百书，通过一系列活动带动同学们的阅读兴趣，不仅形成了一个积极向上的班级氛围，带动全班同学朝着更好的目标不断前进，同时增强了班级凝聚力。

学高为师，实践为真

作为汉语言文学师范方向的班级，汉语203班的同学明确自己要有知识的

储备以及实践能力的不断提升，深知"纸上得来终觉浅，绝知此事要躬行"，知识的储备是为了实践能力做铺垫，因此，同学们在学好各门课程之外，通过阅读和参加各类文学创作比赛、书法比赛，不断去拓展自己的知识面。汉语203班的同学们积极参加支教活动和各类师范技能比赛，提升自己的教学设计、课堂教学以及教学语言表达能力等方面的能力。汉语203班的同学们明确自己的未来道路。有2/3的人选择考研去提升自己的师范技能和知识储备，从而提高自己的竞争力。直至现在，班级已有35人获得普通话测试证书"二级甲等"，7人参与全国大学生"推普助力乡村振兴"活动，5人所在"推普"团队被评为国家级团队。

携手互助，共建班风

汉语203班拥有浓厚的学习氛围。他们多以宿舍为学习单位，每个宿舍向优秀宿舍看齐，带动全班的学习氛围。同学们在过去两年中通过不断的努力，为班级争取了很多荣誉。班委们也在促进班级团结，为同学们营造积极方向的学习氛围上起着重要的作用。同时，老师指导性的作用功不可没，班主任对班级成员现阶段的发展以及未来的发展提出一些指导性建议。

班委们认为，取得标兵班的称号不仅是对过去班级建设的认可，也是对未来朝其他方向不断进步的鼓励。他们很开心看到这三年来班级最大的变化是班级成员都变得自信了，书香味越来越浓厚。

班级寄语

班长钟子淇：希望大家多去图书馆学习，泡在图书馆你会发现不一样的新天地，也希望大家把握好每一天！

李立同学：培养一个兴趣爱好。其实我们大学除了学习，生活的时间是很充足的。除了日常的学习，我们可以朝感兴趣的方向不断地深耕。同时希望同学们平时能够注重学习，养成一个自律的好习惯。不要以绩点为第一目标，功利性地去学习。

行管 201 班：团结与共，携手前进

广州大学公共管理学院行管 201 班是一个有凝聚力、有高度学习热情的班级，全班共有 43 位同学。行管 201 班秉持"博学笃行、与时俱进"的校训，以"培育公共精神、创造健康社会"理念为目标，通过理论学习与实践历练，使其光芒更加明丽耀眼。近年来，班级荣获 2021 年

行管 201 班

广州大学公共管理学院防疫优秀团体、2021 年广州大学"加强品德修养"工作先进集体、2021 年度广东省秋季"活力在基层"百优项目、2021 年广州大学优良学风班、2022 年广州大学五四红旗团支部等奖项。

坚定理想信念，勇担时代使命

行管 201 班集体荣誉感很强，在准备"优良学风标兵班"申报材料的过程中，班委们齐心协力、目标明确，共同参与材料的组织和申报，同学们主动汇总报送自己的获奖材料和相关数据。

日常集体活动中，班干部团结协作，有计划地组织开展丰富多彩、健康向上的集体活动。截至 2022 年，共组织班级活动 74 次，其中政治学习主题会 25 次，班级团建活动 10 次。活动内容充实，形式多样——包括集体爬白云山、交换礼物等特色活动。这些活动有赖于班委的积极策划和执行，为班级的凝聚力奠定了坚实的基础，提升了集体荣誉感。

此外，行管 201 班严格落实"三会两制一课"的标准，做到了优质党课月月讲，坚定信念跟党走。两学年内班级一共开展了 18 次优质的党课，不仅有"活起来"的党课，也有创新形式党课。在中国共产党百年华诞之际，行管 201 班团支部响应时代号召，立下"忠诚印寸心，浩然充两间"的崇高理想，开

展了一系列团日活动，并且主题"知史爱党爱国，争做爱国时代青年"的活动申报 2021 年度秋季"活力在基层"主题团日竞赛项目，在一举夺得校级第一名的成绩后顺利入围全省百优项目，是我校唯一一个获得百优项目的团支部！

营造优良学风，大步踏进未来

在学习氛围建设中，班级以"优良学风班集体"创建为抓手，带动课堂纪律建设，落实"到课考勤常态化"。班级内定期开展纪律班会，进行考风考纪教育、优秀学术成果学习的总结和反思等。在学习上，组建学习互助小组，共享学习资源，互助互学，并鼓励引导同学们参加各种学术活动。在同学们的共同努力下，形成自觉学习、奋发进取的良好风气，不仅做到学习成绩突出，还在课堂表现中获得各科老师的一致好评，在年级中起到模范作用。而且，经过"考研动员班会"，班上已有超半数同学有意考研深造。

在学术方面，同学们结合专业特色，用脚步丈量祖国大地，用内心感应时代脉搏，在社会治理、乡村振兴等领域中展开调研，并在各类学术竞赛中取得了良好的成绩。

积极实践，全面发展

行管 201 班的同学积极投入校园生活，参与各项活动。文体方面，积极贯彻学校"爱体育、懂艺术"的人才培养目标。

在志愿服务方面，行管 201 班秉承公共精神，热心志愿服务，目前累计志愿服务时长达 2 700 小时，在抗"疫"一线中，全班同学抗疫志愿时长累计 700 小时，为抗疫事业贡献自己的青春力量。

班级寄语

希望同学们能多多参与班级活动，在活动中，我们不但会有意想不到的小收获——比如收获一份新的友谊，更是我们多年后对于大学美好回忆的重要组成部分。

记者手记

在采访过程中，我能感受到行管 201 班强大的班级凝聚力和积极向上的意志，这离不开班委们的热情与努力，也离不开每位同学的积极参与，希望行管 201 班越来越好！

土木201班：不懈奋斗，德智体美劳全面发展

土木 201 班为土木工程学院 2020 级福霖班。在过去的两年里，土木 201 班的出勤率和到课率都达到了 100%，班级的英语四级通过率也达到了 100%，成绩的优良率（平均学习成绩在 80

土木 201 班

分及以上的比例）达到了 93%。截至目前，土木 201 班部分优秀班级成员获全国大学生广东省分区赛、"斯维尔杯" BIM－CIM 大赛国赛、全国大学生数学竞赛、全国创新英语挑战赛综合赛等众多比赛奖项；申请了 3 项实用新型专利；有 7 人获广州大学优秀学生、广州大学优秀学生干部、广州大学优秀共青团员、广州大学土木工程学院优秀共青团员等称号。

爱党爱团，服务社会

土木 201 班 33 名同学中，共 25 名团员，其中有 13 名入党积极分子。作为新时代的优秀青年，他们努力向党组织和团组织靠近，积极完成学习强国及青年大学习，主动学习党的各种优秀思想，拥护党的领导，关心时事政治，培养强烈的社会责任感和使命感。同时，土木 201 班的同学们十分热心志愿服务，平时积极参加学校组织的各种志愿活动，为同学们服务；积极参与社会实践，领会志愿者大爱无疆的精神。还有同学获得了市级优秀志愿者，"德才兼备，家国情怀"先进个人等各种荣誉称号。

良性内卷，师生共赢

土木 201 班的优秀成绩背后离不开土木 201 班的老师及学生的共同努力。土木 201 班采用导师制，每位同学都会有一位导师，导师们不仅会关心学生的生活学习情况，同时还会指导同学们进行各种实验，参加各种学科竞赛，使学生在后续的研究生学习或者进入社会工作打下坚实的基础。同时，土木 201 班的班主任会定期召开班会，关心学生的学习情况，私下也会关心学生的生活情况。

土木 201 班拥有良好的学习氛围。同学们经常相约一起去图书馆，共同学习，共同进步。班干部与老师保持紧密联系，及时转发各种信息，给同学们提供了很多的便利。学习之余，他们也会聚餐，增进彼此之间的感情。正是在这种团结友爱，良性竞争的环境下，土木 201 班的同学们努力珍惜自己的大学时光，不负韶华。

文武双全，尽善尽美

土木 201 班的同学们在良性竞争的环境下，不断鞭策自己，挑战自己，力求各个方面都做到尽善尽美，大放异彩。在学习上，土木 201 班积极参加各种竞赛活动，如国才杯英语阅读比赛，全国大学生数学竞赛，"互联网＋"比赛等，还有同学成功申请了专利。同时，他们也十分注重体育锻炼，在校运动会上也是各显神通。如刘家明同学在男子 100 米、200 米比赛中各分别取得了第二名和第四名的优秀成绩。

优秀的集体总是共同进步的，正是在这种良性竞争氛围下，土木 201 班的同学们在各个方面都在努力完善自己，同时，也正是同学们的共同努力使得土木 201 班赢得了今年广州大学"优良学风标兵班"的荣誉，实现个人与集体共同进步，相互成就。

班级寄语

态度决定高度。学着去规划自己的每一天，让每一天都很有意义。

记者手记

走进土木 201 班，我们会发现他们每个人都非常努力，很"卷"，但同时他们也十分团结友爱。群英璀璨，人才济济，祝愿土木 201 班走得更远。

化学 194 班：以班为家，逐梦前行

广州大学化学化工学院化学 194 班共有学生 29 人，其中中共党员 3 人，入党积极分子 7 人。班级累计已举办 11 次团日活动和 12 次"千千工程"活动，积极参加主题团日竞赛暨"活力团支部"创建活动，参加 2020 年度微

化学 194 班

团课课件设计大赛获得了学院一等奖。班集体个人荣获校级以上奖项 29 人次。班级获得广州大学五四红旗团支部、广州大学化学化工学院先进团支部、广州大学化学化工学院 2021—2022 年度班级建设"最强学风班"一等奖等荣誉。

组织建设，学风建设

对于组织建设，化学 194 班认为党支部的宣传工作，通过举办党日团日活动，开展主题团课学习会等，不断营造重视学习、重视宣传的浓厚氛围，使班级成员学好党的先进理论知识，了解党的理论政策，加强班级的组织建设。

班级的学风建设应该贯穿在大学学习生活之中。平日里班级同学会以宿舍、兴趣小组为单位一起学习，班级内有共同目标的同学会一起开展学习活动，比如英语打卡小组、班级师范生技能大赛、考研小组、学业生涯规划小组汇报等。化学 194 班的同学们以先进的班级管理促进了优良学风的建成，并取得了丰硕的成果：专业综合奖学金获得人数占比超过三分之二，累计获得各类奖学金高达 34 人次。

学业生涯小组汇报是由班级根据班级成员的考研意向分小组进行汇报，总结成绩和学习情况、奖项及优缺点，规划具体的学习目标、未来人生或职业设想，汇报之后班主任还会提供建议。这些方法能够给同学们带来许多启示，让大家共同进步。

集体建设，人人参与

一个团结、上进的班集体离不开每一位同学的参与，化学 194 班的班级凝

聚力就是依靠每一位班委的努力和同学们的积极响应换来的。班级除了进行学风建设外，还会开展很多活动来增强班级凝聚力，如班级聚餐、生日会等，通过这些活动，拉近每一位同学心与心之间的距离，让化学194班这个集体联系更加紧密。

活动的开展离不开班级班委的付出。化学194班的班委这样说道：班级的建设需要每一位部委的积极配合，每一位班委会各司其职，他们组建了班委群，让班委们更好地沟通交流，当面班级事务时，班委们会共同商讨最优方案。

班级的成长离不开班主任的教育与引导，在化学194班级管理中，班主任对学生主要是起到引导、规范和激励的作用。在学习生活中，他以自身的求学经历，告诉同学们在大学中应该做什么、不能做什么，引导同学们塑造正确的学习、生活理念，指明正确的方向，及时纠正同学们不好的行为，鼓励大家发展自己、创造自己。

勇于参赛，提升自我

参加比赛是提升班级凝聚力的重要手段，为了建成一个优秀的班级，全体同学朝着共同目标不断努力，发挥大家的积极性，从而凝练出强大的班级凝聚力。班级同学参与学院特色"凌云工程——本科生导师制"比例达到100%，累计参与创新训练项目等各类立项80人次，获得校级以上奖项29人次，发表论文23人次。

在第十七届"挑战杯"中，化学化工学院是我校唯一有2个项目进入国赛的学院，而这两个参赛项目的6位核心成员均在化学194班。除此之外，化学194班的同学们还积极参加辩论赛、朗诵比赛、运动会等丰富多彩的文艺活动，曾获得化院辩论赛第一和"思辨杯"亚军以及三院联合运动会团体总分第一名。

化学194班秉持锻炼自己的态度去参加比赛，逢参赛必提前准备，在各个方面尽力做到最好，班委们要对同学们负责，同时一起查阅资料文献，拓宽知识面，提升自身能力，借鉴前人经验，在参赛中尽自己最大的努力，并不断坚持下去。

班级寄语

大学四年很漫长也很短暂，正值青年的我们，请不要害怕失败，慷慨给予自己试错的机会，在尝试中寻找自我，重塑自我。愿我们都以梦为马，不负韶华！

环科 191 班：乘风破浪，展翅高飞

广州大学环境科学与工程学院环科 191 班有学生 31 人，其中入党积极分子 22 人，预备党员及党员 9 人。2021—2022 学年度本班学生出勤率为 100%，该专业所有推免名额均被环科 191 班

环科 191 班

的同学包揽；各门学科及格率达 97.24%，总成绩优良者比例达 87.1%，英语全国统考大学英语四级合格率达 80.65%，人均志愿服务时长 111 小时。连续两年获得广州大学"优良学风班"，本年度荣获"优良学风标兵班"；连续三年获广州大学五四红旗团支部；团日项目"学党史，颂党恩，跟党走"入选 2021 年广东省高校"活力在基层"主题团日竞赛活动（秋季）"千入围"项目。

先进带动后进，营造优良学风

环科 191 班始终秉持着一个理念：先进带动后进，促进班级前进。总结下来分为以下几点：第一，先进带动后进，携手班级共同前进。充分发挥班内党员、先进团员、宿舍长模范带头作用，带动班级同学共同进步，班内形成和谐向上的集体氛围。第二，充分采用"学习禁水群的一群分享、宿舍小组的一舍监督、班主任老师的勤跟严管"学习机制。抓住每个环节，互相监督。第三，为了营造良好学习氛围，大家会在班级水群交流不理解的课程知识点；也会在宿舍讨论作业中遇到的一些问题；不用上课的时间班级同学会相约去图书馆学习。第四，除了通知群，环科 191 班还有一个专门的学习群，学委会在学习群对老师通知的要点进行归纳总结，方便同学去快速获取信息，提高学习效率。老师也会在学习群分享一些最新的咨询，方便同学们获取所需信息。

优良学风标兵班

好的成绩当然离不开老师们的督促与指导，环科191班拥有认真负责的任课老师和班主任。班主任会督促大家学习，定期巡访宿舍，参与班会动员、关心大家，转发相关的学习资讯等。

团结协作，班委带头

环科191班是一个团结友爱、拼搏进取的大集体。班委们拥有着耐心、爱心与责任心，以服务好大家为初心和责任，促进班级共同前进。根据环科191班委反应，在班级管理方面的经验主要分为两点：一是要充分发挥团队的力量，班级充分发挥各位班委和同学们的力量，大家协作配合，会更加有声有色。二是进行完善总结，听取大家的意见，看到每位同学的独特性。班委们也在不断地追求尽善尽美，在与大家交流的过程中完善提升自己的工作。当班委们耐心把工作做好，为大家考虑，大家也会尽可能地配合。对于个别不够积极的同学，他们也会耐心地与之沟通，予以包容和理解。

聚沙成塔，终成正果

环科191班的成功经验告诉我们，班级的建设关键在于班集体的凝聚力、班集体的文化、共同的奋斗目标、和睦友爱氛围的培养和营造。只有每一个人都积极参与到班集体的事务，从思想、学习、生活各方面要扎实做到位，才能修成正果。

好的成绩取决于良好的学习态度和平时的积累，环科191班正是充分秉持这一原则，把每一次的政治学习都做到位，不敷衍了事，落实学习重要思想。对于申请优良学风标兵班，也做好充分的准备，认真对待每一份上交的材料，尽可能充分地展示班级的成绩与精神面貌。具体分为如下三点：第一，要尽早定下目标，有明确的目标后，把大目标分成阶段性小目标，更有利于班级前进；第二，学会积累；第三，需要有班级凝聚力以及集体荣誉感，只有每个同学都对班级发展投入一份力量，才能聚沙成塔。

创新形式，共生共荣

环科191班团建活动形式多样，多姿多彩的活动提高了大家的班集体荣誉感和归属感。比如团建时请班级的先进党员和团员主讲，而不只是团支书一个人来做。班级的事务由班委们共同参与策划，分工完成，同学们也会录制一些微党课视频，或者是在户外开展班级的团日活动。班委们也尽可能多让大家参与到班级的工作中。每次活动过后，环科191班都会通过班级推文的形式对活动进行总结，大家也可以看到班级的进步和成长。同时，老师们也会对班集体进行思想的引领和指导，包括第一班主任、"千千工程"对接党员教师、班主任。可以说，老师的思想引导和启发，对同学们的关心和期望，为大家做好大学规划，积极参与班级活动也起到了很大的促进作用。

张弛有度，劳逸结合

环科191班的同学们能够充分平衡好个人兴趣爱好和学业、工作之间的关系。他们深知，想要充分利用好自己的空余时间，就要做好相应的时间规划：首先是要有清晰的目标和时间规划，该玩玩，该学学，明确自己的任务。做事情能够保持专注，在做事情的过程中，把每个细节给做好，尽量不返工。其次就是要做好反思与经验总结。当然在课余时间，他们也会组织一些班级集体活动。一部分是和团组织有关的，比如拍摄班级青年大学习视频、红色长廊党史学习视频。还有一部分是同学们自发组织的，比如连续三年的教师节，他们为老师准备惊喜，拍摄祝福视频等；在男女生节，全班一起组织环岛骑行、看电影、野餐、春游等活动，丰富同学们的课余生活。

环科191班还是一个热衷于志愿服务的大集体，人均志愿服务时长高达111小时。同学们反映，适当参与志愿活动，能够开阔眼界，丰富大学经历。

班级寄语

苟日新，日日新，又日新。享受大学，努力提高自己，在过程中打开格局、开阔眼界、广交朋友、锤炼本领，做有理想、有本领、有担当的时代新人。

记者手记

环科191班秉持着"家国情怀，奋发成才"的班训，这一理念也充分诠释着广州大学"德才兼备，家国情怀"的人才培养目标。祝愿环科191班的同学们在未来的人生道路上顺风顺水，创造一片独属于他们的美好风景。

优良学风标兵班

物理 191 班：格物穷理守初心，凝心聚力向未来

物理与材料科学学院物理 191 班是一个团结、有爱、积极向上的大家庭。现有学生 50 人，党团员 47 人，党员占本科生党支部总人数的 23%。班级多次荣获广州大学"优良学风班"、广州大学五

物理 191 班

四红旗团支部、广州大学优秀班集体、广州大学培养奋斗精神先进集体等荣誉称号。

2021—2022 学年，班级平均分 80 分以上人数占班级总人数的 80%，必修课和专业选修课优良率达 86.1%，大学英语四级合格率达 86.0%。191 班同学获得物理与材料科学学院物理学专业所有保研资格，3 名推免生分别推免至北京师范大学、中山大学、厦门大学攻读硕士研究生学位。

同心向党，全面发展

物理 191 积极响应学校、学院的号召，在以知促行、以行求知的班级氛围和学习实践中，提升自身的责任感和同心向党的行动力。过去三年，班级积极学习党的理论思想，定期开展政治学习"千千工程"活动，学院书记、领导参加的政治学习 30 余次，参与率近 100%。班集体积极参加团支部合唱，微团课设计大赛。班委们各取所长，分工合作，充分调动班级同学的积极性，高质量完成各项工作。在一次又一次的团结协作中，班级凝聚力和战斗力越来越强，同学们的归属感亦日益增强。

学术明智，学途有我

思想是最有力的引领，学术创新、勇于争先则是物理人对国家、对社会最好的回报。

物理 191 班全体同学以习近平总书记勉励为目标，以坚如磐石的信心、只争朝夕的劲头和坚韧不拔的毅力，一步一个脚印，做科研路上的行者！班内同

学获全国光电设计大赛一等奖、全国物理实验大赛一等奖在内的国家级奖项15人次，获广东省"互联网＋"创新创业竞赛金奖在内省级奖项21人次，获校级及以上奖项累计232人次。

班级建设，凝心聚力

一个具有强凝聚力的班级才能行稳致远。物理191班积极组织团建，班内同学相互学习，营造积极、友爱的多彩氛围。在学校、学院组织的各类文体比赛中总能见到他们的身影。一曲《没有共产党就没有新中国》让同学们听到物理学子的呐喊，听到了191班同学的高歌！在其他各类文体比赛中，他们同样充当了物院的"排头兵"，为学校的文体建设贡献了物理人的力量。

在平时的学习氛围上，同学们相互学习，共同进步。在日常课堂中，同学们认真听讲，在课后积极交流补充，互动性和时间性较强。在互动型课堂中，同学们都很乐于展示自己，也会积极分享和表达观点，在互动中学习，虚心请教，真正做到让整个班集体共同进步。

班级寄语

格物穷理守初心，凝心聚力向未来。辉煌属于过去，精彩仍在明天。

作者手记

感谢物理191班的班长刘晓缘学姐参加采访，向我们分享了他们班的宝贵经验和精彩故事。希望各班级能够向物理191班看齐，砥砺奋进，常怀远虑、居安思危、保持定力与耐心，致广大而尽精微！

优良学风标兵班

我们的大学

国家奖学金获奖名单

广州大学 2021—2022 学年
本专科国家奖学金获奖名单

学生姓名	所在院系	学生姓名	所在院系
黄彦君	音乐舞蹈学院	张璁润	数学与信息科学学院
涂诗睿	新闻与传播学院	卢子欣	生命科学学院
李嘉慧	新闻与传播学院	张瑞敏	生命科学学院
黎智轩	物理与材料科学学院	曹珏宇	人文学院
王子煌	物理与材料科学学院	刘素柳	人文学院
张洲瑞	网络空间安全学院	许小榕	人文学院
李观娣	外国语学院	吴远航	人文学院
姚晓菁	外国语学院	郑嘉铭	美术与设计学院
龙文迪	外国语学院	黄晓敏	美术与设计学院
陈展堂	土木工程学院	邓欣怡	马克思主义学院
梁晓君	土木工程学院	付心渝	经济与统计学院
黄圳铎	土木工程学院	吴晓燕	经济与统计学院
钱大榕	体育学院	黎思慧	经济与统计学院
兰雨桥	数学与信息科学学院	吴晓玲	经济与统计学院
张维泽	数学与信息科学学院	付洪宇	教育学院（师范学院）
郭易之	数学与信息科学学院	刘泽霖	教育学院（师范学院）
陈　实	数学与信息科学学院	彭天雨	教育学院（师范学院）
蔡晓莹	建筑与城市规划学院	朱辉玲	管理学院
钟炜婷	建筑与城市规划学院	伍绮琳	管理学院
郑梓煜	计算机科学与网络工程学院	谭旺卓	管理学院
叶林浩	计算机科学与网络工程学院	陈伟彬	公共管理学院
胡冬妮	计算机科学与网络工程学院	黄婉岚	公共管理学院
赖杰伟	计算机科学与网络工程学院	骆晓腾	法学院（律师学院）
霍艳童	计算机科学与网络工程学院	林静旖	电子与通信工程学院
张淦基	机械与电气工程学院	李楚宪	电子与通信工程学院
林婷婷	机械与电气工程学院	林培东	电子与通信工程学院
杨允津	机械与电气工程学院	沈梓滢	地理科学与遥感学院

（续上表）

学生姓名	所在院系	学生姓名	所在院系
黄炫杰	环境科学与工程学院	林华威	地理科学与遥感学院
蔡璇英	环境科学与工程学院	曾涵妍	纺织服装学院
陆　雨	化学化工学院	张新曼	纺织服装学院
李书华	化学化工学院	邓旭敏	纺织服装学院
施　然	管理学院	徐　莉	纺织服装学院
林诗淇	管理学院	耿　柯	纺织服装学院
陈华倩	管理学院	林国平	纺织服装学院
郑嘉希	管理学院	潘超梅	纺织服装学院
方智东	管理学院		

国家奖学金获奖名单

我们的大学

学年礼

广州大学关于表彰 2022—2023 学年学生学年礼先进集体和个人的通报

校属各有关单位：

为全面贯彻党的教育方针、落实立德树人根本任务，激发全体教师担负起更多的教书育人使命，引导学生追求卓越，根据"德才兼备、家国情怀、视野开阔，爱体育、懂艺术，能力发展性强"广大特色学生核心素质发展指标评价结果及我校学生先进集体与个人评选及奖学金评定的有关规定，经学校评审小组评定，现决定：

授予广州大学青年传媒中心等 24 个集体"坚定理想信念"工作先进集体称号，马神冠等 66 名同学"坚定理想信念"先进个人称号；外国语学院新媒体中心等 24 个集体"厚植爱国主义情怀"工作先进集体称号，马泳瑶等 56 名同学"厚植爱国主义情怀"先进个人称号；管理学院（旅游学院/中法旅游学院）阳光义工团等 14 个集体"加强品德修养"工作先进集体称号，王艾琳等 52 名同学"加强品德修养"先进个人称号；新闻与传播学院志愿讲解队等 22 个集体"增长知识见识"工作先进集体称号，王子煌等 77 名同学"增长知识见识"先进个人称号；广州大学红十字会等 23 个集体"培养奋斗精神"工作先进集体称号，万佳文等 77 名同学"培养奋斗精神"先进个人称号；公共管理学院 2021 级年级委员会等 28 个集体"增强综合素质"工作先进集体称号，马坚林等 88 名同学"增强综合素质"先进个人称号；管理学院（旅游学院/中法旅游学院）等 9 个学院"德才兼备 家国情怀"工作先进单位称号，新闻与传播学院等 38 个单位"十大育人"工作先进单位称号。

授予管理学院（旅游学院/中法旅游学院）等 11 个学院"体育发展"工作先进学院称号，体育学院等 11 个学院"体育竞赛突出贡献奖"，土木工程学院建环 201 班等 8 个班级"班际篮球约战赛团队奖"，唐一凡等 10 名同学"体育发展"十佳个人称号，许美淇等 13 名同学"运动达人"称号，陈健豪等 100 名同学"跑步达人"称号，蒋涛等 10 名同学校园班际篮球"约战之星"称号。

授予音乐舞蹈学院等 10 个学院"艺术发展"工作先进学院称号，陈彦晓等 10 名同学"艺术发展"十佳个人称号，计美婷等 24 名同学"声乐达人"称号，安致翰等 38 名同学"器乐达人"称号，冯晓君等 33 名同学"舞蹈达人"称号，颜昊恒等 24 名同学"语言艺术达人"称号，何彦达等 10 名同学

"书法达人"称号，莫楚欣等 10 名同学"摄影达人"称号。

授予人文学院等 10 个学院"视野拓展"工作先进学院称号，曹珏宇等 10 名同学"视野拓展"十佳个人称号，叶晶莹等 51 名同学"经典阅读之星"称号，黄梓健等 50 名同学"学习之星"称号，钟乐乐等 50 名同学"晨读之星"称号，王雅萱等 52 名同学"志愿之星"称号，刘一琦等 60 名同学在经典百书征文比赛中获奖，黄俞花等 35 名同学在中华经典诵读知识竞赛中获奖。

授予土木工程学院等 10 个学院"能力发展"工作先进学院称号，机械与电气工程学院等 8 个学院公寓"五室一站"工作优秀单位，大学城校区梅苑 10 栋 715X 等 13 间宿舍"优良学风型"（考研专项）标兵宿舍称号，大学城校区梅苑 1 栋 206 等 47 间宿舍、桂花岗校区南 A 栋 401 等 10 间宿舍、黄埔研究生院高新·智创园 C2 栋 604 等 3 间宿舍"优秀示范型"标兵宿舍称号，大学城校区梅苑 2 栋 602 等 126 间宿舍、桂花岗校区南 A 栋 607 等 14 间宿舍、黄埔研究生院高新·智创园 C2 栋 514 等 8 间宿舍"文明守纪型"标兵宿舍称号，吴嘉乐等 59 名同学"优秀学生楼层长"称号，蔡璇英等 10 名同学"能力发展"十佳个人称号，李楚琪等 58 名同学"创新达人"称号，梁家乔等 10 名同学"创业达人"称号，李雯等 10 名同学"科研达人"称号，曾恬等 20 名同学"文创达人"称号，陈龙智等 100 名同学"劳动达人"称号。

授予环境科学与工程学院环科 191 班等 10 个班级"优良学风标兵班"称号，经济与统计学院地理 194 班等 149 个班级"优良学风班"称号。

授予祝梓博等 10 名同学"广州大学十佳学生"称号并给予奖学金，授予陈展堂等 15 名同学"广州大学十佳学生入围奖"称号。

授予刘雪玟等 1 087 名同学"优秀学生"称号，李诗慧等 892 名同学"优秀学生干部"称号，给予戴尔等 1 080 名同学一等奖学金、谢子宇等 1 783 名同学二等奖学金、黄淑敏等 2 695 名同学三等奖学金。

给予陈佩欣等 188 名同学考研优秀一等奖、钟佳茵等 507 名同学考研优秀二等奖、赖婧等 181 名同学考研优秀三等奖。

给予钟思期等 251 名同学学业进步奖。

给予辛婷等 43 名同学论文发表奖。

给予陈峻浩等 7 名同学发明专利奖。

给予陈容等 49 个团体或个人思想品德奖，柳骏山等 97 个团体或个人文体优秀奖。

表彰陈碧霞等 2 人获评"大湾区十大杰出港生"称号；黄昌侨获 2021 年

"广东省大学生年度人物"入围奖；陈蓉蓉等 35 个团体或个人 4 项作品在 2021 年广东省"立志·修身·博学·报国"主题教育系列活动获评一等奖，段佩佩等 26 个团体或个人共 7 项作品获评二等奖；麦贺煊等 18 个团体或个人 8 项作品获评三等奖；阿迪来·吾斯曼等 8 人 3 项作品在 2022 年"爱在广东"学校民族团结进步教育活动获评一等奖，努尔阿米娜·米尔沙力江等 26 人 8 项作品获评二等奖，孜拉丽·木合塔尔等 3 人 3 项作品获评三等奖；陈楚敏等 3 人 3 项作品在第六届广东高校网络媒体展示节活动获评一等奖，黄捷等 8 人 2 项作品获评二等奖，王奕萱等 30 人 11 项作品获评三等奖。

希望受表彰的集体不忘初心、砥砺前行，努力在今后的育人工作中取得更好的业绩；希望受表彰的个人再接再厉，不断进取，努力成为"德才兼备、家国情怀、视野开阔，爱体育、懂艺术，能力发展性强"，德智体美劳全面发展的社会主义建设者和接班人。同时希望全校师生向受表彰的集体和个人学习，全面落实立德树人根本任务，共同为把学校建设成为一流创新型大学而不懈奋斗。

广州大学

2023 年 1 月 4 日

广州大学 2021—2022 学年
学生"德才兼备　家国情怀"工作先进集体和个人名单

一、"坚定理想信念"工作先进集体和个人

先进集体（24 个）

广州大学青年传媒中心
经济与统计学院学生新媒体中心
法学院（律师学院）本科生党支部
教育学院（师范学院）应用心理学 2019 级 3 班
人文学院汉语言文学 2019 级 8 班
广州大学青年志愿者协会人文学院分会
外国语学院团委组织部
外国语学院学生第一党支部
新闻与传播学院网络与新媒体 2020 级 1 班
管理学院（旅游学院/中法旅游学院）学生党建理论研究会
管理学院（旅游学院/中法旅游学院）学生第一党支部
公共管理学院团委
公共管理学院行政管理 2021 级 2 班团支部
数学与信息科学学院本科生第二党支部
物理与材料科学学院本科生党支部
化学化工学院"凌云"学生党建工作室
地理科学与遥感学院本科生资环党支部
地理科学与遥感学院本科生地理地信党支部
地理科学与遥感学院团委
生命科学学院生物制药党支部
生命科学学院学生会

机械与电气工程学院电气工程及其自动化系学生党支部
计算机科学与网络工程学院团委
土木工程学院本科生第一党支部

先进个人（66 名）

马神冠	王兆慧	王奕萱	王家创	王晨希	罗宇泰	周文婷	郑嘉铭
方宇宁	孔梓君	卢曼玲	冯冬婵	吕姚霏	徐芳芳	凌艺纭	郭易之
朱孝天	刘天航	刘泳琳	阮雪仪	麦倩雯	黄 欣	黄金梅	黄思隆
李俊豪	李晓娜	李 钰	李锦涛	李 璇	黄嘉仪	黄璟桐	梁芷晴
杨艺辉	杨允津	杨梓桦	吴伊航	吴竞航	程钰婷	谢敬文	赖卓虹
吴博淳	吴臻臻	佘俊宇	邹秋芹	张锦匀	钟金宏	袁宝聪	彭子越
陈仪臻	陈依灵	陈姗姗	陈粤湘	陈翔建	黄 圻	黄佳瑜	彭宝弘
陈 煜	林梓豪	林淑缘	林晴莎	林静旖	黄俊凯	黄晓静	詹 赟
蔡鸿建	戴梦琳						

二、"厚植爱国主义情怀"工作先进集体和个人

先进集体（24 个）

外国语学院新媒体中心
法学院（律师学院）团委
马克思主义学院南沙党史宣讲青年团
广州大学党建红色文化长廊学生讲解队
教育学院（师范学院）新疆少数民族预科 2021 级 1 班

（续上表）

人文学院团委
经济与统计学院本科生第二党支部
新闻与传播学院分党校
新闻与传播学院广播电视 2020 级 1 班团支部
管理学院（旅游学院/中法旅游学院）工程管理 2020 级 1 班
管理学院（旅游学院/中法旅游学院）学生第二党支部
公共管理学院本科生第一党支部
公共管理学院团委实践部
音乐舞蹈学院舞蹈编导 2021 级 2 班
美术与设计学院设计学类 2021 级 3 班
数学与信息科学学院本科生第一党支部
广州大学青年志愿者协会物理与材料科学学院分会
化学化工学院疫情防控青年突击队
机械与电气工程学院机械设计制造及自动化 2019 级 3 班团支部
电子与通信工程学院电子信息工程 2021 级 2 班团支部
计算机科学与网络工程学院红十字会
建筑与城市规划学院城乡规划 2019 级 2 班团支部
土木工程学院给排水科学与工程 2020 级 1 班团支部
环境科学与工程学院本科生党支部

先进个人（56 名）

马泳瑶	马梓航	王家慧	王雅萱	牛晨宇	房 杰	胡译允	徐雯雯
文嘉妮	邓文轩	邓晓君	冯浩桓	朱辉玲	梁莹莹	董骥阳	韩怡恒

学年礼

（续上表）

朱嘉楠	刘汉文	刘杨洋	刘嘉滢	阮泳瑜	谢佳烁	谢倩梅	赖安盈
苏财文	李欣潼	李美仙	李悦祺	杨栢佐	郭晓芸	黄俊皓	廖振业
杨喜端	吴子欣	吴晓燕	邱 悦	邱颖瑜	温家圳	游方舟	陈蔼柔
何飞扬	余俊霖	张 杏	张金涛	张诗雨	綦悦悦	蔡璇英	周嘉仪
张家芷	张 靖	陈罗衣	陈泓宇	陈耀城	林丹璇	林佳仪	林嘉鹏

三、"加强品德修养"工作先进集体和个人

先进集体（14 个）

管理学院（旅游学院/中法旅游学院）阳光义工团
经济与统计学院"心苑"心理健康协会
法学院（律师学院）学生会
马克思主义学院思教 2020 级 1 班团支部
教育学院（师范学院）红十字会
管理学院（旅游学院/中法旅游学院）物流管理 2021 级 1 班
化学化工学院化学 2020 级 4 班团支部
生命科学学院红十字会
广州大学青年志愿者协会机械与电气工程学院分会
电子与通信工程学院电子信息工程 2020 级 1 班
广州大学青年志愿者协会电子与通信工程学院分会
计算机科学与网络工程学院竹苑 5 栋"五室一站"
土木工程学院学生会
环境科学与工程学院环境工程 2019 级 3 班

先进个人（52名）

王艾琳	王坤辉	王嘉轩	区楚怡	卢嘉浩	罗吉梅	郑利豪	郑奕敏
邝泽林	曲芷萱	朱家明	全亦晴	闫　敏	莫梓健	夏嘉豪	高玮霞
江政桐	孙　政	苏煜琳	杜和坪	李诗琪	黄爱雯	黄　靖	萧慧娴
李晓铭	李嘉怡	杨耿程	何文穗	余惠霞	谢小兵	廖梁薇	曾雅婧
张洛宏	张琪琳	张　翔	陈冰茹	陈茂亮	聂奔欢	莫世荣	梁诗琪
陈泳锦	陈　实	陈诗丽	陈　容	陈逸君	郭梓杰	郭紫柔	罗　立
招杰慧	林志聪	林佳慧	林炜婧				

四、"增长知识见识"工作先进集体和个人

先进集体（22个）

新闻与传播学院志愿讲解队
经济与统计学院国际经济与贸易 2021 级 4 班
法学院（律师学院）法学 2019 级 3 班
马克思主义学院新疆民族团结实践团
广州大学师范技能协会
广州大学人文经典讲师团
外国语学院团委学术部
新闻与传播学院新窗报
管理学院（旅游学院/中法旅游学院）双百引航项目团队
管理学院（旅游学院/中法旅游学院）旅游管理 2019 级 2 班团支部
数学与信息科学学院信息安全 2020 级 1 班
数学与信息科学学院团委学术科技部辩论队

学年礼

物理与材料科学学院"不忘初心"实验团队
物理与材料科学学院学生会
广州大学科技辅导团化学化工学院分团
广州大学学生天文爱好者协会
广州大学学生气象爱好者协会
广州大学学生创客协会
GDEA 广州大学电子协会
计算机科学与网络工程学院晚自习督导组
建筑与城市规划学院风景园林 2020 级 1 班
广州大学青年志愿者协会土木工程学院分会

先进个人（77 名）

王子煌	方　谦	邓业彤	古姗姗	龙文迪	林桂纯	林涌权	林培东
叶梦成	付洪宇	冯　锋	成于凡	伍雄谦	罗怡翔	郑苇榆	赵曼晴
庄晓萱	庄森雅	刘思颖	许顺彩	李诗阳	骆晓腾	徐嘉倩	凌俊楷
李婉婷	李惠琳	杨　杰	连雨昕	吴宇翾	黄子欣	黄心柔	黄成政
吴庭沐	员六一	邹　娟	张子澜	张立峰	黄　彦	黄钰莹	黄贤惠
张祎宁	张柏珊	张涌浩	张璁润	陈　川	曾子娟	谢君玥	黄宝仁
陈开敏	陈东濠	陈伟彬	陈华倩	陈佳蕾	蔡伊敏	蔡晓莹	谭旺卓
陈思霖	陈锦鑫	陈嘉玟	陈嘉敏	陈慧冰	黎嘉伟	颜嘉丽	谭　忻
林韦任	林国鑫	钟静怡	洪雨薇	谢锦智	谢蕙芳	蓝柳玲	廖晓桦
林裕颖	罗　炜	唐林枫	涂诗睿	萨依甫纳扎尔·喀哈尔			

五、"培养奋斗精神"工作先进集体和个人

先进集体（23个）

广州大学红十字会
经济与统计学院本科生第一党支部
法学院（律师学院）法学 2020 级 3 班
教育学院（师范学院）小学教育 2021 级 1 班
广州大学人文学院寻梦园勤工中心
外国语学院法语 2020 级 1 班
管理学院（旅游学院/中法旅游学院）团委综合办公室
管理学院（旅游学院/中法旅游学院）学生第四党支部
公共管理学院学生会
音乐舞蹈学院音乐学 2020 级 3 班
美术与设计学院美术学 2020 级 1 班
数学与信息科学学院尚行社
化学化工学院冠腾涂料团队
生命科学学院生物科学（师范）2019 级 3 班
生命科学学院团委
机械与电气工程学院电气工程及其自动化 2019 级 1 班
广州大学考研协会
计算机科学与网络工程学院学生会
计算机科学与网络工程学院励学工作站
建筑与城市规划学院建筑学 2018 级 1 班
建筑与城市规划学院学生会

（续上表）

土木工程学院竹苑 2 栋"五室一站"
环境科学与工程学院环境科学 2019 级 1 班

先进个人（77 名）

万佳文	马梓东	王宏俊	王茂碧	王映骅	陈　燕	林文杰	林　燕
王翠渺	尹红军	邝紫薇	向　燕	刘晓缘	庞金萍	郑颖亮	钟　俏
刘　鑫	汤颖欣	许榆琳	苏杰鑫	李九辉	袁思蕖	倪锦茹	黄奕琦
李灵奕	李依岚	李惠仪	李楚宪	李楚琪	黄睿诚	章培鑫	梁楚妍
李颖芳	李嘉欣	杨子倩	杨飞羽	杨诗娴	蒋心怡	蒋雅斯	曾　旋
杨景昊	吴子璇	吴铎翰	邱穗萱	何思聪	赖洋婕	溪浩冰	蔡兆航
余玉佳	余珍妮	张国萍	张剑航	张倩茵	翟羽佳	黎秀萍	黄炫杰
张淦基	陈火清	陈宁宁	陈佳佳	陈峻浩	罗明珠	罗颖淇	黄晓敏
陈健豪	陈银璇	陈舒琪	陈楷燊	陈潘蕾	姚晓菁	骆怡琳	彭　林
彭歆慈	温嘉文	谢思忆	蔡灿辉	廖军庆			

六、"增强综合素质"工作先进集体和个人

先进集体（28 个）

公共管理学院 2021 级年级委员会
广州大学党委宣传部融媒体中心学生团队
经济与统计学院学无止境队
广州大学学生法律咨询服务社
广州大学青年志愿者协会马克思主义学院分会
教育学院（师范学院）学生会

广州大学龙狮队
人文学院学生第二党支部
外国语学院英语 2020 级 1 班
广州大学新传网学生记者团
管理学院（旅游学院/中法旅游学院）ERP 学生学术交流协会
管理学院（旅游学院/中法旅游学院）学生第五党支部
美术与设计学院梅苑 2 栋"五室一站"
物理与材料科学学院菊苑 2 栋"五室一站"
物理与材料科学学院"格物穷理、追光逐电"创新实践团队
化学化工学院团委、学生会
广州大学青年志愿者协会地理科学与遥感学院分会
生命科学学院生物制药 2020 级 2 班
机械与电气工程学院学生篮球队
电子与通信工程学院物联网工程 2020 级 1 班
计算机科学与网络工程学院 2021 级导生组
计算机科学与网络工程学院筑梦工作站
建筑与城市规划学院城乡规划 2018 级 2 班
建筑与城市规划学院城乡规划 2019 级 1 班
建筑与城市规划学院城乡规划 2020 级 2 班
土木工程学院给排水科学与工程 2019 级 2 班
环境科学与工程学院尽微尚水科创团队
广州大学学生绿色动力协会

学年礼

先进个人（88名）

马坚林	王　馨	方海潮	尹　创	陈沼宇	陈春鸿	陈晓菲	陈展堂
卢怡桦	叶广成	包舒蕾	朱哲桐	陈锦茵	陈颖怡	纵　升	范馨丹
庄通发	刘伟杰	刘芳婷	刘　姚	林华威	欧宇航	易佩颖	罗尹苈
刘福强	刘嘉琳	江佳颖	江诗华	周昕怡	周铮彦	郑景昀	钟炜婷
麦晓婷	李双双	李坤亮	李佳怡	钱妍君	黄秋铃	黄海冰	黄梓聪
李怡琳	李垠垠	李嘉慧	杨丽莹	黄翠仪	盛　蕾	崔雨欣	梁钰杏
杨佳烨	杨　妹	杨　柳	杨铠溪	彭凌赟	董鑫滢	鲁双齐	曾　永
吴远航	吴雨轩	利俊澔	何海盛	赖科凤	赖　斌	廖勉钰	罗惠方
汪灵杰	沈童欣	张可仪	张好婷	陈景幸	梁淑瑜	祝梓博	肖了云
张瑞敏	陈芷钧	陈希乐	陈　昆	林土植	蒙柳颖	黄楚仪	张翔淞
马鑫婷	邓语桐	庄泽槟	刘新怡	许晓枫	李泽轩	杨松炜	何得晖

广州大学2021—2022学年
"德才兼备　家国情怀"工作先进单位

管理学院（旅游学院/中法旅游学院）		地理科学与遥感学院
公共管理学院	新闻与传播学院	物理与材料科学学院
土木工程学院	外国语学院	体育学院
电子与通信工程学院		

广州大学2021—2022学年"十大育人"工作先进单位

一、课程育人先进单位（4个）

新闻与传播学院　教务处/教师发展与教学评估中心

研究生院　人文学院

二、科研育人先进单位（4个）

地理科学与遥感学院　电子与通信工程学院
土木工程学院　机械与电气工程学院

三、实践育人先进单位（7个）

校团委　马克思主义学院　人文学院　法学院（律师学院）
外国语学院　化学化工学院　电子与通信工程学院

四、文化育人先进单位（3个）

新闻与传播学院　校工会 音乐舞蹈学院

五、网络育人先进单位（3个）

公共管理学院　外国语学院　经济与统计学院

六、心理育人先进单位（4个）

管理学院（旅游学院/中法旅游学院）　教育学院（师范学院）
物理与材料科学学院　学生处

七、管理育人先进单位（3个）

人事处　实验室与设备管理处　保卫处/武装部

八、服务育人先进单位（3个）

体育学院　学生处（学生公寓管理服务中心）　后勤服务处

九、资助育人先进单位（4个）

计算机科学与网络工程学院　管理学院（旅游学院/中法旅游学院）
体育学院　地理科学与遥感学院

十、组织育人先进单位（3个）

党委组织部　公共管理学院　土木工程学院

学年礼

广州大学 2021—2022 学年
学生"体育发展"工作先进学院和个人名单

一、广州大学 2021—2022 学年
学生"体育发展"工作先进学院（11 个）

管理学院 （旅游学院/中法旅游学院）	体育学院	地理科学与遥感学院
公共管理学院	机械与电气工程学院	教育学院（师范学院）
外国语学院	经济与统计学院	土木工程学院
计算机科学与网络工程学院 （含网络空间安全学院）		化学化工学院

二、广州大学 2021—2022 学年"体育竞赛突出贡献奖"（11 个）

体育学院	马克思主义学院	机械与电气工程学院
人文学院	生命科学学院	化学化工学院
土木工程学院	音乐舞蹈学院	地理科学与遥感学院
管理学院（旅游学院/中法旅游学院）		公共管理学院

三、广州大学 2021—2022 学年"班际篮球约战赛团队奖"（8 个）

土木工程学院　建环 201 班	经济与统计学院　数据 201 班
机械与电气工程学院　机械 204 班	机械与电气工程学院　电气 212 班
教育学院（师范学院）教技 211 班	机械与电气工程学院　机械 215 班
机械与电气工程学院　机器 211 班	土木工程学院　土木 218 班

四、广州大学 2021—2022 学年学生"体育发展"十佳个人（10 名）

唐一凡	何嬺琦	黄安琪	阮雪仪	萧慧娴	李美霖	廖佳雨	罗俊杰
郭炫君	罗 颖						

五、广州大学 2021—2022 学年学生"运动达人"（13 名）

许美淇	黄碧慧	黄安琪	何嬺琦	谢欣绩	罗俊杰	高艺郡	刘恩廷
谢依桦	黎灵芝	赖锋源	魏雯钰	西尔扎提·阿不都热苏里			

六、广州大学 2021—2022 学年学生"跑步达人"（100 名）

陈健豪	梁 昊	雷 昊	彭健钊	付洪宇	李阳品	邓 力	黎骥泉
石桂渝	谭启文	张钊行	杨肇源	张世锦	谢赋全	顾习正	黄永鹏
卢 军	陈锦培	胡新飞	冯王星	陈哲愚	陈泽斌	熊劲宇	温沛霖
刘恒希	陈俊佐	郑锦楠	张首涛	唐林枫	陈 霖	陈 兵	陈烁生
李兆烺	李毅鸿	陈希乐	郑加乐	区志斌	邱如意	田颖熹	吴锐展
郑 好	王致升	冯盛豪	张穆泉	黄思玮	谢洁俊	徐锦富	马梓烨
黄雯静	王亦韦	薛慕杭	练湘洳	宋彩梅	方海潮	陈艳瑾	刘璎莹
吴晓琼	谢 燕	周杰琪	陈冰茹	李心妍	张秋霞	房嘉儿	吕伊翰
吴思妍	叶芳颖	孟楚莹	吴华焱	罗曼青	李 容	袁 葳	许 佳
王燕柔	卢淑珍	林文霞	梅诗晴	杨婉婷	万佩茵	田露露	蒋心怡
张 来	李婷婷	刘燕珍	李泽慧	孙含瑾	陈韵华	胡玉双	魏 婧
向锐菁	李婉莹	罗鑫怡	符 蓉	杨雪瑞	吴小媛	杨回珍	张旭芬
卢俊江	陈嘉辉	郑欣茹	林嘉琪				

七、广州大学 2021—2022 学年校园班际篮球"约战之星"（10 名）

蒋　涛	刘诗婷	莫思进	林少豪	杨华东	张俊宇	王　宁	吴文豪
林可欣	张宝莹						

广州大学 2021—2022 学年
学生"艺术发展"工作先进学院和个人名单

一、广州大学 2021—2022 学年学生"艺术发展"工作先进学院（10 个）

音乐舞蹈学院	美术与设计学院	机械与电气工程学院
地理科学与遥感学院	环境科学与工程学院	新闻与传播学院
建筑与城市规划学院	教育学院（师范学院）	
马克思主义学院	人文学院	

二、广州大学 2021—2022 学年学生"艺术发展"十佳个人（10 名）

陈彦晓	黄维维	容佳仪	陈钰滢	邓智怡	黄韵仪	刘卓婷	龙泳海
陈灵茜	孜拉丽·木合塔尔						

三、广州大学 2021—2022 学年学生"声乐达人"（24 名）

计美婷	冯考颖	何俊杰	黎梓晖	黄颖仪	王子茉	曾浚濠	谢东芹
叶　琪	廖梓彤	梁馨文	冯诗怡	邓婷婷	何永杰	潘凯彤	朱芊霖
刘一然	尹欣彤	潘树蓉	李雨鑫	杨振鸿	邹经纬	邹　娟	付佳怡

四、广州大学 2021—2022 学年学生"器乐达人"（38 名）

安致翰	陈子善	崔静雯	何宇昊	黄诗源	揭文婷	谭创新	吴昊桐
吴颖欣	熊利君	袁琛沂	张烨子	张梓敏	钟键	朱佳雯	黄家伟
刘妍延	张凯蓉	叶鋈泉	郑婕颖	姜楠	黄志敏	卢泳潼	宗夏莹
周小月	许榕	龙宁	吴雨桐	于芊	黎嘉伟	袁葳	郭绮琪
蔡昊明	刘千瑶	梁裕映	张锶棋	汪灵杰	陈银璇		

五、广州大学 2021—2022 学年学生"舞蹈达人"（33 名）

冯晓君	陈灵茜	邱烨	王培垒	陈培铃	陈芷茵	韩怡恒	刘思君
万诗茹	钟芷瑶	陈垚竹	周淑柳	黄梓琪	陈蕊	钟思琪	何晓妮
吴欣桐	李雨珂	陈磊	秦瑜阳	何晨	曹启圣	黄梓宁	杨倩桐
蔡秀葵	周子甜	史梦萍	邓家茵	张紫彤	贾芸羽	溪浩冰	
恩珠·木拉提汗				古丽凯姆拜尔·奥斯曼			

六、广州大学 2021—2022 学年学生"语言艺术达人"（24 名）

颜昊恒	毛俊阳	杨绮翠	李昂	林文杰	陈豪辉	嵇正中	黄昭岚
张嘉娜	曲芷萱	刘杨洋	刘嘉滢	邱海燕	甘欣烨	郭厚辰	曾愉
王婷婷	卢睿哲	钟苑琦	刘姗姗	邵怡	陈云坤	许利维	邱雨馨

七、广州大学 2021—2022 学年学生"书法达人"（10 名）

何彦达	黄志涛	李梓柔	黄获填	黄日欢	岑泳铷	林卓为	潘晓璇
苏楠	祝梓博						

学年礼

八、广州大学 2021—2022 学年学生"摄影达人"（10 名）

莫楚欣	陈　苗	张艳媚	彭　林	李文浩	黎颖熙	陈桐悦	陈彦蓓
蔡彩莹	兰梦妮						

广州大学 2021—2022 学年
学生"视野拓展"工作先进学院和个人名单

一、广州大学 2021—2022 学年
学生"视野拓展"工作先进学院（10 个）

人文学院	数学与信息科学学院	法学院（律师学院）
生命科学学院	马克思主义学院	教育学院（师范学院）
外国语学院	管理学院 （旅游学院/中法旅游学院）	
经济与统计学院	物理与材料科学学院	

二、广州大学 2021—2022 学年学生"视野拓展"十佳个人（10 名）

曹珏宇	陈楷燊	兰雨桥	李九辉	苏　彤	林　芳	苏恺欣	刘杨洋
吴婉滢	林静旖						

三、广州大学 2021—2022 学年学生"经典阅读之星"（51 名）

叶晶莹	麦婉柔	潘嘉莉	邓乔力	黄胜龙	李锦杰	张晓林	莫思欣
陈绮颖	庄伟贤	吴洁华	吴竞悦	蓝沁怡	封晓霞	林梓玲	柯若彤

（续上表）

张宏维	罗业诚	李 帆	陈子康	廖文豪	张绮芬	余慧莹	庄锦芝
陈诗敏	林俐芩	谢天富	王 琳	杨宗宾	黄嘉敏	夏 晶	周晓霖
谭晓莹	王贵权	于尚辉	李汉燃	郑锦楠	朱丫玲	张芙蓉	李春雨
吴钰婕	张洁婷	陈滨乐	林煜丹	黄心怡	陈海琳	曾梦思	曾 馨
徐秋琳	钟丽贤	肖 波					

四、广州大学 2021—2022 学年学生"晨读之星"（50 名）

钟乐乐	黄银静	林锐淇	刘诗欣	赵晓津	许烨淇	童乐瑶	陈日媚
裴晨然	徐乐怡	徐心茹	谷春鸣	孙可钦	李奕锦	王文茜	柯 瑜
蔡妙芬	李洪辉	郭丽君	朱榕基	李雁婉	于雪婷	于嫣然	刘思施
李新宇	徐世浩	黎倚雯	廖雯禧	周 琼	童 燕	黄元俊	李月连
王柯怡	赖锴欣	邓锦注	赵 异	邱彩霞	郑晓惠	邱紫君	陈羽冲
王晓金	何镇源	张瀚涛	张莹莹	罗 鹏	郭泽楷	刘泽儒	卢嘉宝
陈卓迪	林焕杰						

五、广州大学 2021—2022 学年学生"志愿之星"（52 名）

王雅萱	林雨欣	陈 瑜	陈嘉林	方雪如	谭 红	黄恺潼	翁梓宜
王 普	严栩慧	古睿盈	吴家名	李元元	杨 晨	蔡璇英	陈浩森
范炜豪	张雪茹	李子聪	彭泳曦	江 楠	庄智杰	陈怡凤	邓国伟
江诗华	黄恩淇	刘东阳	卢 婕	林 芬	区楚怡	吴晓燕	张祝凤
章榕烨	杜美霖	王 谦	王兆慧	邹嘉湄	麦倩雯	戴梦琳	李 璇

（续上表）

黄裕铭	曹凯宇	袁千里	赵嘉壕	李尚谕	吴婉滢	龙文迪	罗　宸
赵玉芳	姚国慧	伊丽达娜·孜普卡尔			黄梓曼		

六、广州大学 2021—2022 学年经典百书征文比赛获奖学生（60 名）

刘一琦	张亚琛	黄杰栋	曾子馨	车前运	陈华喜	陈嘉玟	陈秋吟
陈晓芬	陈冶楠	陈庄雅	黄嘉仪	柯锦瞳	黎顺萍	李林江	梁春怡
林飞宏	林羽虹	刘秋玉	刘裕华	罗雨晴	吕晖凡	麦晓岚	麦心仪
潘钰坤	彭　真	石伟俊	王佳阳	王艺森	谢倩敏	叶圣埕	张巧灵
张　清	钟滟苃	周心月	周雪敏	梁　琦	黄雯静	陈潭送	董鑫滢
郭君玉	黄莹睿	黄智敏	林永辉	肖亦夫	洪雨薇	冯子兴	胡达强
彭泽林	黎虹兰	王恺浚	王亦韦	谢　慧	祝梓博	陈舒琪	冯　蕾
刘　晨	年玉芸	谭楚晴	冯颖茵				

七、广州大学 2021—2022 学年中华经典诵读竞赛获奖学生
广州市属高校大学生第十一届中华经典诵读竞赛
广州大学校内赛获奖学生（35 名）

黄俞花	卢金宁	曾　愉	邝立然	吴冯秀	刘思雨	邬晓忆	樊学彬
成小燕	邓　瑜	郭温廉	郭亦楠	何丽红	黄翠仪	张　杏	李家玉
刘姗姗	吕欣潼	孙钰瑶	肖婷婷	许　诺	薛灿莉	杨子倩	叶诺琦
余　琳	骆琳婕	毛俊阳	杨莉雯	吴宇麒	张　靖	陈舒琪	侯世存
黄　敏	黄怡婷	林　芬					

广州大学 2021—2022 学年
学生"能力发展"工作先进集体和个人名单

一、广州大学 2021—2022 学年
学生"能力发展"工作先进学院（10 个）

土木工程学院	化学化工学院	人文学院
管理学院 （旅游学院/中法旅游学院）	机械与电气工程学院	生命科学学院
地理科学与遥感学院	外国语学院	经济与统计学院
计算机科学与网络工程学院（含网络空间安全学院）		

二、广州大学 2021—2022 学年
学生公寓"五室一站"工作优秀单位（8 个）

机械与电气工程学院	土木工程学院	环境科学与工程学院
法学院（律师学院）	美术与设计学院	数学与信息科学学院
公共管理学院	建筑与城市规划学院	

三、广州大学 2021—2022 学年
"标兵宿舍"（共 221 间）"优秀学生楼层长"（59 名）

广州大学 2021—2022 学年
"优良学风型"（考研专项）标兵宿舍（13 间）

梅苑 10 栋 715X	梅苑 10 栋 420A	梅苑 10 栋 721A	梅苑 10 栋 729
梅苑 10 栋 730	菊苑 2 栋 206	菊苑 2 栋 212	菊苑 2 栋 401
梅苑 6 栋 214	梅苑 10 栋 718	竹苑 4 栋 327	菊苑 2 栋 414
菊苑 2 栋 425			

广州大学 2021—2022 学年"优秀示范型"标兵宿舍（60 间）

大学城校区（47 间）			
梅苑 1 栋 206	梅苑 1 栋 207	梅苑 1 栋 226	梅苑 1 栋 228
梅苑 1 栋 230	梅苑 2 栋 527	梅苑 3 栋 214X	梅苑 3 栋 316
梅苑 3 栋 319A	梅苑 4 栋 326	梅苑 4 栋 419A	梅苑 4 栋 421
梅苑 7 栋 408	梅苑 7 栋 501C	梅苑 8 栋 226B	梅苑 8 栋 303
梅苑 9 栋 204	梅苑 9 栋 408	梅苑 9 栋 409	梅苑 9 栋 512A
梅苑 9 栋 512B	竹苑 3 栋 234	竹苑 3 栋 429	竹苑 3 栋 728
竹苑 4 栋 236	竹苑 4 栋 402	竹苑 5 栋 221	兰苑 2 栋 309
兰苑 2 栋 317	兰苑 4 栋 331	兰苑 4 栋 401	兰苑 4 栋 433
兰苑 4 栋 502	兰苑 4 栋 505	兰苑 5 栋 228	兰苑 5 栋 332
兰苑 5 栋 408	兰苑 5 栋 441	菊苑 1 栋 321	菊苑 3 栋 221
菊苑 3 栋 425	菊苑 3 栋 712	菊苑 4 栋 228	菊苑 4 栋 423
菊苑 4 栋 428	菊苑 4 栋 611	菊苑 4 栋 710	
桂花岗校区（10 间）			
南 A 栋 401	南 A 栋 406	南 A 栋 407	南 A 栋 805
南 B 栋 202	南 B 栋 211	南 B 栋 304	南 C 栋 702
南 C 栋 903	南 C 栋 905		
黄埔研究生院（3 间）			
高新·智创园 C2 栋 604	高新·智创园 C2 栋 613	高新·智创园 C2 栋 918	

广州大学 2021—2022 学年"文明守纪型"标兵宿舍（148 间）

大学城校区（126 间）			
梅苑 2 栋 602	梅苑 3 栋 209	梅苑 3 栋 229	梅苑 3 栋 408
梅苑 3 栋 425	梅苑 3 栋 427	梅苑 3 栋 506	梅苑 3 栋 603
梅苑 3 栋 613B	梅苑 3 栋 701C	梅苑 4 栋 212B	梅苑 4 栋 224
梅苑 4 栋 229	梅苑 4 栋 424	梅苑 5 栋 302	梅苑 5 栋 711
梅苑 7 栋 601C	梅苑 8 栋 207	梅苑 8 栋 213	梅苑 8 栋 226C
梅苑 8 栋 317X	梅苑 8 栋 514	梅苑 8 栋 725	梅苑 9 栋 206
梅苑 9 栋 506	竹苑 1 栋 614	竹苑 1 栋 622	竹苑 1 栋 627
竹苑 1 栋 632	竹苑 2 栋 205	竹苑 2 栋 420	竹苑 2 栋 532
竹苑 2 栋 615	竹苑 2 栋 710	竹苑 3 栋 230	竹苑 3 栋 409
竹苑 3 栋 424	竹苑 3 栋 430	竹苑 3 栋 442	竹苑 3 栋 514
竹苑 3 栋 515	竹苑 3 栋 523	竹苑 3 栋 524	竹苑 3 栋 527
竹苑 3 栋 529	竹苑 3 栋 534	竹苑 3 栋 604	竹苑 3 栋 605
竹苑 3 栋 638	竹苑 3 栋 711	竹苑 3 栋 729	竹苑 4 栋 605
竹苑 4 栋 715	竹苑 4 栋 718	竹苑 5 栋 317	竹苑 5 栋 503
竹苑 5 栋 540	竹苑 5 栋 542	竹苑 5 栋 544	兰苑 1 栋 217
兰苑 1 栋 311	兰苑 1 栋 322	兰苑 1 栋 329	兰苑 1 栋 508
兰苑 1 栋 514	兰苑 1 栋 519	兰苑 1 栋 618	兰苑 1 栋 629
兰苑 1 栋 638	兰苑 1 栋 641	兰苑 1 栋 714	兰苑 1 栋 715
兰苑 1 栋 716	兰苑 1 栋 723	兰苑 2 栋 205	兰苑 2 栋 207
兰苑 2 栋 230	兰苑 2 栋 235	兰苑 2 栋 304	兰苑 2 栋 311
兰苑 2 栋 312	兰苑 2 栋 313	兰苑 2 栋 318	兰苑 2 栋 327
兰苑 2 栋 328	兰苑 2 栋 403	兰苑 2 栋 509	兰苑 2 栋 525

学年礼

兰苑 2 栋 527	兰苑 2 栋 737	兰苑 2 栋 744	兰苑 4 栋 222
兰苑 4 栋 223	兰苑 4 栋 224	兰苑 4 栋 225	兰苑 4 栋 346
兰苑 4 栋 404	兰苑 4 栋 523	兰苑 4 栋 610	兰苑 4 栋 614
兰苑 4 栋 631	兰苑 5 栋 224	兰苑 5 栋 229	兰苑 5 栋 339
兰苑 5 栋 525	兰苑 5 栋 608	菊苑 2 栋 201	菊苑 3 栋 218
菊苑 3 栋 226	菊苑 3 栋 232	菊苑 3 栋 343	菊苑 3 栋 408
菊苑 3 栋 628	菊苑 3 栋 629	菊苑 3 栋 637	菊苑 3 栋 714
菊苑 3 栋 720	菊苑 4 栋 536	菊苑 4 栋 541	菊苑 4 栋 542
菊苑 4 栋 608	菊苑 4 栋 623	菊苑 5 栋 320	菊苑 5 栋 402
菊苑 5 栋 519	榕轩 7 栋 506		
桂花岗校区（14 间）			
南 A 栋 607	南 B 栋 310	南 B 栋 709	南 B 栋 805
南 C 栋 407	南 C 栋 408	南 C 栋 711	南 C 栋 803
南 C 栋 807	南 C 栋 902	南 C 栋 909	南 E 栋 402
13 号楼 402	13 号楼 601		
黄埔研究生院（8 间）			
高新·智创园 C2 栋 514		高新·智创园 C2 栋 916	
高新·智创园 C2 栋 920		高新·智创园 C2 栋 1113	
高新·智创园 D10 栋 611		高新·智创园 D10 栋 612	
高新·智创园 D10 栋 705		高新·智创园 D10 栋 711	

广州大学 2021—2022 学年"优秀学生楼层长"（59 人）

大学城校区（49 人）							
吴嘉乐	吴光萍	郑善文	张 露	谢妮君	李其龙	吴林峰	何冠桦
巫 丹	曾 妍	卓致衡	陈秋生	黄心怡	樊子淇	邓祺峻	吴文基
陈 悦	莫振鹏	林志聪	张心怡	黄林婷	谢 冰	梁柳洁	冯燕楠
温佳丽	陈玉淳	刘丽银	邓景夫	李若愚	李丽青	黎智轩	刘乾进
唐坤明	王嘉然	谢锦智	林炜婧	吕伊翰	吴燕妮	赖晓玲	李宇晖
杨 燚	郑建龙	章培鑫	邓幸维	郑佳慧	何咏茵	陈 芸	吕媛媛
李佳殷							
桂花岗校区（10 人）							
陈凯铃	宋彩梅	刘 颖	王鑫晟	林之琳	刘 添	黄嘉濠	曾怡珊
陈秋幸	邓婕蕾						

四、广州大学 2021—2022 学年学生"能力发展"十佳个人（10 名）

蔡璇英	陈碧霞	陈依灵	骆晓腾	王玥玲	钟炜婷	苏盈盈	陈伟彬
杨 柳	吴晓玲						

五、广州大学 2021—2022 学年学生"创新达人"（58 名）

李楚琪	林涌权	林培东	林静旖	张妤婷	黄锦山	古姗姗	许文睿
吕凌炜	胡缤艺	王泽嘉	詹晓婷	田萍毓	杨梓桦	林 燕	李笛宁
陆 雨	苏彤	辛 婷	张 钿	关雅芳	方 谦	陈思霖	何佳伟
江沐鸿	苏盈盈	李九辉	罗文俊	郑 涵	付洪宇	彭天雨	梁淑瑜
聂奔欢	马梓航	李晓娜	唐钰琳	张立峰	黄晓敏	蒋雅斯	许小榕

学年礼

赵曼晴	杨健龙	张瑞敏	陈梓博	高思翰	马鹏腾	洪伟彬	吴婉滢
阮盛旺	龙文迪	庞启慧	张洲瑞	黎智轩	祝梓博	王映骅	纵 升
朱洁仪	李惠琳						

六、广州大学 2021—2022 学年学生"创业达人"（10 名）

梁家乔	何振霆	刘国蔚	周伟杰	何佳伟	陆 雨	辛 婷	张柏珊
李有龙	苏焯彦						

七、广州大学 2021—2022 学年学生"科研达人"（10 名）

李 雯	方 谦	郑淳坚	洪伟彬	王语湘	黎宝鸿	周子轩	陈薇彤
何佳伟	陈思霖						

八、广州大学 2021—2022 学年学生"文创达人"（20 名）

曾 恬	陈青青	邹紫琳	余珍妮	杨雨洁	卢沅君	林志东	郭新洁
廖美善	廖淑慧	徐咏珩	陈舒琪	林若桐	胡薰匀	陈俊宇	李婉岚
陈欣怡	刘炜聪	张哲华	朱佳菀				

九、广州大学 2021—2022 学年学生"劳动达人"（100 名）

陈龙智	张炽欣	江瑶瑶	余奕霖	邓芷玲	李思梦	钟烜颖	吴江伟
李铃儿	黄嘉仪	沈童欣	杨桂嘉	莫莉丹	黄百洪	徐旭霖	王俊杰
张心雨	李锐锋	杨锦秀	卢曼玲	黄棋彬	张婉钰	卢祖如	林思源
郭亦楠	杨青于	谭瀚霞	赵敏仪	柯伟婵	陈慧冰	邹秋芹	陈艺颖

（续上表）

王海蓉	徐经纬	陈晓雪	徐奕而	赖晓丹	董乐盈	陈可云	吴晓琼
张　满	王小云	姜恺熙	罗　奇	陈　洋	贾逸飞	康　楠	丘俊斌
叶羡儿	陈银璇	董慧琳	朱　环	李　茂	叶　阳	徐燕燕	常茗策
李心妍	岑泳铷	琴　琴	林培育	黄舒婷	刘思颖	陈泳锦	李菊芳
董婉玲	梁智文	王嘉燕	张朱琳	张凯丹	纪柳孜	黄诗婷	刘　鑫
蓝　澜	严思博	许梓涛	张倩茵	林俊杰	许清敏	梁富诚	胡乐涵
邓嘉俊	邱俊豪	潘雯婕	曾祥豪	洪志腾	石亿华	方兆亮	谢宛彤
姚　冲	陈芍允	李俊毅	邓凯鹏	柯亮浩	曹　希	周铮彦	王　雨
凌俊楷	吴君梅	古丽凯姆拜尔·奥斯曼		阿丽米热·图合提			

广州大学 2021—2022 学年
优良学风标兵班、优良学风班名单

一、广州大学 2021—2022 学年优良学风标兵班（10 个）

环境科学与工程学院环科 191 班
物理与材料科学学院物理 191 班
化学化工学院化学 194 班
公共管理学院行管 201 班
土木工程学院土木 201 班
人文学院汉语 203 班
数学与信息科学学院信安 191 班
生命科学学院生科 193 班

学年礼

（续上表）

管理学院（旅游学院/中法旅游学院）旅游 191 班
计算机科学与网络工程学院软件 192 班

二、广州大学 2021—2022 学年优良学风班（共 149 个）

经济与统计学院（7 个班）				
金融 194 班	金融 202 班	金融 212 班	金融 214 班	经济 203 班
统计 211 班	经济 211 班			
法学院（律师学院）（5 个班）				
法学 191 班	法学 203 班	法学 207 班	法学 213 班	法学 215 班
马克思主义学院（1 个班）				
思教 201 班				
教育学院（师范学院）（8 个班）				
小教 191 班	小教 201 班	小教 213 班	特教 191 班	特教 201 班
应心 193 班	学前 211 班	学前 201 班		
体育学院（2 个班）				
体教 213 班	体教 214 班			
人文学院（9 个班）				
汉语 196 班	汉语 201 班	汉语 205 班	汉语 209 班	汉语 212 班
汉语 213 班	汉语 218 班	历史 192 班	历史 202 班	
外国语学院（8 个班）				
英语 194 班	英语 196 班	英语 203 班	英语 204 班	日语 191 班
日语 201 班	法语 201 班	法语 211 班		

（续上表）

新闻与传播学院（10个班）				
媒体191班	媒体201班	媒体202班	媒体211班	媒体212班
媒体213班	广电201班	广电212班	广编201班	广编202班
管理学院（旅游学院/中法旅游学院）（19个班）				
工商196班	工商206班	工商211班	工商214班	中法211班
会计191班	会计203班	会计211班	会计212班	电商201班
电商212班	旅游193班	旅游194班	旅游202班	旅游212班
工程201班	工程212班	物流201班	物流211班	
公共管理学院（3个班）				
社会212班	行政211班	行政214班		
美术与设计学院（5个班）				
美术191班	美术203班	美术213班	服装201班	数媒202班
数学与信息科学学院（7个班）				
数学195班	数学204班	数学212班	数学213班	信安201班
信计192班	信计211班			
物理与材料科学学院（3个班）				
物理201班	物理203班	物理212班		
化学化工学院（5个班）				
化学191班	化学202班	化学204班	化学213班	化工193班
地理科学与遥感学院（7个班）				
地理191班	地理192班	地理193班	地理202班	地理203班
地理212班	地理213班			

学年礼

（续上表）

生命科学学院（4个班）				
生科 191 班	生科 202 班	生科 203 班	生科 204 班	
机械与电气工程学院（9个班）				
电气 191 班	电气 194 班	电气 204 班	电气 213 班	机械 193 班
机械 203 班	机械 213 班	机器 202 班	机器 212 班	
电子与通信工程学院（4个班）				
电信 202 班	电信 212 班	通信 212 班	物联 201 班	
计算机科学与网络工程学院（10个班）				
计科 194 班	计科 201 班	计科 203 班	计科 204 班	软件 193 班
软件 201 班	网络 192 班	网络 193 班	网络 203 班	网安 201 班
建筑与城市规划学院（6个班）				
园林 181 班	园林 191 班	园林 201 班	城规 181 班	城规 211 班
建筑 191 班				
土木工程学院（13个班）				
土木 191 班	土木 196 班	土木 198 班	土木 1911 班	土木 206 班
给排 192 班	给排 193 班	给排 203 班	建环 201 班	建环 203 班
土木类 215 班	土木类 218 班	土木类 2112 班		
环境科学与工程学院（4个班）				
环工 193 班	环工 201 班	环科 211 班	环科 212 班	

广州大学 2021—2022 学年"十佳学生"名单

物理与材料科学学院	祝梓博
音乐舞蹈学院	黄彦君
化学化工学院	陆 雨
外国语学院	龙文迪
人文学院	许小榕
土木工程学院	郑佩萍
教育学院（师范学院）	刘泽霖
电子与通信工程学院	王坤辉
地理科学与遥感学院	林华威
计算机科学与网络工程学院	赖杰伟

广州大学 2021—2022 学年"十佳学生入围奖"名单

土木工程学院	陈展堂
地理科学与遥感学院	杨 柳
公共管理学院	朱哲桐
环境科学与工程学院	蔡璇英
机械与电气工程学院	苏盈盈
数学与信息科学学院	张维泽
法学院（律师学院）	骆晓腾
体育学院	赖明杰
管理学院（旅游学院/中法旅游学院）	严晓君

学年礼

（续上表）

建筑与城市规划学院	钟炜婷
新闻与传播学院	李嘉慧
生命科学学院	陈依灵
美术与设计学院	张祎宁
马克思主义学院	邓欣怡
经济与统计学院	吴晓玲

广州大学 2021—2022 学年先进个人名单

经济与统计学院

优秀学生（71 人）							
刘雪玟	戴　尔	马怀欣	彭佳怡	张师师	李胜涛	宋子欣	秦楚婷
陈湘旋	张宁宁	吴晓燕	颜若欣	关茵茵	陈晓霞	谭晓莹	王晓雷
马滢滢	黄詠心	吴晓玲	刘喜月	韦沛文	陈锦香	陈梓妍	赵琼珍
李晓娜	马梓航	罗诗棋	黎思慧	黄芷泳	潘嘉欣	赖小燕	余慧莹
唐雨蝶	赵思蕊	陈美娣	邵柔尘	马纯莹	曾　妍	田　俊	苏伊汶
魏潇童	郑茵桐	蔡　也	蔡宁茵	胡芷程	易　鸿	崔冰清	马梓东
吴欢婷	王晨瑜	陈鑫琳	梁婉雯	何洁婷	林雅淇	邓芷玲	胡懿婷
陈宇慧	黄　越	黄钰媚	王丹仪	王景琦	陈颖熙	郑浩贤	付心渝
陈龙智	黄添成	王　瑾	梁春燕	赵　慧	黄子欣	刘兆飞	
优秀学生干部（57 人）							
李诗慧	谢子宇	邓金龙	宋子欣	吴美亮	廖晓瀚	吴伊航	陈宇阳
赖燕非	谭晓莹	刘倩妍	朱莹淇	罗　立	肖凯丹	马梓航	黎思慧

（续上表）

杨锦涵	林梓玲	吴建清	陈美娣	邓丽诗	区炫凯	马纯莹	李琴兰
田 俊	黄诗雅	黄晓洁	郑茵桐	赖俊隆	李泽文	冯王星	林莘妍
陈值飞	周诺亚	张伯镛	陈安琪	唐巾雯	岑志雄	徐茂轩	陈诗韵
龚 琳	赵子毓	唐千枝	林 曼	袁晓榕	张盈莹	李丹丹	耿士竣
俞鑫旺	黄景彬	王 瑾	林郅超	周意圆	黄子欣	邹秀萍	邹鑫燕
熊锦璇							

一等奖学金（72 人）							
刘雪玟	戴 尔	马怀欣	彭佳怡	张师师	李胜涛	宋子欣	秦楚婷
陈湘旋	潘玲玲	张宁宁	颜若欣	李若愚	关茵茵	陈晓霞	王晓雷
刘倩妍	马滢滢	黄詠心	刘喜月	韦沛文	陈锦香	陈梓妍	黄敏桐
马梓航	罗诗棋	钟姿雅	黄芷泳	潘嘉欣	赖小燕	余慧莹	唐雨蝶
赵思蕊	陈美娣	邵柔尘	马纯莹	曾 妍	田 俊	苏伊汶	魏潇童
郑茵桐	蔡 也	蔡宁茵	胡芷程	易 鸿	崔冰清	马梓东	吴欢婷
王晨瑜	陈鑫琳	梁婉雯	何洁婷	林雅淇	邓芷玲	胡懿婷	陈宇慧
黄 越	黄钰媚	黄晶晶	陈颖熙	郑浩贤	陈龙智	黄添成	潘 寓
王 瑾	梁春燕	赵 慧	黄子欣	王丹仪	王景琦	朱冬婧	刘兆飞

二等奖学金（115 人）							
谢子宇	崔文建	钟思期	陈炜坚	谭倚铃	李诗慧	孙铠杰	周芝漫
李佩洋	钟嘉怡	关梓滢	梁灏楠	张嘉琪	王 穗	李欣然	邓如廷
郭佳希	郭芷盈	古雅琪	陈宇阳	赖燕非	刘芷韫	郑佳烨	匡峥峥
曾凡瑾	吴铎翰	钟凯名	全亦晴	丘永恩	周思婷	马嘉林	黄 珊
罗 立	叶泽宜	谢雪婉	黎晓玉	邱颖欣	陈嘉怡	施绮彤	黄艳梅
陈色侨	吴梓晴	陈宇婷	杨锦涵	彭 可	庄通发	陈绮颖	李 喻

学年礼

伍子隆	罗欣莹	梁思琪	谢滢蔓	曹子涵	骆泳锜	郑燕玲	曾梦思
林靖雯	廖晓静	苏楠	曾颖茵	黄诗雅	岳琪	黄晓洁	董辉
江宜蔚	王钦水	苏雪儿	朱正棋	陈新嘉	黄彦凯	李文宇	陈月银
梁沛嘉	林莘妍	蔡欣希	陈丽坚	谭诗敏	江旭	吴健埔	陈妙娜
石心怡	陈灿	关伶钰	蒋新锐	陈映蓉	龚琳	陈碧娴	陈春晓
彭程	赵子毓	张佳林	林曼	袁晓榕	张盈莹	吴晓清	庞乐妮
林佳敏	李丹丹	柯欣彤	雷颖	黄景彬	刘添	宋彩梅	林芷韵
石家怡	李嘉敏	伍婉阳	马碧银	邹秀萍	梁菲	邹鑫燕	李伟奇
熊锦璇	陈子康	李灏					

三等奖学金（172 人）

黄淑敏	刘梓辕	甘崇珊	陈卓婷	麦芊杨	罗彩盈	沈婉灵	彭晓峰
邓金龙	郑晓琦	林志伟	陈静怡	蔡玉婷	苏冰仪	叶紫惠	胡良洪
叶棣	邓晋名	张楚莹	陆思阳	廖晓瀚	王婷婷	马鑫婷	蔡雪云
洪燕庭	刘雅丽	黄梦娜	林伊莱	吴伊航	周楚楚	陈壬涛	叶沐雨
范星柔	林琪琪	曾勇豪	张彦	江志浩	张嘉怡	曾春燕	潘倩
沙润灏	丁明瀚	许敏	李梦填	朱星龙	吴泳葶	黄烽燃	王文亮
欧俊成	梁成泽	陈静薇	郭赛迪	郭浩铨	何舒彤	罗业诚	石美婷
肖凯丹	陈舒婷	宁静红	钱诗雅	陈彤欣	苏嘉娜	刘珈瑶	周浩敏
李嘉文	黄婉琪	刘力豪	丁武豪	周倩琳	魏榕	刘婷婷	莫思欣
郑欣茹	林梓玲	翁靖斯	李善柔	李春凤	许露娟	胡嘉琪	邹燕婷
郭晓玲	赖思怡	徐卓怡	邓丽诗	傅阳阳	施淇宝	边宇	陈怡
孔令胜	毛袁琴	许佳	曾子娟	舒芮祯	陈土钧	何隽璞	王康蓓
何璇	卢韬烨	田宏皓	刘淑涵	黄慧然	廖文豪	彭子茗	陈恭如

（续上表）

钱文涛	王俊懿	刘韵宜	罗玮	黄颖	关沛琳	冯王星	何阳
陈彩诗	陈值飞	卢姿含	周诺亚	游钦龙	张伯镛	陈安琪	李茜
谢立幸	冯一	陈瑞康	钟丽萍	岑志雄	陈小蔓	朱乐仪	夏嘉蔓
陈诗韵	雷婉婷	何嘉琰	江敏怡	张炽欣	郭安琪	许可	陈婷婷
伏静	张琳晞	曾楚琴	林铙楹	陈俏茜	彭依淳	彭若婷	张永峰
梁文颂	李嘉杨	胡亚琴	刘诺柠	何梓键	俞鑫旺	苏子恒	张考华
戴智慧	钟嘉楠	江瑶瑶	沈诗雅	陈少玲	林郅超	叶俊荣	陈铭溪
张梓琳	周滢滢	房欢	林晓铧	黎颂颖	黄子珊	徐静怡	杨梓畅
席宇航	曾铭祺	陈佳楠	欧阳泳欣				

法学院（律师学院）

优秀学生（34 人）							
刘静蕾	严晖	刘诗颖	童洁	陈嘉玟	陈欣蕾	洪静茹	李佳怡
黄嘉仪	吴江伟	何思聪	李泳裕	钟惠琳	卢静怡	张嘉娜	蓝柳玲
杨凡	吴臻臻	戴博	薛炜丹	张来	江佳颖	徐德方	李香怡
李洁莹	吴伊雯	李悦祺	庞竣元	古姗姗	李惠仪	陈仪臻	冼冬妍
韩希霖	骆晓腾						
优秀学生干部（27 人）							
管誉	严晖	刘诗颖	黄祯	陈嘉玟	周芷琦	李诗阳	汪紫怡
林佳慧	李心怡	何思聪	李泳裕	卢宣竹	蓝柳玲	李颖琳	林文杰
罗茜	李浩宇	区心玥	黄佩丽	李惠仪	江竞帆	潘晓澎	江嘉嘉
陈泽生	巫岳峰	李敏诗					

学年礼

一等奖学金（34 人）							
刘静蕾	严晖	刘诗颖	童洁	陈嘉玟	陈欣蕾	洪静茹	李佳怡
黄嘉仪	吴江伟	何思聪	李泳裕	钟惠琳	卢静怡	张嘉娜	蓝柳玲
杨凡	吴臻臻	戴博	薛炜丹	张来	江佳颖	徐德方	李香怡
李洁莹	吴伊雯	李悦祺	庞竣元	古姗姗	李惠仪	许燕雯	陈仪臻
冼冬妍	韩希霖						

二等奖学金（54 人）							
冯子斌	罗茜	廖佳雨	李浩宇	吴健葳	黄嘉俊	沈懿	郭春意
梁雅琳	卢金宁	李华强	林沛诗	江嘉嘉	刘文裕	廖洁虹	董依娟
巫岳峰	林敏萍	黄滢	王子睿	郭炫君	黄子琳	张超	刘锴亮
卢宣竹	麦晓岚	胡薰匀	李秋雨	黄晓婷	钟滟荠	魏加恩	徐乐萍
张诗婷	李颖琳	何熙敏	彭依依	叶娜	黄英花	李嘉琪	黄祯
田慧炜	彭歆慈	赖琦	钟乐乐	陈锦澎	黄颖言	尹莉茜	汪紫怡
李诗阳	何适平	谭子欣	林佳慧	詹楚玲	施彦均		

三等奖学金（81 人）							
邵禹壹	陈淑欣	王佳阳	王义瑶	吴雯	曾惠琳	孔石梅	区心玥
周晓娴	张紫怡	陈家浩	古文丹	江竞帆	刘小燕	韩书颖	潘晓澎
周晓瑜	伍运宜	魏丹蕾	林婷	许嘉蕊	刘洪奇	朱梓珊	朱薇
李坤亮	钟泓菁	邱雯雯	杨芸	卓雯	王鹏	李天锐	梁晓琪
肖钦元	李涵钰	赵美茜	廖启健	陈华喜	梁诗琦	杨弘道	陈梓榕
罗雨晴	刘雪园	魏琳	李敏诗	王浩雨	杨庆秋	杨子墨	匡心怡
段岚	李文意	林楠	邓文慈	周雪敏	林文杰	林杰	文乐之
崔茂雅	邵静楠	苏靖淇	杨数如	陈姬	庞淋	高志强	黄超坤

（续上表）

林泽忠	丁维佳	周芷琦	谢海妮	邓诗曼	尤妙祺	陈晓芬	傅奕曼
冯皓蕙	罗雪儿	刘奕成	潘钰坤	苏婧莹	文耀辉	周炎培	刘秋玉
林晓颖							

马克思主义学院

优秀学生（14人）							
陈颖怡	邓欣怡	梁芷晴	林海燕	陈裕青	程钰婷	陈粤湘	沈童欣
杨 杰	岑雅婷	陈冠翰	王晓蝶	肖子云	吴子璇		
优秀学生干部（11人）							
孔德喆	李欢心	李双双	张立峰	黄柳美	蔡昀珊	林雨欣	苏煜琳
高绿怡	吴宇翮	麦炬江					
一等奖学金（14人）							
陈颖怡	梁芷晴	林海燕	李双双	陈裕青	张立峰	程钰婷	岑雅婷
杨 杰	苏煜琳	沈童欣	肖子云	李洁莹	吴子璇		
二等奖学金（22人）							
黄金梅	邓昊琳	卢泳潼	周津羽	古雯惠	李欢心	叶俏莹	陈若琳
黄柳美	张凯琦	罗绮曼	陈凯林	蔡昀珊	陈冠翰	赖钊颖	叶婉彤
刘玉璇	颜嘉丽	万思琪	吴宇翮	蔡炫钰	梁晓雪		
三等奖学金（35人）							
郑 敏	郑金慧	柯 桐	孔德喆	陆翠娴	韦彩鸿	马 熠	梁致远
苏敏欣	冯颖雯	冯祖欣	周玮彤	陈 曦	何怡心	王家宁	陈 晖
罗浩琳	陈文杰	李嘉洪	郑雅丽	刘佳文	钟颖姮	程思颖	高绿怡
何文蔚	罗慧娇	高若琳	麦炬江	江棋郴	程丽娴	李冠烨	林雨欣
陈佳欣	张慧露	钟子珊					

学年礼

283

教育学院（师范学院）

优秀学生（51 人）							
梁淑瑜	邓舒婷	谭翔天	邝松楷	伍蓓茵	巫林清	冯家怡	彭天雨
颜舒琪	周俊耀	张沈琪	朱文柯	李承昊	余丹韵	杨喜端	张欣懿
陈情情	邓美娜	区楚怡	黄雪英	庄广容	李 莹	冯心茹	周嘉琳
易佩颖	曾晓敏	涂荧敏	甘 甜	付洪宇	廖佳雨	徐凤鹏	谢韵婷
林伟仪	陈培铃	梁 曦	吕伊翰	钟芷芸	李玮珊	陈嘉裕	王俊喜
罗吉梅	徐嘉倩	林晓露	张小丽	黄驿捷	黄慧婷	王梓涵	董鑫滢
潘晓璇	胡辛革儿	黄惠玲					

优秀学生干部（41 人）							
黄雪芬	邓舒婷	刘 哲	邓素媛	丁虹尹	何恺涓	黄妙婷	李颖芳
尹李湘	李若诗	刘泽霖	余 沁	卢 婕	刘汉文	谢思忆	李儒婷
梁丽静	李小桦	叶俊红	刘子滢	叶洁宇	李晓琪	杨田宇	龙翘晖
钟雨林	黄 圻	覃芳萍	周梓玥	张 婕	杨秋琳	陈潭送	黄思甜
周悦欣	陈 迎	颜淑琴	王茗桂	丘娉娉	梁 虹	邓 燕	欧阳媛源
玛依拉·白克日							

一等奖学金（48 人）							
梁淑瑜	邓舒婷	邝松楷	伍蓓茵	巫林清	彭天雨	颜舒琪	张沈琪
朱文柯	李承昊	刘泽霖	余丹韵	冯美萍	张欣懿	陈情情	区楚怡
谢思忆	庄广容	李 莹	冯心茹	周嘉琳	易佩颖	曾晓敏	周珈莹
涂荧敏	陈晓敏	付洪宇	廖佳雨	杨田宇	谢韵婷	林伟仪	徐嘉倩
梁 曦	吕伊翰	钟芷芸	李玮珊	陈嘉裕	王俊喜	罗吉梅	吴雨鋆
林晓露	黄奕琦	黄驿捷	黄惠玲	黄慧婷	王梓涵	董鑫滢	胡辛革儿

（续上表）

二等奖学金（78人）							
孔梓君	黄雪芬	曹颖媚	李苑滢	刘 哲	谭叶桐	丁虹尹	梁雅惠
何恺涓	黄妙婷	苏芍澄	吴晓婷	李颖芳	尹李湘	邵一凡	姚 丹
周渭森	刘茵彤	杨喜端	余 沁	林喆瑞	邓业彤	许惠琪	叶佩珊
邓艺敏	张慧怡	刘汉文	谢雅淳	吴文豪	冯诗怡	李儒婷	梁丽静
曾萃如	叶思琪	刘 轩	陈焕坚	曾思琪	罗浩森	雷雨彤	甘 甜
刘一鸣	蒋子琪	曾一帆	徐凤鹃	潘李欣	唐圆圆	梁嘉怡	江诗华
彭佳玲	许湘雨	房 杰	黄 圻	覃芳萍	莫晓晴	陈奕羽	李 璇
张 婕	郑小丹	黄少敏	杨秋琳	张 城	黄思甜	李 佳	周悦欣
吴紫滢	陈 迎	洪樱芝	王茗桂	李沛衡	丘娉娉	吕玲璇	詹怡珣
潘晓璇	梁 虹	赵宇丹	廖华品	梁诗晴	李嘉颖		

三等奖学金（123人）							
周学瑜	周欣祺	曾雅婧	缪国玲	黄梓欣	郑凤宇	何培立	许 悦
王 靖	毛卉怡	石嘉璇	林 莎	张 琳	黎水连	徐翠徽	李燕妮
刘东阳	黄紫滢	罗 倩	张 浩	丁 泓	张曦月	温晓红	张津华
杨芷澄	朱彦霖	李若诗	孙晓鹏	吴嘉欣	吴文琪	魏 芊	吴琪琪
何颖梅	陈颖坚	钟楚慧	黄嘉仪	何嘉琦	许晓敏	谭斐菲	卢 婕
邓国伟	徐烨锶	梁洁怡	吴漫婷	张杰伟	徐 曦	赖嘉颖	白丽芳
吴颖瑜	陈学婧	朱珏琳	吴彦妍	林妙龙	谭颖妍	李 昂	郑德晶
李小桦	李思琦	黄佳欣	叶俊红	唐盈盈	刘祖儿	刘子滢	叶洁宇
张慧如	曾玉玲	王紫嵘	龙翘晖	张凯雯	郑依婷	邝家阳	郑岚岚
刘绮婷	曾杏仁	吴沛然	钟雨林	赖英英	张 娜	黄 森	戴 燕
吕佳凤	廖翠怡	李懿萱	涂雁南	莫莉丹	杨采煊	钟 榆	周梓玥

学年礼

（续上表）

张佩纹	陈绿冰	赖伊曼	黄文琦	陈鑫瑶	李如意	庄芷琳	甘苹
张舒婷	王瑶	许怡敏	颜静瑜	杨泽畅	陈子薇	詹文姗	宋沅芝
陈晓彤	李湘湘	刘姿希	苏夏桐	杨倩桐	郝西元	胡斯慧	曾嘉豪
崔丹霖	薛慕杭	计美婷	张慧媛	曾敏婷	欧阳小钰	欧阳媛源	陈嘉曦
伊丽达娜·孜普卡尔			海迪夏·阿不都艾尼			努尔比亚·牙森	

体育学院

优秀学生（22人）							
黄章艺	梁佩诗	袁晓丹	张丽	陈琪冰	钱大榕	叶广成	梁伟东
吴传恩	罗志涛	罗永权	温妙红	梁丽菲	许海宇	练依浩	莫世荣
彭乙桐	邓建鑫	江秋成	黄罡	文嘉妮	CHU YI JASMINE ZHU		

优秀学生干部（22人）							
柯文浩	张维维	李图新	林杰世	古坤桓	陈建君	赖斌	罗永权
康俊文	黄莹娜	蒋涛	伍旋	林树荣	林上豪	杨春妍	彭晓霖
冯金秀	谢佳豪	叶建豪	刘添豪	罗颉	杨顺森		

一等奖学金（25人）							
朱楚依	许海宇	练依浩	陈琪冰	袁晓丹	黄章艺	张丽	彭乙桐
江秋成	邓建鑫	叶广成	梁伟东	罗志涛	吴传恩	伍旋	林少豪
文嘉妮	黄罡	植镇勇	冯靖	梁丽菲	陈建君	林卓蔚	梁蕴
罗永权							

二等奖学金（39人）							
黎锐灼	吴楚丹	林上豪	李嘉鑫	蒋涛	林树荣	纪文聪	冯祉瑶
舒国兴	黎文龙	张维维	杨弘泓	柯文浩	李金水	李林萌	胡淑纷

（续上表）

二等奖学金（78人）							
阮雪仪	莫丽珊	马鹏腾	钟世强	彭晓霖	崔致立	莫纯星	范俊轩
郑斯沛	李图新	刘添豪	林家荣	何政辉	李颖璇	吴祥军	冯金秀
廖梓贤	莫恒萍	谢佳豪	林　晖	赖　斌	莫和源	欧阳国晖	

三等奖学金（57人）							
谢锦清	彭湘莹	林正鑫	吴伟杰	吴智华	陈澍丞	郭世山	王靖儒
戚泽轩	曾　堃	谭杰城	黎灵芝	陈子希	李南尤	黄炜钜	何艳华
叶建豪	刘家诚	黄成政	宋俊珏	钱春锋	林旭熹	郑海明	张逸凡
徐柏伦	黄　武	陈伟梁	康俊文	张志城	李逸友	黄杰龙	陆振鹏
梁钰杏	梁　杭	曾灿新	陈权文	叶毅泓	黄睿诚	林泽熙	梁浩邦
吴文生	熊子畅	杨　睿	方之国	袁　赋	谢宇鹏	叶宇璘	徐浪译
胡嘉濠	张智滔	王　柳	李玉宝	邱从霸	钟　科	冯宇翔	钱家豪
何飞扬							

人文学院

优秀学生（62人）							
陈泽君	温莹禧	曹珏宇	田美琪	彭鹏生	李　柔	钟　敏	曾　恬
王兆慧	钟　俏	王玉洁	吴　越	朱怡乐	林若桐	徐世浩	杨铭杰
汪雅欣	刘楚楚	罗惠方	罗乙馨	肖亦夫	郭　润	赵曼晴	吴雨轩
刘宇涵	张晓琳	沈洁琪	叶诺琦	余　琳	尹杰怡	黄佳婷	李雨薇
江丽慧	李汶畅	刘素柳	黄翠仪	钟林秀	杨子倩	邱文豪	黄智敏
刘振阳	陈舒暖	谢芷莹	林春秀	吴小莉	梁惠媛	钟　悦	陈佳蕾
李　洋	蔡瑶莹	黄宁宁	薛珂桢	吴远航	吴庭沐	杨丽平	林沐青

学年礼

钟俞妃	陈亮	李开和	邓锦泰	梁慧健	努尔凯麦尔·安外尔	

优秀学生干部（52 人）						
邹凌燕	卢佳慧	郭温廉	吴雅婷	钟敏	王兆慧	林文艳	周淑柳
欧乐诗	肖一蕊	詹慧纯	王雅荧	林彩琪	季婷	龙朔	郭亦楠
廖梅清	郭姚瑶	张婉钰	梁慧健	张清桦	吴泳沁	胡益慧	邱晓静
梁曦予	何丽红	廖晓桦	曾雨欣	黄梓彦	谭妍	郭新洁	詹小璇
李美霖	林思因	黄琪	吴小莉	刘姗姗	梁惠媛	汤婉汶	冯鑫婵
卢祖如	郭香彤	廖钰茹	黄麒铭	林韵	敖亦欣	谢炜煊	蔡镟焙
邓语桐	邓锦泰	古丽娜孜·普尔凯提		阿丽耶·伊斯马伊力		

一等奖学金（62 人）						
陈沛瑶	温莹禧	彭鹏生	李柔	钟敏	曾恬	王兆慧	吕昕茹
钟俏	王玉洁	曾梦秋	朱怡乐	林若桐	徐世浩	詹慧纯	杨铭杰
朱舒婷	汪雅欣	郭亦楠	罗惠方	张婉钰	梁慧健	罗乙馨	肖亦夫
刘俊尧	郭洵	赵曼晴	吴雨轩	刘宇涵	张晓琳	沈洁琪	叶诺琦
许诺	余琳	尹杰怡	李雨薇	李汶畅	黄翠仪	杨子倩	邱文豪
黄智敏	詹小璇	凌玮雯	刘振阳	杨飞羽	谢芷莹	吴小莉	刘姗姗
汤婉汶	钟悦	陈佳蕾	李洋	蔡瑶莹	薛珂桢	吴庭沐	陈浩
杨丽平	林沐青	钟俞妃	陈亮	李开和	邓锦泰		

二等奖学金（109 人）						
刘洁	陈泽君	麦静彤	冯靖岚	李文意	邓秋芳	郭温廉	吴逸勉
陈雨婷	吴雅婷	颜凯诗	陈华淋	郭嘉仪	朱锦嫒	黄梓渝	周淑柳
欧乐诗	梁洁楠	肖一蕊	黄绮琪	郭婉容	赵梓琳	黎懿庄	张舒娴
罗棋艺	洪大宋	邓瑜	王雅荧	林彩琪	季婷	李英哲	刘珺宇

（续上表）

黄雪怡	郭姚瑶	郭雯倩	陆雨莎	黄贝琼	李俊豪	周嘉如	林晨晨
马晓斐	陈秋怡	黄洁琪	张清桦	林颖诗	郑深月	吴文婷	何晓宇
何国鸿	唐泳昕	许美淇	邓娓娓	胡益慧	邹嘉湄	骆 睿	梁曦予
卢慧敏	黄 欣	钟梦姣	陶姝君	吴苑瑛	廖 荣	魏怡敏	江丽慧
严文慧	廖晓桦	乐洋洋	黄启月	张景淳	钟静远	钟林秀	刘旭欣
林思因	陈 烨	陈舒暖	李 果	黄光铃	卢曼玲	毕意苹	林春秀
邓馨韵	余诗越	陈立鹏	梁惠媛	王安琪	黄俊皓	马燕华	叶格言
郭香彤	廖钰茹	杨洁雯	李凯莉	林诗艺	刘依婷	张家芷	林 韵
莫国廷	龙芷姗	李怡琳	敖亦欣	陈丽霖	谭 婕	谢炜煊	吴梓晴
蔡镟焙	邹 珏	黄楚善	努尔凯麦尔·安外尔		古丽凯姆拜尔·奥斯曼		

三等奖学金（166 人）

张益韬	邱婉槟	梁婧雯	吕诗敏	杨艺思	蔡丽丽	黄 珊	邹凌燕
钟洁莹	陈 婧	卢佳慧	陈静如	谢颖珊	黄芷昕	李润琼	谢嘉欣
沈文菲	杨瑞雯	马韶敏	李 悦	黄楚莹	徐丽娇	刘欣妮	胡璟熙
石欣宇	黄子扬	赖艳玲	郭 倩	陈 璐	麦悦瑶	罗培丹	卜晓晴
覃秋丽	蒙晓泳	陈 洋	林 琦	郑钰雯	张慧卿	张 穗	姚海珍
王 雨	胡 楠	颜家琦	郑可儿	龙 朔	黄嫣婷	凌嘉萱	石 佳
周 卉	林绮欣	赵雅楠	袁子怡	郑艺嘉	田碧铃	陈泳琳	黄思婷
刘均颖	周子清	李嘉舜	曾雨鑫	钟雨彤	陈运杰	胡梓欣	李睿偲
邓 霞	李沛璇	吴子萍	陈彦晓	林婧雯	罗颖欣	郭楚怡	余诗漫
郑雨颖	谭嘉燕	成小燕	黄露丝	劳雨琪	江 玲	吴泳沁	陈诗怡
廖家名	麦佩妍	郑家怡	曾钰矞	梁舒惠	何远芳	杨舒薇	陈靖同
黄梓曼	涂东玲	杨享昌	黄 隽	夏智瑜	姚锦平	吴美萱	梁 琪

学年礼

危芷谊	李婉婷	廖杏玲	黄梓彦	杨晓晴	陈可滢	廖佳慧	谭　妍
李　立	古凌雁	陈恺瑶	吴敏华	李美霖	曾苑君	黄　琪	吴嘉祺
张穗枫	黄蔓琪	陈慧静	方珊妮	李金慧	叶翼如	徐　樱	茹玮滢
陈梓晴	黄　瀚	何俊轩	冯鑫婵	钟韵诗	赖钊慧	薛灿莉	林思源
卢欣声	叶倩君	吴倩倩	曾婧婧	卢祖如	袁静翎	梁晓琪	黄之菡
黄莹睿	梁诗音	李燕姿	余幸芷	黄麒铭	张宝莹	黄煜婷	黎晓茗
周泳诗	张紫璐	颜紫瑜	林　影	黄扬帆	赵静薇	孟楚莹	林嘉琪
郭馥莹	戚　娇	张栩跃	张奕舒	幸焯莹	梁　芊	陈思如	宋　新
张斯崎	陈惠琳	陈秀玲	邓语桐	法伊拉·甫拉提		娜吉曼·艾来提	

外国语学院

优秀学生（50人）							
李嘉怡	李婉婷	李观娣	姚晓菁	欧颖茵	黄泳心	黄炜霞	李嘉颖
谢晓晴	林才艺	肖尧珈	黄芷君	麦雅薏	徐晓怡	张涌浩	邓思艺
杨青于	陈开敏	刘嘉怡	张琼允	陈睿菡	钟乐怡	向　燕	黄思隆
龙文迪	蔡卓欣	林丹璇	陈忆琳	李艺琳	王亦韦	冼恩如	陈希乐
张　祎	李依岚	何镇源	肖　琦	陈慧冰	何佩桦	郑奕敏	赖书奇
梁天怡	梁芷婵	梁芷欣	陈桐欣	林家和	唐家俊	郑利豪	郑　霖
池　彬	陈意婷						
优秀学生干部（40人）							
何胡杰	吴欣桐	邓倩婷	李小淇	吴妙琼	张颖姿	罗娜灵	钟　凯
钟积杭	林桓羽	蔡燕文	张国萍	梁倩琳	张莹莹	赵敏仪	柳彦谦
习炜岚	金明一	庞启慧	黄媛琳	黄旭炜	林梓豪	阮泳瑜	陈锐仪

容佳仪	李若芸	杨绮翠	叶　苗	邱鸿丹	陈　洁	陈　仪	樊晓晴
陈家喜	钟　声	费晓娟	杨　洋	付佳洁	梁泳怡	郭依诺	冯嘉雯

一等奖学金（50 人）

唐家俊	黄贻徽	郑利豪	郑　霖	池　彬	陈意婷	赖书奇	郭诗音
梁天怡	许靖珩	梁芷婵	梁芷欣	陈桐欣	费晓娟	林家和	李嘉怡
李婉婷	李嘉颖	谢晓晴	陈晓榆	欧颖茵	黄泳心	林丹璇	向　燕
庞启慧	黄思隆	蔡卓欣	肖尧珈	邓思艺	徐晓怡	麦雅蕙	张冉冉
黄芷君	张涌浩	王亦韦	陈忆琳	冼恩如	李艺琳	张　祎	杨青于
刘嘉怡	钟乐怡	陈开敏	陈睿菡	张琼允	李依岚	何镇源	何佩桦
肖　琦	郑奕敏						

二等奖学金（80 人）

周芷珊	谢语轩	何佩莹	潘盈盈	秦慧莹	黄晓岚	唐晓珊	孙可钦
陈彩娜	杨可欣	陈妙清	樊晓晴	林思桐	黄丹妍	卢思琳	植秋滢
黎健聪	谢　语	刘诗颖	陈　潼	陈海桃	钟佳蕊	盛颖思	王恺浚
吴欣桐	杨映琳	陈钰莹	郑燕华	邓倩婷	刘深如	王文静	黄浩佳
廖洋艺	赵子研	钟铭淇	陈　槿	苏恺欣	许丹阳	赖鸿丽	马佳娜
史梦萍	钟　凯	曾玉莹	陈美伶	古善容	叶美玲	曾思闵	黄卓婷
杨宇红	崔家瑜	黄　琳	冯伟琪	刘成玉	杨绮翠	林海伦	陈锐仪
张紫莹	阮泳瑜	高　茵	刘颖茵	严雪文	郑懿珈	吴敬雯	雷珊珊
柯伟婵	张莹莹	陈锦雯	禹祥凤	莘　瑞	苏茵彤	黄诗源	罗安琪
黄忆燕	叶　苗	曹佳钰	陈　洁	邱楠婷	黎秋颖	谭思妍	陈晓阳

三等奖学金（119 人）

谢佩佩	梁炬晖	江　延	郭依诺	邓茜文	梅梓桦	叶靖扬	陈翼琪

学年礼

（续上表）

胡淑丽	冯嘉雯	曾子荣	邓晶晶	黄文思	徐嘉穗	巫政锴	刘　颖
朱茵怡	陈凯茵	林家如	钟　声	郑若欣	邬镓如	陈云坤	叶梦琪
邝君怡	尹昕彤	刘泳茵	吴雨晴	崔用军	林晓滢	张颖姿	苏秋怡
植欣然	梁可儿	刘雪莹	何胡杰	罗舒晴	罗月瑜	李泳茹	李雪晴
严金霆	黄淑菲	陈思杨	麦天璞	李小淇	王盈銮	叶炜莹	梁芳瑜
朱悦灵	杨冰冰	陈思莹	黄洁蕾	陈昭磊	黄林静	金明一	刘小侨
梁晓清	袁锶淇	林秋燕	林佳华	林桓羽	魏梦婷	劳金慧	钟积杭
吴佳佳	蔡思华	周凯茵	蔡燕文	黄伊桐	张雁怡	罗娜灵	王慧柔
曾子昕	高晓敏	宾绮静	莫晓莹	劳白娜	关巧莹	赵佳婷	邵靖筠
李若芸	钟欣颖	张　铨	周巧婵	刘紫晴	容佳仪	林梓豪	刘丽银
邓　瑶	邓碧漾	梁倩琳	冯佩芊	李佳琦	陈　宜	梁萃文	李淑怡
吴琳儿	郭丽君	谢侨真	陈　婧	李嘉宝	赵敏仪	林奕焕	柳彦谦
梁嘉慧	林佳如	林　铮	邱　悦	邓雅雯	刘宝琳	刘佩妍	唐宽婕
陈　仪	吴天翮	江欢铌	王宇成	古丽霏	欧阳霖佳	张钰莹	

新闻与传播学院

优秀学生（51人）							
林泽睿	徐苾玥	黎冠强	祝小丫	陈芷茵	徐经纬	周子俊	罗泳臻
陈豪辉	司晨欣	丁融诗	邵梓秦	李欢栖	孙　琦	阳莹艳	王述语
陈玉淳	张诗婷	林　芬	成于凡	陈舒琪	潘文义	纵　升	周炜琪
黄雅柔	杨润叶	朱佳菀	曾祥伟	蔡明栩	谭楚晴	李嘉慧	杨燕霞
韦希禧	廖丽怡	员六一	涂诗睿	林　桐	杨基锴	叶佩颖	李寒星
黄　欣	宋苏琴	陈钰淳	吴　蕾	方嫦乐	李思逸	李浩婷	杨子怡

（续上表）

毕　然	刘妍延	陈逸君					
优秀学生干部（41人）							
项兰鸥	赖欣彤	杨芷康	单子丹	廖美善	张　婷	张　杏	邓韫慧
张旭芬	陈家宜	吕金恒	肖珊珊	邓绮雯	刘翠萍	吴晓娜	李　想
林育淋	卢奕好	倪锦茹	苏浩然	陈乐瑶	钟可涵	霍家标	贺　晶
何静敏	郑钇熹	许咏淇	陈俊宇	黄海燕	植洋洋	刘炜聪	李景雍
黄梓珩	邹秋芹	黄泽森	黎姝苗苗	陈紫荆	吴燕军	黄允怡	江小慧
龚一晨							
一等奖学金（51人）							
林泽睿	徐苾玥	周昱含	陈紫荆	姚若嫣	杨子怡	司晨欣	丁融诗
谭楚晴	王映骅	张诗婷	刘泳琳	陆嘉仪	廖勉钰	员六一	傅筱妍
廖丽怡	王晨瑶	杨芷康	李浩婷	陈芷茵	孙　琦	阳莹艳	肖珊珊
姚浚滢	纵　升	成于凡	陈舒琪	潘文义	杨基锴	林　桐	郑钇熹
李寒星	黄　欣	黄春霖	周子俊	徐经纬	任　婷	毕　然	刘妍延
江小慧	杨润叶	邓慧灵	蔡明栩	曾祥伟	陈钰淳	吴　蕾	陈逸君
陈锦鑫	宋苏琴	黎姝苗苗					
二等奖学金（81人）							
黎冠强	郑思奥	项兰鸥	钟雨情	李子怡	张子澜	秦莹莹	郑婉华
陈晓琳	梁梓莹	刘翠萍	管诗雨	陈烨琳	李昕友	钟可涵	方武彪
曹嘉瑜	何夏怡	赖小婷	廖立楷	莫格格	梁烨莹	彭昕怡	朱珮虢
霍家标	祝小丫	李科辉	姜　莉	曾思琪	廖美善	骆艺馨	邵梓秦
金煜祺	李欢栖	冯　蕾	曹雅琴	周炜琪	吕媛媛	杨永杰	綦悦悦
黄雅柔	张逸媛	何舜朗	叶佩颖	宋思琪	陈　瑶	杜仪梦	谢婉贞

学年礼

（续上表）

何欣雨	成逸淳	许詠淇	许嘉妮	陈俊宇	张紫萱	刘 熳	彭麒伍
张 杏	陈徽音	黄薪颖	周纯烨	文嘉颖	邓绮雯	欧阳菲	彭 婧
朱佳菀	倪锦茹	邓家茵	林嘉慧	钟倍宜	苏浩然	林 红	刘炜聪
方嫣乐	麦颖雯	吴欣怡	宋颖珊	陈 瑶	李思逸	黄梓珩	邹秋芹
张哲华							

三等奖学金（122 人）

赖欣彤	柯 乐	刘乐怡	张楚辉	陈蔚青	夏景俊	谭子煜	杜泓进
曹千池	陈家宜	何之瑜	唐 棣	姚嘉欣	王深慧	刘佳讯	王佳敬
刘舒蕾	梁晓宇	魏正洁	冯烨彤	陈 欣	许俊慧	邱心炫	谢丽敏
龚一晨	钟倩殷	吴晓娜	陈 泽	江程轩	徐芷晴	陈卓炫	郑少邦
陈政晴	房灵慧	徐嘉玥	赖景行	王 彬	叶 潼	张颖芯	贺 晶
李梦梦	单子丹	黎梦琳	邱雨馨	杨景行	卢思琦	谢冰娴	刘 艺
汪正伟	蔡依然	李梦婷	吕金恒	夏睿欣	吴珍瑜	黄丽莎	廖泳梅
杨 丹	李 想	廖淑慧	徐诗淇	黄秋蓉	蒋邱恒	肖莞尔	林可欣
林品蕊	伍钰茵	陈恺东	彭雨熙	黄海燕	黄雨菲	植洋洋	王萱颖
江思霖	彭秋怡	吕佳骏	陈晓茵	张贝贝	李雪漫	张倚吉	何晓蕾
叶滓琦	周佳怡	熊梓岑	何晓妮	张 婷	朱晓晴	毛俊阳	罗泳臻
刘宇烁	熊芷凝	韩 韵	周亦凝	黄琳琳	朱妍嫣	陈思樾	李楚娴
林绮莲	莫惠宇	陈佳佳	陈乐瑶	林钰清	王 珏	许康敏	邓思腾
方钰蓉	李雅雯	陈依妍	吕叶凡	苏巧韵	李 奕	范欣怡	李锢怡
叶辉辉	李景雍	陈晓雪	吴宇康	谭泽科	陈可儿	刘静雯	刘洁仪
姚金燕	王沛诗						

管理学院（旅游学院/中法旅游学院）

优秀学生（131 人）							
许金晟	徐 笛	严翊挺	钟雯钰	刘 昊	张 翔	王 馨	徐怡菲
钟妍妍	方智东	朱辉玲	汤欣欣	严佳璇	王可盈	苏 月	魏晨意
陈泳竹	曾 慧	陈艺允	庄泽廷	肖 瑶	施 然	李雅淋	凌兰苑
郭倩桦	杨 蒲	赖晓玲	陈思妍	陈燕敏	姚晴儿	詹博慧	林铎顿
陈华倩	文诗琴	徐 典	黄曼婷	王玥玲	黄钰玲	张雪莹	黄志琪
余丽娜	林诗淇	许顺彩	何慧娴	严晓君	郭晓婷	陈伟娜	朱 洁
杨孟邱	王泽嘉	周 春	伍绮琳	钟敏燕	李佳源	谢晓钰	郑妙翠
郑嘉希	王 艺	冼小桦	陈家伟	马琼霞	杨梓桦	黄安琦	李雅妍
李笛宁	吴月华	张 洋	陈晓怡	张煜文	杨 洋	王品欢	蓝 洁
陈秀云	钟乐琴	周文茵	林应雪	张颐然	刘明江	韦思羽	罗明珠
黄琪棋	田萍毓	肖安若	吴依琪	黄晨曦	郑宇泽	谭旺卓	黄靖茵
韩妙娜	冯乐榕	邓秀婧	胡玉双	林子怡	陈 莹	邓婕蕾	罗蔚炫
薛仲新	林夕童	何筱霖	金赵雨	赵芷晴	彭宝弘	吴晓琼	张欣怡
陈可云	王文茜	沈秀君	吴子乐	陈敏敏	潘慧琳	袁卓慧	叶家豪
陈姗姗	刘芳婷	董乐盈	尚 弋	袁嘉豫	柯 瑜	蔡浩鑫	张钰杰
陈 敏	蒋颖嘉	梁德茹	罗 奇	钟丽琪	程莹恩	何秀文	苏 娜
徐嘉豪	刘 婷	刘雪莹					

优秀学生干部（105 人）							
陈小玲	张文茜	张琼芝	吕柳玉	林 熙	李建业	黄 颖	林 珊
梁文蔚	卢俊安	刘雪纯	黄 佳	李峙霖	葛凤媚	雷雨诗	关雅之
邓奕伽	夏智扬	胡倩鸣	郑宇鸿	陈玉妃	曾敏娴	杨彬彬	谢 楠
王淑怡	陶鸿美	蒋欣辰	刘 卷	刘嘉玲	何敏晴	向冬梅	黄建炜

学年礼

张宇新	庄舒婷	汤颖欣	邹艳	李昱君	潘浦怡	林燕	陈梓聪
洪晓青	陈文标	梁钦	周昕怡	周琪悦	杜林泽	张志强	曾子航
黄铭嘉	李芝权	吴优钿	黄钰媛	陈怿帆	何玥莹	黄政兴	钟璐瑶
徐荫俊	刘慧欣	王艺静	罗雪	陈晓珊	黄海冰	言敏	刘筱旭
利雨桦	陈梓淳	马欣铃	王钰	赵翠虹	游立楚	何志鹏	全萱
尹晓婷	陈永亮	曹碧云	刘依琳	孙灿楚	杨晓琼	何振鹏	屈静雯
黄川川	赖钰萍	赖洋婕	曾愉	邵嘉怡	柯黄芮	吴晓彤	章景瑞
王可欣	颜湘	胡思唯	张丽楠	陈馥祺	陈子幸	朱德川	牛晨宇
梁恩宜	王璐	王稀	陈苑婷	王卓一	李艾雨	孙千会	欧阳云熙
罗佳仪							
一等奖学金（111人）							
杨孟邱	王泽嘉	周春	马思莹	范见晓	林子怡	陈莹	邓婕蕾
许金晟	严翊挺	钟雯钰	张文茜	刘昊	王馨	徐怡菲	李佳源
谢晓钰	郑妙翠	刘爽	王艺	罗蔚炫	林夕童	何筱霖	金赵雨
赵芷晴	钟妍妍	汤欣欣	严佳璇	王可盈	苏月	魏晨意	陈泳竹
陈艺允	庄泽廷	肖瑶	李雅淋	郭倩桦	杨蒲	赖晓玲	陈思妍
冼小桦	陈家伟	马琼霞	杨梓桦	黄安琦	李雅妍	李笛宁	吴月华
张洋	陈晓怡	张煜文	杨洋	王品欢	彭宝弘	赖洋婕	张欣怡
陈可云	王文茜	吴子乐	陈敏敏	潘慧琳	袁卓慧	叶家豪	陈燕敏
姚晴儿	徐典	王艺静	蓝洁	钟乐琴	周文茵	林应雪	张颐然
言敏	韦思羽	陈姗姗	刘芳婷	董乐盈	尚弋	袁嘉豫	柯瑜
蔡浩鑫	张钰杰	王玥玲	黄钰玲	张雪莹	余丽娜	许顺彩	罗明珠
黄琪棋	田萍毓	肖安若	吴依琪	黄晨曦	陈敏	蒋颖嘉	梁德茹

（续上表）

| 罗 奇 | 何慧娴 | 郭晓婷 | 郑宇泽 | 黄靖茵 | 韩妙娜 | 程莹恩 | 牛晨宇 |
| 苏 娜 | 朱 洁 | 冯乐榕 | 邓秀婧 | 徐嘉豪 | 刘 婷 | 刘雪莹 | |

二等奖学金（203人）

李 辉	陈梓聪	黄茜敏	王逸美	梁泽勤	赵嘉慧	张丹颖	赵思淇
林妙淳	黎倚雯	孙灿楚	姚 敏	李 渝	翁植坤	袁毓敏	罗佳仪
梁德锟	陈小玲	李佳鑫	张琼芝	潘楚文	文 杨	彭伟恭	袁依薇
霍凯晴	周昕怡	许俊丽	陈怡菁	孙 怡	赵乐语	黄露影	陈俐妍
曹程程	洪月兰	谭晓敏	陈蔚珊	王雪霏	何振鹏	刘良策	屈静雯
杨敏琼	张欣怡	赵思敏	叶欣怡	赖晓丹	赖钰萍	李建业	张瑞恩
林 熙	巫燕美	朱梅妃	黄 颖	刘雪纯	余佳琦	袁雪晨	李燊楠
黄 佳	黄政施	罗妙兰	李峙霖	刘 静	孔燕萍	刘菲菲	吴奕桐
肖晴瑶	林艳梅	冯楚丽	潘子榆	江 媚	夏智扬	黄榕霖	胡倩鸣
姜 萍	程芝宁	王 婷	盘海媚	黄铭嘉	李芝权	黄晓婷	谭雨柔
吴优钿	郑宝莲	罗登星	彭莉娜	林锦珊	李咏诗	钟璐瑶	巫思琪
陈怿帆	曾嘉瑶	汤楚瑶	谢惠洁	谢洁敏	刘慧欣	蔡景清	吴静怡
徐乐怡	黄紫莹	雷湘媛	陈蔼嘉	任阳广	柯黄芮	陈宇洋	温雅诗
黎庆琳	王子晗	王可欣	吴东萍	梁恩宜	黄心妍	郑宇鸿	张艺萱
袁奕雯	吴柳萱	李 健	黄铭恩	杨彬彬	谢 楠	陶鸿美	袁毅亮
蒋欣辰	罗诗宇	丘琬玉	陈秀云	陈思盈	林西曼	蓝 丹	吴 越
胡嘉莉	朱晗微	林创富	刘筱旭	魏 娟	赵婼萱	彭圣梅	蔡静娴
潘小洁	李亚群	吴颖妮	胡思唯	李秋昱	邱家怡	陈日媚	赖错欣
陈曼宁	谢育姿	何有娴	谢敬文	舒 雅	张 丰	吴晓虹	刘紫怡
向冬梅	陈春莉	冯嘉丽	王 媛	陈佳怡	李芷蕙	余珍妮	利雨桦

严婉玲	冯嘉欣	陈梓淳	马欣铃	杨紫欣	王钰	黄琬真	吴晓璇
黄婷容	张作松	甄真	黄佩怡	陈子幸	张宇新	赵芷瑜	周格妃
唐馨茹	陈梓欣	汤颖欣	柯国栋	黄小玲	赵翠虹	朱晓欣	陈琪玲
李杨洋	李千慧	黄嘉莉	许宝莹	罗舒萍	李晓萱	邹艳	李昱君
朱炜灵	刘瑜	金佳佳	陈蓉蓉	李凯琳	李艾雨	孙千会	刘嘉馥
欧阳云熙	欧阳晓倩	章景瑞					
三等奖学金（312 人）							
林燕	潘浦怡	黄雪琪	李其洺	陈彩怡	郑思维	汤佳仪	黄晓婷
徐煜	伍淑惠	邱宇杰	陆可怡	杨睿妍	丘慧婷	梁晓霞	曹碧云
童丽琴	江泽希	纪梓津	刘依琳	温佳琳	李明泽	车启童	苏锐
孔咏珊	王佳莹	张若漫	连伟城	谭海锋	王凡鑫	何家华	何文光
王潮汕	方镇南	马嘉镁	吕柳玉	胡潞	黎利君	谢梓蕴	何贵浩
林梓晴	黄芷涵	周琪悦	廖逸凡	章骏杰	许晓欣	李照阳	万子任
高铭璇	张文琦	杨涵	林泓余	崔后盾	梁瀚月	曾子航	彭睿鑫
曾惠英	黄镜玮	李佳慧	高瑞	陈洁仪	甘淞宇	彭颖淳	崔一娟
黄川川	邹嘉敏	郑夏柔	杨嘉怡	黄安琪	卢怡然	苏妙华	郑伊纯
钟心柔	杨松炜	林志明	蒙映楠	李华烨	梁文蔚	陈颖南	黄浩铭
卢俊安	王霜	陈俊雄	谢佳慧	冯天龙	黄英	张诗晴	刘昕悦
蔡淑盈	文乐怡	周心怡	廖芷喧	陈永仪	邓嘉希	柯文婉	刘琳琳
葛凤媚	雷雨诗	许锦玲	李凌	黎湄	陈雅欣	石欣欣	林燕萍
关雅之	罗诗晴	李沛真	严培玲	赵雨茜	邓奕伽	关颖茵	梁惠琪
陈鸣敏	张莹莹	张馨月	陈钰妍	黎施乐	蓝静妮	何欣	陈嘉婧
孔琳	郭慧欣	王蕾	傅欣婷	苏恩彤	郑梓敏	林靖仪	邹嘉滢

黄钰媛	陈美燕	郑诗婷	郑可恩	詹子悠	何玥莹	关颖茵	殷婉如
黄政兴	孙小思	罗倩	王琳	杨泽韩	郑妙霞	周贤能	黄子莹
易雅妮	吴玉莹	黄丽珊	陈文悦	陈玉美	柳骏山	曾愉	黄惠萍
刘嘉韵	张嘉敏	鲜舒文	谢兰茜	黄尚斌	杨心怡	练玥	吴晓彤
林小俏	张文珂	詹玮婷	武靖钧	钟浩东	钟英宏	张萌	栾鑫然
潘诗怡	徐奕而	马凤仪	胡莹雪	钟思薇	邹崇钰	郭婉榕	许梓萍
王淑怡	曾坤宏	屈楸明	何婷	黄欣怡	陈海璇	岑江枫	严覃瑶
庄伊格	区坚志	黄俊业	徐洋	许心悦	吕景梅	徐佳欣	郑丹桐
蔡颖怡	黄蕴双	王思婷	叶瑜	莫钰婷	樊延奇	陈思棋	李彤彤
周宝玲	罗雪群	罗秋怡	罗莹莹	董瑞琪	李怡栩	陈怡桦	刘睿童
王羽	古祎娜	张嘉嘉	刘思怡	颜湘	华文琦	郑悦茵	黄倪煌
邓美玲	陈凤玉	黄梓聪	梁珮颖	卢沅君	钟淑	吴丽琪	林文浩
蔡秀丽	刘玉湄	王稀	陈莹莹	何东骏	刘嘉玲	刘卷	黄芷茵
吴子柔	李少筠	郭晓雯	罗力	潘颖晖	霍凯桐	李卓华	黄嘉欣
陈天晴	黄建炜	李茜	张丹玉	罗凯怡	许依文	张心怡	袁梦琪
黄雯静	高玮霞	郑晓晴	蓝荧荧	张淑敏	陈弘珂	林秋洁	陈浩瑶
梁静蕾	张丽楠	郑林烁	刘绮彤	陈馥祺	叶晴	张欣萍	凌芷雅
刘心语	黄思瑶	陈洋	邹洁	梁诗慧	王佳琪	石璐琦	陈宗瑜
许世诺	董泽宇	楚一冰	刘杨洋	周丽萍	陈昕彤	张境标	卢海莹
何志鹏	袁梦轩	肖丽萍	廖钎雲	王丹丹	陈帆	黄筠贻	刘曼琪
赵月慕	刘璐	石茵琪	王卓一	梁嘉妍	肖嘉嘉	詹金梅	曾紫琼
陈景梅	尹晓婷	黄思睿	林钰滢	陈湘	丁培韵	黎梓晖	张忱
陈嘉茵	刘轩彤	钟柳琪	黄骞	李英琳	陆佩玲	王冯龙颖	朱文慧

公共管理学院

优秀学生（33 人）							
王菁菁	莫金沙	丘海霞	郑煜榆	梁嘉俊	李淑婷	陈伟彬	朱 烨
黄贤惠	纪菁恬	张新怡	杨 妹	田丽娟	李敏瑜	程 鸣	邝钰坤
缪怡玲	朱 珠	朱哲桐	杨欣琦	郭 娟	许文睿	张柏珊	李颖颖
吕锦欣	夏子涵	李蔚菀	黄晓如	李垠垠	陈慧姣	张洛宏	黄婉岚
严晓玉							

优秀学生干部（28 人）							
余惠霞	杨景昊	李泓霓	肖子汝	刘婷婷	刘恒昱	黄何恩	赖展桦
黄姝娴	黄诗曼	陈佳佳	朱翠玉	郭厚辰	卢丹霞	易文静	陈宇祥
林钰玲	林 盼	张键麟	梁家宜	林土植	梁敏怡	陈子琪	吴恩琪
黄国政	唐可欣	熊 煦	周秭烨				

一等奖学金（30 人）							
王菁菁	莫金沙	丘海霞	梁嘉俊	李淑婷	郭 娟	程 鸣	朱哲桐
江 焱	朱 烨	许文睿	李垠垠	李敏瑜	陈慧姣	严晓玉	张柏珊
邝钰坤	张洛宏	杨欣琦	洪 莎	李蔚菀	朱 珠	夏子涵	吕锦欣
缪怡玲	吴彩霞	张新怡	黄贤惠	唐可欣	李颖颖		

二等奖学金（56 人）							
余惠霞	许 缘	徐思齐	杨景昊	刘雯靖	王清蔓	黄佩佩	李泓霓
王雅瑜	廖盈盈	肖子汝	王雨荷	许芷婷	刘婷婷	罗 芬	李 钰
刘恒昱	赖展桦	林嘉豪	朱孝天	朱颖茵	李思荧	林文迪	张嘉怡
黄诗雅	邓周萍	陈佳佳	朱翠玉	郭厚辰	卢丹霞	易文静	陈可芊
陈宇祥	胡慧怡	刘小妹	林钰玲	康桦欣	邓安鞠	詹 赟	张键麟
杨雨洁	林土植	孔诗淇	梁敏怡	纪菁恬	吴诗琴	陈 曼	李晓琳

刘新怡	罗梓莹	吴恩琪	熊　煦	邹锁戎	林彦捷	王嘉仪	欧阳嘉莹
三等奖学金（84人）							
陈俊仪	林建平	高楷淳	池宇铮	李　桦	林佳惠	罗小然	伍泳昕
刘倩琳	吴美婷	陈姿怡	周　冰	张志颖	谭晶晶	王星悦	徐利芳
徐雯雯	陈丽荣	刘彦伶	谭　斐	崔梓怡	李嘉娜	张慧雅	何婉瑜
杨悦悦	黄　昊	莫仪玲	李敏杰	黄宝怡	林银怡	劳晓晴	黄思佳
朱峻坤	谢妮君	何宗霖	李　怡	廖海燕	许婧婧	黄诗曼	冯文倩
聂子萱	詹嘉敏	黄　玮	邓雅匀	莫　琳	王泳晴	倪　云	陈梁恩
陈紫欣	徐　颖	周　泳	李雨彤	徐乐瑶	陈闽馨	李嘉豪	方宇宁
林　盼	李家怡	郭紫晴	梁佩欣	梁家宜	陈之琪	陈　凯	梁晓琳
彭晓妍	邓康兰	谭晓蕾	苏虹尹	黄俊达	陈子琪	沈慧萱	杜芷琪
蔡冰芹	黄国政	赖慧晶	牛子涵	郑宇琪	赵健翔	邱子仪	梁　琦
梁纪蓝	朱雨彤	赵诗宁	杨芊				

音乐舞蹈学院

优秀学生（30人）							
游方舟	游　涛	郭紫柔	闫　敏	马神冠	陈云飞	伍筱敏	邹　娟
杨佳烨	王晨希	钟苗苗	韩怡恒	溪浩冰	郑婕颖	谢香凝	陈银璇
汪灵杰	吴雨桐	钟悦欣	肖　萌	谢君玥	谭淞琦	何　洁	陈　蕊
黄彦君	罗尹苪	熊利君	张洁莹	陈　灵	陈思艾		
优秀学生干部（24人）							
梁琪娱	黄清楠	古志鑫	李梦婷	冯力芝	王雨柠	罗颖淇	林丹群
叶鋈泉	林　璟	张紫彤	李缇骏	刘千瑶	宗夏莹	梁裕映	熊沁萱

学年礼

张钰莹	苏斯曼	钱文竹	游铃旎	喻子焰	杨文丹	廖　柔	刘家铭
一等奖学金（30 人）							
张梓敏	游方舟	黄清楠	罗尹苡	张洁莹	游　涛	郭紫柔	闫　敏
谢君玥	陈云飞	伍筱敏	张诺斯	杨佳烨	陈　灵	熊利君	王晨希
谭淞琦	钟苗苗	韩怡恒	何　洁	溪浩冰	郑婕颖	刘千瑶	谢香凝
陈思艾	陈银璇	吴雨桐	钟悦欣	肖　萌	陈　蕊		
二等奖学金（48 人）							
范垲欣	梁琪娸	邓智怡	彭诗雨	林旭斌	侯绮莉	钱文竹	游铃旎
王星尹	夏彩茹	黄晶晶	冯力芝	田　静	聂嘉千	钟绮雯	喻子焰
王婧文	罗颖淇	陈思琪	黄雨琪	梁祖怡	梁文琪	唐楚晖	邓婷婷
黄志敏	陆蔚怡	叶玉萍	林　璟	蔡美淋	曾刘璇	江心语	汤惠媛
李缇骏	颜　圆	张烨子	王梓桦	付佳怡	董慧琳	梁裕映	陈子善
余欣颖	鲍佳雯	刘雅婕	全芊芊	苏斯曼	李沐羲	沈奕琳	朱　煜
三等奖学金（71 人）							
向九运	罗晓彤	罗诗琦	古志鑫	周　冉	杨晓洁	邓可程	周婷婷
周积舜	伍丽姬	李　沁	工泓博	陈乐泓	苏焯彦	李梦婷	古乐颐
吴采烨	钟紫芸	杨媛嫄	杨兴耀	宋明雨	王雨柠	朱越恺	许彦烜
张锶棋	许菀芷	姚锦秀	陈采敏	林丹群	薛丽萍	陈镁靖	邹琼瑶
叶福星	叶慧怡	卢汶熙	许　榕	廖　柔	叶鋈泉	钟　惠	唐海洋
刘　萌	田佳鑫	谢玉晶	刘羽婷	卢雨晴	刘嘉玲	李紫璇	王思涵
宋玉珍	曾芊桥	郑佩欣	邹鹏羽	方怡雯	宗夏莹	钟嘉滢	张瑜琪
吴柏熹	杜俊慧	黄倩懿	熊沁萱	田雅静	朱晓仪	王思捷	刘家铭
罗家怡	周可欣	张钰莹	刘梓祺	胡伊杰	尤琪琪	欧阳卓黎	

美术与设计学院

优秀学生（35 人）							
陈钰滢	黄月季	张翔淞	刘楠楠	郑嘉铭	黄日欢	郭莹若	赵明明
廖梁薇	陈景幸	詹杰利	蒙柳颖	简颖琳	朱 环	张 轩	周方权
冯绵杨	李 茂	陈潘蕾	邓婷婷	林汶锴	翟羽佳	欧宇航	陆建桦
张 云	唐菁鞠	蒋雅斯	孙 政	张祎宁	周佳慧	成燕芳	黎颖熙
李嘉安	关学军	徐幸琳					

优秀学生干部（32 人）							
庞云舒	莫彩玉	林锦凯	陈宝仪	邱颖瑜	陈淑仪	张小蔚	江姝婷
陈思琼	林楚祺	麦广林	黄巧明	郭梓杰	贾晓楠	叶 阳	张媚金
黎祯玥	何洁仪	夏铭泽	汪紫霞	黄佳妮	梁铭珊	郑嘉鑫	黄晓敏
骆绮倩	李芷榆	彭子越	吴京蓓	王 谦	林 婧	林裕颖	叶雅璇

一等奖学金（40 人）							
黄月季	张翔淞	刘楠楠	李嘉安	郭莹若	赵明明	廖梁薇	陈景幸
詹杰利	关学军	杨 曼	蒙柳颖	简颖琳	朱 环	康伟莹	谢锶哲
张 轩	郭梓杰	冯绵杨	李 茂	范凯芸	邹紫琳	陈潘蕾	邓婷婷
徐幸琳	林汶锴	翟羽佳	欧宇航	谢慧仪	张 云	李芷榆	唐菁鞠
蒋雅斯	彭子越	孙 政	徐渝淇	张祎宁	周佳慧	成燕芳	程家玲

二等奖学金（65 人）							
陈钰滢	吴小娜	庞云舒	何 玥	陈宝仪	黄嘉仪	邱颖瑜	陈淑仪
张小蔚	王彦婷	欧欣霖	邓旖祺	李梓柔	陈思琼	赖佳镕	林楚祺
张玮芬	陈卓瑶	王乐萌	孔德柠	黄巧明	薛雨晴	林华梅	王奕程
余双盈	刘正美	谭倚淇	惠 莹	叶 阳	吴依琳	张媚金	曾 永
陈 政	戴乐怡	李小敏	赵方威	冯志恒	诸玮聪	何洁仪	杨万萍

（续上表）

李　琪	夏铭泽	汪紫霞	李茵洁	陈　煌	桂　淼	黄佳妮	梁铭珊
何静敏	张泳洁	郑嘉鑫	刘芷彤	刘沛强	吴京蓓	黎斯维	余丽秋
杜霖琳	林　婧	余修远	何　煜	林裕颖	刘庆演	叶雅璇	伍君林
玺塔才让							
三等奖学金（97人）							
彭艾琳	李舒琪	卢乐瑶	刘昌棉	罗　滢	彭玲芝	苏倩平	郑阳阳
龙泳海	章榕烨	何斯娜	李卓琳	万嘉慧	何永杰	梁诗婷	杨念念
陈江柳	梁敬韬	邓秋怡	巫祖宏	陈心妍	林文媛	李嘉宝	杨彤茵
董芷均	卢虹琳	王梨莉	刘梓霖	黄思琦	曾碗娟	杨雅璐	麻小叶
陈依灵	周启明	林妙纯	郭丽婕	张耀薇	游静华	郑善文	侯小娟
黄　哲	李凯静	李　荔	罗瑞思	蔡彩莹	邓思茹	李智程	李楚君
刘　炫	陈忠伟	向璞艺	任军道	潘丽婷	周　颖	杨甜甜	张　寒
佘甜好	陈芷彤	韩　沐	陈钰妍	林晶莹	程　欣	陈穗玲	曾清艺
吴晓祯	邓淇芬	符晓莹	崔佳悦	雷　悦	骆绮倩	沈珏如	黎雅枝
邱奕萍	黄梦华	罗嘉丽	钟苑盈	郭伟鸿	钟一琪	黄雅沅	杨琪琳
钟　淳	何婉君	钟小杰	刘含璐	石一凡	游海玲	王　谦	唐琪森
胡茵祺	杜美霖	何　楚	杨辰茜	黄诗盈	莫绮雯	冯俊媚	欧阳咏晴
欧阳佳杏							

数学与信息科学学院

优秀学生（58人）							
林泓斌	罗　炜	李金华	兰雨桥	赵舒畅	成婉仪	方　捷	陈依妮
李佳莹	温子杭	李　妍	姚安怡	黄雅婷	张洁婷	陈　实	陈梓博

（续上表）

周晓霖	陈柔晴	郭易之	张维泽	王殊懿	陈锦培	区志斌	张骢润
曲芷萱	方海潮	符　蓉	屈静怡	邓乐怡	香倚淇	李　京	柳　婷
吴丹硚	嵇正中	谢泽婷	纪梦珣	苏健苗	冯韵程	陈婷婷	程　锦
刘　姚	徐心怡	陈敏桐	林钟燕	陈芳瑜	杨伟雄	陈佳蕙	廖军庆
李锦涛	林秋洁	徐维敏	岑泳铷	黎镇宇	吴冰慧	杨沛宜	唐翔飞
陈卓鑫	林泽道						
优秀学生干部（46 人）							
吴　燕	赵舒畅	成婉仪	陈依妮	李佳莹	温子杭	陈蔼柔	李　妍
张洁婷	陈　实	蒋　进	陈柔晴	李永涛	郭易之	李相龙	黄泽丰
房嘉儿	罗　晖	袁　葳	罗沐玲	邓乐怡	梁懿麒	李　京	陈哲恩
郭　莹	魏　榕	吴绮雯	林雅婷	胡新飞	骆琳婕	廖　煜	徐晓瑜
程　锦	周　芊	龙　宁	陈冠晓	叶俊杰	杨伟雄	陈佳蕙	陈曼瑜
林秋洁	侯佳琳	卢静霓	范芯菱	卢紫珊	唐翔飞		
一等奖学金（55 人）							
林泓斌	罗　炜	李金华	赵舒畅	苏　婷	成婉仪	方　捷	陈依妮
李　妍	李佳莹	温子杭	吴雅静	张洁婷	周晓霖	陈桌湧	陈柔晴
黄泽丰	邓乐怡	香倚淇	李　京	柳　婷	吴丹硚	朱文雅	嵇正中
纪梦珣	苏健苗	冯韵程	曲芷萱	符　蓉	屈静怡	袁　葳	区志斌
王殊懿	陈锦培	程　锦	邵　怡	陈敏桐	徐心怡	杨伟雄	曾家俊
吴晓琪	林晓芬	陈芳瑜	陈佳蕙	吴冰慧	黎镇宇	杨沛宜	卢静霓
岑泳铷	唐翔飞	黄泳桐	陈卓鑫	胡森	赖燕灵	林秋洁	
二等奖学金（90 人）							
吴　燕	李佳莲	蔡兆航	苏锡龙	王泉焱	刘珊珊	吴旭龙	张　睿

李茂	洪佳	刘炳希	邹文祝	李嘉琪	廖莹秀	叶楠	侯淑燕
邓颖琦	陈蔼柔	萧泳悦	张琼丰	陈靖瑶	李永涛	周贝临	林家伟
易芳婷	黄飘雨	吴雅凝	刘纪源	梁文欣	李相龙	万瑞兴	梁懿麒
李艳萍	林绿茵	郭莹	许诚	赵苡彤	魏榕	李尔琪	李琪
周芷涵	骆琳婕	戴林茵	张靖	伍洋	郑加乐	杜乐茵	杨莉雯
周得明	张智扬	杨梓烨	吴朝基	陈建兴	陈玉洁	陈政	房嘉儿
李璇	陈奕琪	朱艺锋	施雅馨	陈东	唐林枫	芮昕羽	朱佳媛
许燕玲	皮水莲	陈冠晓	陈曼瑜	邱瑜洁	黎梓晴	曾钰琳	唐雨晴
林炜婧	黄靖仪	赵海琳	郑浩彬	吴瑞映	叶俊杰	宋俊毅	段雨同
常茗策	何千盈	林锦春	范芯菱	李婉莹	刘粤	吴俊佳	关则霖
叶坚铭	叶燕佳						

三等奖学金（138人）

方瑜	张黎	曾树德	洪伊彤	陈伟欣	李晶	毛洋	冯晓彤
骆明炜	于森	刘泓达	张艳宁	黄莹	阮煜文	陈梓濠	连钢
邓谊	马俊衡	肖旖钰	黄思晴	邹喜君	杨羽佳	林俞余	杨远怡
林芯婷	练瑜	钟泳茵	叶俊杰	张嘉仪	林莉	崔小鹏	朱浩华
蒋进	袁天豪	项浙宏	梁伟燕	王维圣	杨予煊	李春晓	虞轩
张晶晶	陈禹诺	林豪跃	吴国斌	黎如怡	杨文锋	王茜仪	谢俊竹
戴恋霄	钟文轩	欧亚城	罗嘉琪	刘鹏	陈薇彤	卢佳颖	卢紫珊
陈哲愚	谢颖	杨东旭	卢俊杓	邓诗敏	林雅婷	廖煜	余晓清
李婧	何琪	陈煌	李卓琳	王湘楠	徐静雅	凌如敏	黄震远
杨雪瑞	曲业勤	宋冰莹	符颢议	吴梓翀	唐鸿威	陈建星	罗沐玲
李雪晴	吕诗尹	吴金辉	张俊丽	周梦	张译	刘志鹏	庞传泰

（续上表）

黄雪琪	李文杰	周芊	张国茗	黄嘉楷	陈仪茵	罗嘉蓉	王宏铄
刘增烜	龙宁	袁杰文	王晓驰	余宝琪	王佳睿	侯佳琳	杨楠
林瑞雪	陈可欣	郑俊杰	黄淑澜	冯钊桐	汤颂蕾	彭健钊	李芷鋆
付佳瑜	凌兆阳	周奕君	林嘉欣	陈倩蕴	侯萱晏	李宛欣	黄颖琳
廖嘉玮	李纯莹	吴家昇	高鑫	邓琪	彭泽林	余宛纯	卢紫珊
蔡秋萍	沈禺	官霖	李承禧	漆思怡	高广轩	刘文路	黄永鑫
王海玉	姚智龙						

化学化工学院

优秀学生（33人）							
辛婷	师文君	徐会霞	刘伟杰	李登	周伟杰	张悦	黄佩佩
吴培源	骆怡琳	许智蕴	苏彤	谢佳烁	吴琳琳	黄晓珊	黄心柔
李诗琪	黄秋铃	冼怡洁	李梓慧	陆雨	李书华	梁颖	奚凯茵
郑楚燕	廖娟妃	杨颖婷	朱榆樱	王翠渺	陈靖荣	冯文星	左卫朋
朱采虹							
优秀学生干部（27人）							
李惠琳	黄佳胜	李美仙	陈燕湘	吴浩凡	王培垒	许晓枫	巫繁
周淑琦	黄佩怡	钟桂香	杨榕宜	邓涛	黄荧荧	林忠海	陈罗衣
冯锋	邝紫薇	徐米伽	刘宝新	杜亮亮	陈思缇	罗梦欣	黎秋宇
邝晓曼	黄佳瑜	林雪玲					
一等奖学金（33人）							
辛婷	师文君	李惠琳	黄佳胜	王翠渺	李美仙	徐会霞	陈燕湘
刘伟杰	李登	周伟杰	张悦	黄佩佩	植松辉	吴培源	骆怡琳

（续上表）

陈嘉莹	许智蕴	苏 彤	陈靖荣	邹栩冰	谢佳烁	吴琳琳	黄晓珊
黄心柔	黎秋宇	饶勇晶	李诗琪	黄秋铃	冼怡洁	冯文星	李梓慧
黄 欣							

二等奖学金（53人）

李欣原	熊文彩	李 旻	熊美婷	钟如秋	王思桃	刘健伟	韦林洁
陈 静	李 冬	刘 峥	丘 锐	罗子诺	汤 婕	孙榕蔚	严锢蕾
罗宇琳	曾家豪	韩芷韵	王龙祥	关雅芳	吴浩凡	区绮琪	陈 阅
刘 欣	邓嘉怡	肖 婷	罗 荟	曹晓静	杨靖斐	李芷蓓	严栩慧
徐怡冰	王培垒	林润潼	许晓枫	巫 繁	李桂晴	林楚燕	张荣殊
张佳璇	杨剑寒	黄夌玥	周淑琦	冯淑惠	邱楚贝	陈安蕙	张文杰
张晓丽	陈钟咏	梁慧媛	林嘉慧	欧阳良娟			

三等奖学金（80人）

张瀚文	王亚楠	王泽熙	易 媛	黎泳彤	蔡晓峰	刘 彬	李昊南
肖健豪	林广泽	黄佩怡	邓晨曦	刘思琪	叶婉仪	黄俊棋	崔琪琪
钟桂香	吴双可	温 馨	刘雨欣	黄容婷	黄家辉	杨榕宜	谢旭婷
邓 涛	黄茨茨	黄丽娟	黄世宽	郭晓杰	王新雄	林忠海	谢 冰
刘柽烨	郭柏霖	赵映红	陈嘉昊	谢海燕	吴冯秀	肖 韧	李凯鑫
陈 庆	陆海津	林雪玲	林家欣	刘 叶	奚淳莹	陈罗衣	黄 靖
冯 锋	庄茵茵	邝晓曼	谌嫦萍	李幼红	叶婷娟	许方怡	黄好岚
李 滢	邓秀琴	许海东	甄达信	周家达	李世涛	郑炬文	万 鹏
韩志颖	袁淑贤	邝紫薇	刘芯霓	邓佳歆	徐米伽	鲁馨阳	李若琳
梁伊侬	陈小辉	刘宝新	朱凯茵	郑子芸	叶 琪	朱星运	周浩雯

物理与材料科学学院

优秀学生（37 人）							
张国琴	林梓敏	黄丹怡	谢满平	林桂纯	黎智轩	林泽芸	饶嘉炜
祝梓博	程文俊	魏加城	邓家裕	马 俊	李约瑟	方 烨	庄海婷
张嘉怡	钱妍君	杨丽莹	许洲宇	杨家豪	陈楷燊	王子煌	邹世杰
黎昊健	陈蔚潇	吴文祥	李培钰	杨 煜	曹文晴	庄雅雯	何海盛
黄 俊	张芷蔓	陈泳锦	林淑缘	胡祥越			

优秀学生干部（29 人）							
黄家伟	张国琴	胡祥越	曾冠威	林桂纯	黎智轩	肖倩娈	曹文晴
饶嘉炜	祝梓博	程文俊	邓家裕	马 俊	李约瑟	何海盛	张芷蔓
钱妍君	杨丽莹	陈嘉纯	杜光杰	林彦晓	杨家豪	林淑缘	陈泳锦
陈楷燊	方美慧	黄志敏	吴文祥	杨 煜			

一等奖学金（37 人）							
黄丹怡	胡祥越	谢思思	谢满平	林桂纯	陈晓彤	饶嘉炜	祝梓博
程文俊	魏加城	邓家裕	马 俊	李约瑟	方 烨	张嘉怡	钱妍君
许洲宇	邓子程	杜光杰	杨家豪	林 俊	陈楷燊	李林怡	谢泽文
黎昊健	张剑航	陈蔚潇	吴文祥	李培钰	杨 煜	朱雪微	陈泳妍
何海盛	黄 俊	张芷蔓	林淑缘	陈泳锦			

二等奖学金（59 人）							
马浩云	潘树蓉	杨 晨	廖粤明	陈 茵	梁欣巧	曾冠威	吴雨虹
郑紫萍	郑伊蓝	陈邈歆	黄楚仪	陈浩斌	刘晓缘	龚宇彬	吴梓禾
侯 迅	容雨晴	叶 晓	陈洁冰	胡丽文	苏智泓	林新叶	黄楚涛
李 楠	谢蕙芳	陈可茵	谭冬雨	苏静韵	陈嘉纯	彭 霏	肖泽熙
冯显艺	林彦晓	朱任全	胡裕鸿	叶志彬	郑淑卿	孙昭旭	刘范铭

学年礼

邹世杰	黄俊杰	黄志敏	赵崇钦	谢志宇	陈展毅	袁　媚	肖倩娈
郭德东	高　妙	易华森	彭思怡	徐佳仪	李菊芳	吴　静	许　翔
曾裕期	陈振荣	李楚斌					

三等奖学金（88人）							
李泓一	颜晓明	雷心瑶	黄家伟	叶宇航	张依静	何益诗	张芃宇
杨茗棋	叶建宁	罗承汛	莫燕斯	钟佩峰	简绍芬	童　彤	李卓霖
颜显泽	林晓茵	陈开帅	于佳新	刘朕廷	叶志强	巫颖怡	陈嘉敏
刘宇卿	张浩然	谭雪欣	赵梦洁	李梓妍	黄秀琳	廖柳莹	黄晓婷
刘静雯	陈湘阳	吕文兵	陈咏诗	宋英杰	李笑笑	何　镝	熊　婉
马侨翙	白子轩	陈梓婷	彭欣怡	何国龙	李杰帆	黄炯涛	涂宇杰
简永昌	程一萍	李文成	黄　予	曾炜杰	张子炫	张辉标	陈启航
王贵权	杜　平	王雨阳	陈正良	吴小睿	王璐琦	魏日松	张俊炫
庞世宇	萧柏燊	刘彰涛	罗剑波	郑　妍	孙金莉	钟振弘	秦浩晖
倪巧仪	陈思淇	梁朝发	田　新	刘思颖	李成锋	杨嘉培	任冬丽
程嘉铭	汤砾涵	谢梓源	杨艺辉	刘先政	钟珊瑜	宁　宁	王可君

地理科学与遥感学院

优秀学生（27人）							
林涌权	李楚琪	何小钰	吴东梵	陈旭君	甘梓莹	李俊滢	李加悦
方雪如	袁琛沂	陶佳芝	卢怡桦	梁　诗	林华威	李佳琪	梁诗琪
伍泓屹	林妙君	李雨珂	李宇蝶	肖　钺	熊　畅	刘璇燕	李　桦
高　雅	许榆琳	薛文雅					

（续上表）

优秀学生干部（35人）							
吴佩琪	吴雅琪	徐玮键	刘境稀	李敏莹	刘心仪	陈怡怀	刘乾进
黄曦婷	肖佩芳	张雯莉	杨柳	蔡俊宏	林歆雨	曾虹萍	陈聪颖
梁慧思	招杰慧	郑丽璇	王民炜	黎敏婷	洪钊华	周佳艺	徐雯雯
钟思敏	徐秋萍	谢欣	李晓航	邱穗萱	陈舒婕	郑贵滨	陈芷欣
闫欣	陈志慧	杨宇晨					

一等奖学金（44人）							
甘梓莹	熊畅	许榆琳	高雅	莫基镇	麦鑫泽	王琪	陈芷欣
黄思敏	吴智健	方雪如	袁琛沂	张亚琛	陶佳芝	李楚琪	李佳琪
伍泓屹	李雨珂	梁诗琪	吴东梵	庄雅烨	卢怡桦	李宇蝶	罗世悦
陈秋怡	徐玮键	李俊滢	吴恩捷	张雯莉	陈旭君	杨柳	李晓航
彭林	卢思言	李雨石	肖钺	罗忆帆	梁诗	廖春华	黎敏婷
邱穗萱	陈奕含	冯莉萍	薛文雅				

二等奖学金（71人）							
黄素英	林歆雨	陈怡怀	李智恒	洪钊华	彭一诺	陈聪颖	刘乾进
陈雅婷	李欣潼	王子茉	赵雅萱	徐雯雯	陈佳纯	魏莉琦	吴佩琪
朱家辉	刘彩花	方伊凰	简一平	王嘉然	吴雅琪	覃诗渝	李孟婷
颜可佳	黄桂汾	招扬	黄曦婷	梁慧思	肖佩芳	叶昕彦	梁佩仪
吴成鹏	黄国耀	刘怡静	邱美月	刘玉婷	彭伶茵	李小柯	黎基鑫
刘靖怡	高逸珊	罗子柔	谢欣	董韵枝	肖文倩	王思予	关楚彤
刘蔼莹	凌雨楠	刘景豪	邝俊毓	闫欣	黎炜泽	李丽青	植俊源
黄佩玲	董延宗	柳林洁	简佩莎	许倩妮	李敏莹	纪政楠	龚正
刘心仪	彭可莹	林雨彤	杨宇晨	陈子聪	刘语珊	龙映池	

（续上表）

三等奖学金（108 人）							
张驰方	林添华	龙芍男	陈绮桐	庄思冰	陈倚晴	罗璐萍	陈嘉怡
庞钟洁	彭梦珊	宁芳洁	曾虹萍	周佳艺	郑贵滨	周 茵	朱思雨
黄旭钿	廖荣蓉	王海峰	刘静思	李茵悦	李 彤	李秋婵	卢佩仪
林浩楠	许淑仪	潘沛琪	吴楚冰	胡清雯	赖晓群	刘家华	秦思微
林晓玲	王彩婷	冯婷诗	叶文清	李敏祯	陈冰滢	林铭海	曾颖海
周婉楠	林 琳	陆依熳	方乐慧	罗碧瑜	梁铭禧	陈梓明	徐海灵
黄驰骏	彭国榕	陈 懿	谭 红	李梓峰	张诗语	吴湘苓	杨颖姿
郑碧雲	吴 津	何羿欣	李南青	付梦溪	吴雪露	谢金沃	庄煜琳
郭彦臻	黎梓睿	胡旻佳	涂芊芊	陈 冰	陈秀云	张凯丹	刘境稀
黄冬怡	梁嘉俊	周飞宇	陈丽飞	兰美萱	李丹妮	王民炜	唐晨丽
陈奕林	邹宇洋	严少锋	李丽莉	邵璐瑶	蔡俊宏	黎思敏	覃静茵
屈嘉怡	戴钊龙	周智杰	黄金燕	梁孔华	郭恩彤	吴松泰	郑欣欣
吴泽茵	宋智辉	张承智	杨 栀	徐 威	陈仟芊	陈川政	詹振荣
卢孟珽	刘芷彤	古丽达娜·热合木吐拉			凯丽马·卡依色尔		

生命科学学院

优秀学生（30 人）							
吕银花	罗娉婷	张瑞敏	梁楚妍	陈依灵	麦晓婷	林浩澎	刘雨晴
郑锦婷	陈 诺	吴锐萍	杜倩平	黄安琪	钟玉韵	苏星尹	叶志权
薛 蓉	洪雨薇	傅立妮	黎蔓枫	范晓瑄	苏杰泉	陈银娜	李俊杰
张可仪	黄璟桐	杨雅锶	迟羿寒	鲁双齐	邹君莹		

（续上表）

优秀学生干部（24人）							
陈培贤	朱雅婷	刘思婷	李娴	古芯莹	李妍妍	邹爱玲	李晴
黎晓倩	林晴莎	梁小柔	刘璎莹	周嘉仪	黄俊辉	萧毅志	吴凌欣
吴忆琳	黎可	韩潇悦	叶采金	黄艺华	陈坤豪	刘鑫	王天乐

一等奖学金（26人）							
罗娉婷	梁楚妍	朱雅婷	陈依灵	朱芊霖	秦冰	杜倩平	黄安琪
钟玉韵	苏星尹	叶志权	黎蔓枫	范晓瑄	苏杰泉	李俊杰	黄璟桐
林浩澎	刘雨晴	陈诺	刘璎莹	薛蓉	洪雨薇	杨雅锶	迟羿寒
鲁双齐	邹君莹						

二等奖学金（48人）							
李伟萍	蔡朗	廖淑玲	谢睿智	陈容	戴梦琳	梁雅婷	李妍妍
骆懋彦	廖开静	陈炜	陈佳丽	范馨丹	叶春蓉	林晴莎	叶敏俐
余鸿君	陈子慧	萧毅志	黄琦	宋秋实	黎影	梁仁豪	吴忆琳
黎可	梁金悦	黄文炜	高奕娴	赖卓虹	钟静怡	陈海婷	谭清雅
郑虹君	龙雅倩	林晓敏	黄兆安	周雪莹	李毓欣	李映雪	蒋心怡
周嘉仪	麦倩雯	梁畹茵	黄艺华	袁宇轩	刘鑫	邹欣彤	张静怡

三等奖学金（72人）							
曾泽玲	吴燊如	刘淑玲	莫振鹏	谢拂	刘庆仁	张诗怡	杨洁
刘思婷	陈嘉莹	郭朗琪	黄欢	罗咏蕾	周颖嘉	陆森婷	黄颖滢
何梓腾	黄雨妍	叶煌杰	黄滢	简锦婵	林卡雯	黄韵颐	李嘉美
曾韵怡	李晴	陈思慧	王颖琳	刘阳	卢晓琳	叶彤	郭钰琪
郭欣莹	罗鑫	吴凌欣	黄文珍	朱乐钊	何宇聪	黎杰玮	关雪亭
诸美花	刘泽芯	陈妍娜	范迪森	李月芳	卢秋芹	韩潇悦	周志乾

古芯莹	李康杰	陈敏怡	王诗芬	杨兴颖	林洁霓	孔宝琳	林怡然
黄泳映	陈泽伟	李颖晶	刘宇婷	黄俊辉	丘汝梅	黄曼林	蓝　澜
左志婷	姜　珊	陈坤豪	宋丹宁	林　森	刘明秀	王天乐	冯伟杰

机械与电气工程学院

优秀学生（66人）							
苏盈盈	邱子境	陈祖栋	蔡　睿	郭子龙	李思道	林韦任	杨耀权
萧楚言	黄晓昌	孙　颖	马坚林	刘嘉睿	庄伟生	黄政聪	黄伟聪
熊嘉鑫	杨允津	黄金海	徐柔柔	陈俊达	王靖林	孙淑颖	郑骐寅
陈建宏	张雪茹	邓开宏	杨耿程	陈柏蓁	陈富泽	江沐鸿	林婷婷
陈舒桐	李　煌	伍雄谦	陈思霖	张淦基	潘杰康	陈　昆	梁家乔
刘梓新	冼嘉辉	何佳伟	黎俊杰	陈柏瀚	张苑晴	沈伟浩	陈坤菁
黄永宜	周晓阳	辜志勇	邓泽缤	杨宇斌	杨金权	蔡蓉娜	陈荣佳
林　海	李天注	王琳颖	姚　麟	潘伟新	伍正清	黄　伟	袁浩东
谢欣绩	刘福强						

优秀学生干部（54人）							
苏盈盈	胡梓凯	刘颖琦	袁文杰	吕冠霖	萧柔燕	朱圣源	廖世旺
林韦任	杨豪满	刘源东	薛一帆	杨博卿	张传斌	马坚林	黄柱铭
陈鑫浩	吴博淳	柯晓淳	潘英雄	彭祖龙	植泓文	冯阳洋	余玉佳
杨华东	陈俊铭	杨耿程	卢柱石	陈康寅	卢少梅	孙灿林	刘华聪
吕展贤	黄志林	张培杰	丘鸿杰	徐玲芝	余飞洋	陈柏瀚	崔　恒
王宇航	包舒蕾	黄栩炀	黄永宜	陈　奕	陈桂鹏	崔　靖	蔡蓉娜
林　海	许梓涛	王琳颖	黄海鹏	袁浩东	张金涛		

(续上表)

一等奖学金（67人）							
苏盈盈	胡梓凯	邱子境	陈泽森	江佩茵	陈祖栋	蔡　睿	武夕涞
李思道	林韦任	杨耀权	萧楚言	黄晓昌	孙　颖	刘嘉睿	庄伟生
黄政聪	吴博淳	周济豪	熊嘉鑫	黄伟聪	陈庆润	王靖林	孙淑颖
曾智帆	郑骐寅	陈建宏	陈俊铭	邓开宏	杨耿程	陈柏蓁	陈富泽
卢柱石	江沐鸿	张奕琪	王　祺	陈舒桐	李　煌	陈思霖	潘杰康
梁家乔	刘梓新	刘泽安	何佳伟	何振霆	黎俊杰	沈伟浩	陈坤菁
何冠桦	黄永宜	陈　奕	辜志勇	邓泽缤	杨宇斌	杨金权	蔡蓉娜
陈荣佳	林　海	李天注	王琳颖	姚　麟	覃文灿	潘伟新	伍正清
黄　伟	袁浩东	谢欣绩					

二等奖学金（108人）							
李楷林	梁　淘	曹毅锋	梁磊华	刘泽佳	洪枫获	黎智颖	黄梓毅
杨嘉焕	林剑波	梁东昊	丁金铭	林楷民	徐嘉言	陈桂天	张伟斌
许佳奇	范勇佳	邓　炜	邓庄铭	刘俊鹏	张家乐	雷梓欣	林　忆
肖衍翔	李聘洲	何　羽	刘馨文	陈奕庆	张倩茵	戴文哲	徐　鋬
吴思伟	伍昊天	郑焕民	傅龙彬	肖泽斌	蒋　宇	刘云辉	刘汉杰
廖健林	余玉佳	冯一峰	吴岳滨	赖贤鑫	何炜瀚	郑立锋	王梓熙
黎嘉伟	孔垂鑫	陈金湖	杨创盛	陈明俊	陈康寅	黄杰龙	蔡展衡
林松光	关泳彬	张诗雨	孙灿林	成汶谦	张统艺	甘群榜	李峻荣
邬海彬	张培杰	程家乐	万久渝	丘鸿杰	黎毅成	庄佳炜	黄　振
莫光朋	刘镜豪	李晓琳	崔　恒	何　旋	梁　誉	郑桂佳	包舒蕾
祝晓亭	杨婉婷	黄学伟	张怡波	张皓杰	陈桂鹏	罗凌丹	童　鑫
黄永柱	张忠林	罗华春	陈冠州	李　毅	刘金辉	刘丰华	王若锦
李　燊	邓锦文	陈世豪	曾浩彬	黄嘉纯	杨梦婷	冯嘉铭	冼锐泓

学年礼

张嘉铭	万佩茵	林一劼	张荣昌			
三等奖学金（162 人）						
蔡瑞琪	刘颖琦	余君皓	袁文杰	陈晓彤	林河森	张远辉	何浩源
张朝峻	廖昱坤	朱圣源	赵鑫	吴奕涛	马霖泓	林德裕	梁家伟
冯沼棠	赵汝亨	陈东	林浩	李钊	杨豪满	曾文浩	林旭朗
杨筑成	刘逸彬	薛一帆	杨博卿	阮轩	杨沛	张传斌	范炜豪
黄林涛	唐朝	卢家鹏	曾文辉	黄柱铭	朱志远	陈鑫浩	叶诗海
王子扬	黄奋扬	王泽文	林灿荣	陈志朋	曾科瑜	黄非凡	叶灏东
温嘉福	夏宇昕	张跃龙	卢尧龙	张涛	朱曦霖	彭祖龙	翟子朗
植泓文	黄浩	林立凯	黄沛昇	王泽韩	何嬐琦	杨华东	王倩柔
叶镇升	丁家烨	冯唐耀	吕明阳	苏基鸿	冯颖琳	陈嘉聪	董小武
段昊	钟文杰	方铁龙	谭海伦	毕亚瞳	胡磊	李海腾	赖建聪
幸文忠	李瀚锋	华广明	谢卓志	谭国俊	叶敏睿	黄伟健	林忆纯
陈伟然	陈明辉	陈梓浩	郭士煌	苏焕荣	卓浩然	邓晓桥	黄志林
姚权鸿	王先杰	王尘奥	杨加伟	苏胡杨	温志坚	朱浩彬	梁淑婷
彭逸晖	吴镜辉	李文豪	张思凡	杨海琳	余飞洋	谢智棚	赵晓生
李耀东	喻力	袁思蕈	王宇航	余子业	林永贤	卢俊江	章树鸿
黄栩炀	陈路	张凯	周羿迅	陈文毅	甘廷左	唐骏杰	吴江龙
陈沅健	何松谕	李晋升	吴博敏	付云飞	张鸿祥	黎关瑞	李文博
钟宇轩	李政驰	陈骥鹏	王辰尹	许梓涛	林佳贤	李东幸	关健枫
彭伟峰	梁宇桐	赵雯	曹文锦	许依敏	江志海	陈卓楗	骆慧敏
林宏钊	古时添	许莹颖	刘政	陈茗栩	梅志云	胡键枫	张金涛
黎骥泉	欧阳佳春						

电子与通信工程学院

优秀学生（45人）							
李泽轩	张钰佳	林静旖	杨栢佐	余俊佩	胡晓玲	张竞文	韩骏宇
尹硕文	李帆	王嘉轩	刘建华	苏杰鑫	曾庭森	黄锴	黄钰莹
温嘉文	陈晓菲	王锦帆	张妤婷	冯誉锴	俞晓飞	谭陈萌	刘宇森
吴悦琳	周奕璇	何伟聪	李楚宪	廖玟皓	孔佳仪	林培东	潘梓沛
王坤辉	程杰	庄晓萱	王家创	李惠嫦	陈耀城	杨宗宾	陈建华
黄俊凯	罗至中	胡乐涵	黄锦山	宁毓轩			

优秀学生干部（33人）							
许丽纯	郭纯真	蔡乾	凌高成	唐淑玲	张竞文	韩奥佳	胡雄海
王岩	李汉燃	刘晓锴	何乐怡	陈晓菲	王锦帆	林丽	陈奕彬
于成熙	刘宇森	吴悦琳	廖玟皓	徐晓彤	陈垚竹	林谦睿	李惠嫦
黄雅楠	江炫斌	郑晓颖	李安隆	龙思婷	任颜华	廖创豪	陈泽桐
张春柳							

一等奖学金（44人）							
张钰佳	许丽纯	杨栢佐	孙启超	余俊佩	张竞文	韩骏宇	尹硕文
王嘉轩	刘建华	李成霖	周易	曾庭森	黄锴	陈开鸿	温嘉文
王锦帆	张妤婷	冯誉锴	俞晓飞	李升晖	谭陈萌	唐超英	吴悦琳
周奕璇	何伟聪	廖玟皓	林毓尚	孔佳仪	胡伟俊	潘梓沛	王坤辉
王清远	李惠嫦	陈耀城	陈建华	黄俊凯	任颜华	罗至中	胡乐涵
胡嘉谦	黄锦山	陈泽桐	宁毓轩				

二等奖学金（73人）							
肖发聪	黄双儿	凌兴涛	郭纯真	张晓君	凌高成	廖艺	吴楚基
林艺	卢浩宇	唐艺僮	房韵敏	王岩	郑锐	陈诗敏	区嘉俊
林沛森	陈卫深	林乐儿	赵文健	黄文昇	赵旭豪	柴竣	孙一潇

解承强	吕炽森	孙毓晖	李美洵	曾扬琦	孙宝玉	蔡晓惠	黄锐杰
邓建桃	林 丽	刘郭聪	于成熙	涂晓未	谢文涛	陈俊佐	张 畅
刘宇森	江政桐	吴怡妮	李烨恒	张冠桦	陈垚竹	丘宇锋	梁显武
曾 标	方靖涛	李 昂	林谦睿	张瑞健	闻嘉伟	钟芷瑶	陈文奇
梁婉桃	潘文极	张智豪	陈伟麟	郑晓颖	李胜权	龙思婷	刘佳俊
梁圣楠	陈嬉婵	奉川东	董骥阳	柳栓柱	许旭昌	郑凯龙	刘子琳
王思博							

三等奖学金（109 人）							
毛俊彦	邹永桥	陈胜飞	杜晓楠	洪楚林	李浩贤	吕滨雄	蔡 乾
殷圣锋	陈家勋	黄云轩	徐爱英	余博文	胡雄海	叶桂武	彭 均
罗秉康	陈志健	李启津	柯伟辉	陈富荣	邝芷欣	谢浩文	李汉燃
吴 睿	张永恒	高天骏	许佳煜	谭锡贤	吴伟钰	余远城	刘晓锴
吴俊玮	吴 灿	何乐怡	杨琳钧	黄奕涛	黄佳鹏	何俊杰	喻 琦
陈泳轩	夏天亮	吴丹曼	黄慧珊	周 聪	谭铭鸿	连梓鸿	陈中选
冯世悦	肖春燕	柳佳瑞	蔡明宇	潘雯婕	李鸿毅	苏锣彬	许南奇
丁昱量	林志鸿	李 惠	廖梓鹏	黄煌杰	梁智鹏	徐晓彤	王婷玉
杜志攀	李刚富	招宇辉	陈俊全	谢明正	朱欣欣	郑杰鹏	袁骏炫
卢彬杰	施良玉	王新宇	梁顺棠	黄 浩	林钦霆	谭渝建	黄雅楠
陈建萍	朱明娥	李泽晖	贺思圆	麦婉柔	谭圣珑	杨晓杰	钟惠娟
李安隆	林奕敏	苏丹枫	李洛铖	林良健	罗铭程	肖子阳	陈佳乐
陈昶全	姚宏彬	方思博	蒋智远	黄浩洋	黄靖智	吴锐展	廖创豪
杨藉森	罗国峻	罗钧豪	岳马飞扬	黄星泰			

计算机科学与网络工程学院

优秀学生（78人）							
张俊辉	黄佩佩	李九辉	张承杰	姚文杰	谭健	张镇耀	吴炜彤
罗文俊	余富佳	陈日玲	黄有亮	刘子辉	胡冬妮	朱创伟	罗怡翔
陈义翔	叶林浩	朱俊涛	张洲瑞	张浩楠	莫成达	苏坚荣	张怀元
张伟宏	黄宝仁	杨燚	唐振辉	姜靖宇	黄颖瑜	吕泓浩	詹舒桐
林彦如	林碧香	林斌	乔慧阳	林志伟	何静静	萧志鹏	雷昊
刘霁莹	徐瑞禧	连雨昕	陈灵茜	陈梓铎	肖伟键	赵梦珊	李佳玟
冯韦铭	曾文杰	林增涛	黄仁城	陈宇环	夏开敏	罗浩加	周炜枫
林树沛	潘隆鑫	梁海燕	黄彬	肖嘉迪	董玲宏	封明忠	陈辉佳
苏凌雅	黄思铭	吴建耀	廖翔宇	陈韬宇	陈海辉	李治	苏坤生
陈宁宁	谭忻	张锦匀	吴慧	邓晓君	章培鑫		

优秀学生干部（62人）							
林靖	张俊辉	李九辉	张承杰	彭康超	刘文烽	杨泽栋	邓晓君
郑泽昆	吴炜彤	凌云峰	罗文俊	余富佳	陈展帆	刘子辉	吴灶凯
温派维	罗怡翔	刘旭朗	候美婷	刁启炫	莫成达	苏坚荣	张伟宏
唐振辉	王彤	黄颖瑜	梁尚文	余晓敏	吴泽涛	章培鑫	邓文轩
郭宛怡	侯嘉滢	何静静	郭培育	刘欣	万佳文	黄崇兵	陈华基
李厚霖	罗瑞	吴伟俊	周炜枫	杨昊森	潘隆鑫	梁海燕	肖嘉迪
董玲宏	封明忠	杨雯	陈宁宁	王茂碧	苏凌雅	黄思铭	吴建耀
廖翔宇	陈韬宇	李治	蔡培麟	雷昊	黄宝仁		

一等奖学金（78人）							
林靖	冯舶洋	王育锋	张俊辉	李九辉	张晓雪	张承杰	郑天祥
刘文烽	邓晓君	谭健	张镇耀	郑泽昆	吴炜彤	甘洪雨	莫小知

学年礼

罗文俊	余富佳	张浩楠	梁敏贤	黄有亮	刘子辉	林俊庆	骆泽任
朱创伟	罗怡翔	陈义翔	朱俊涛	陈俊文	苏坚荣	张怀元	张伟宏
黄宝仁	杨燚	姜靖宇	黄晓杰	黄颖瑜	吕泓浩	甘艺燕	苏坤生
章培鑫	林碧香	郭宛怡	林斌	乔慧阳	陈梓铎	连雨昕	尹创
陈灵茜	雷昊	刘霁莹	徐瑞禧	肖伟键	赵梦珊	冯韦铭	曾文杰
黄仁城	陈宇环	夏开敏	罗浩加	周炜枫	潘隆鑫	梁海燕	黄彬
肖嘉迪	陈辉佳	林国鑫	陈宁宁	谭忻	彭羽莎	谢育桐	黄思铭
吴建耀	陈韬宇	陈海辉	吴慧	李治	司徒永聪		
二等奖学金（125人）							
宋杰	梁文坤	丘玉强	李沛蔚	张耿财	李鹏焕	林小惠	古会杰
谢小鹏	郑意华	吴宇杰	程炜城	宋运红	吴夏祯	邵楚越	杨泽栋
郭淑怡	范万朋	胡烨添	陈春鸿	蔡培麟	詹佳怡	陈攀丹	唐本钊
林荣堃	凌云峰	陈日玲	杨静	刘虹丽	刘燕轩	尹旭哲	梁程
刘晓星	程壮健	钟伟琪	欧桶生	梁新兵	方秋曼	方禄洁	吴俊贤
麦俊杰	林钊鸣	钟圣鸿	刘旭朗	刘铧荣	韩飞洋	苏丽盈	赖泉凤
戴景昊	虞月豪	区钧峰	刘玉蓉	钟凯劲	吕亮彬	王彤	李秋雪
黄汉鑫	谢瑞鸿	李龙恩	余晓敏	吴泽涛	李佳佳	林希栋	叶志强
邓文轩	冯建华	曾蕴炫	李浩源	黄素君	侯嘉滢	张倩瑜	林志东
郭培育	马汉松	郭颖珊	黄迎欣	饶安	李嘉怡	刘欣	李垚含
万佳文	丁千惠	池福金	李佳玫	冯颖霖	黄崇兵	陈华基	林增涛
王岳伟	洪志腾	刘妮	庄桂泳	岑清华	陈俊桦	罗瑞	杨昊森
梁少民	胡鹏	林佳芬	张景致	佘俊宇	冯子傲	董玲宏	招炜怡
杜冰睿	杨雯	李杜锋	赵东林	张锦匀	邹子艳	朱家明	李若涵

（续上表）

刘　婷	官欣奕	邓学文	廖翔宇	成昭仪	张楠羚	李国平	徐　佳
张展鹏	李炳杰	陈雨帆	罗伟健	陈嘉诺			

<table>
<tr><td colspan="8" align="center">三等奖学金（187人）</td></tr>
<tr><td>易文宣</td><td>严嘉慧</td><td>李　晴</td><td>王奕涛</td><td>黄康伟</td><td>林心仪</td><td>王海涛</td><td>李康灯</td></tr>
<tr><td>刘月颜</td><td>彭　燊</td><td>钱　滔</td><td>廖锦滔</td><td>郭凯琳</td><td>彭康超</td><td>廖坤坤</td><td>李红婷</td></tr>
<tr><td>蓝梓鸿</td><td>聂小棚</td><td>周彦志</td><td>邓尚杰</td><td>吴相龙</td><td>何金鸿</td><td>陈鹏羽</td><td>高伟佳</td></tr>
<tr><td>曾煜棋</td><td>黄梓熙</td><td>杜红艳</td><td>肖容滨</td><td>黄婉婷</td><td>郭嘉旺</td><td>赖志涛</td><td>郑沐新</td></tr>
<tr><td>梁子鹏</td><td>曾祥浩</td><td>陈宏儒</td><td>揭　龙</td><td>吴咏杰</td><td>姚海彬</td><td>叶怡鹏</td><td>陈展帆</td></tr>
<tr><td>吴柳余</td><td>夏　如</td><td>邹世杰</td><td>张梦霞</td><td>林浩楠</td><td>陆浩林</td><td>林　昕</td><td>王秋迪</td></tr>
<tr><td>邵纪旭</td><td>林晓辉</td><td>方梓濠</td><td>陈丹慧</td><td>颜玉华</td><td>谢奕辉</td><td>辛垂涛</td><td>黄凯颖</td></tr>
<tr><td>李志诚</td><td>陈宇皓</td><td>许先城</td><td>廖俊康</td><td>李子聪</td><td>刁启炫</td><td>余文臻</td><td>郑立志</td></tr>
<tr><td>李韵琳</td><td>范晓君</td><td>彭龙威</td><td>林嘉华</td><td>曾泽栋</td><td>缪　钰</td><td>邱恒如</td><td>汪绣婷</td></tr>
<tr><td>曾宇科</td><td>颜宇健</td><td>许致航</td><td>肖诗敏</td><td>陈　涵</td><td>罗培鑫</td><td>赖炯煜</td><td>丘培昌</td></tr>
<tr><td>陈旭东</td><td>张瑞鹏</td><td>吴梓灏</td><td>丘镕欣</td><td>孔令骞</td><td>程源泉</td><td>梁尚文</td><td>李志鹏</td></tr>
<tr><td>余家豪</td><td>唐天健</td><td>林锐峰</td><td>苏志楠</td><td>黄　毅</td><td>李子超</td><td>周凯耀</td><td>黄骏铭</td></tr>
<tr><td>黄震东</td><td>张立志</td><td>蓝一铭</td><td>韦国强</td><td>柯倩好</td><td>陈泳彬</td><td>余臻颖</td><td>陈文瀚</td></tr>
<tr><td>洪超越</td><td>黄　炜</td><td>陈榆通</td><td>黄　圳</td><td>李国斌</td><td>谢旺泽</td><td>林金腾</td><td>李元粤</td></tr>
<tr><td>郭育宏</td><td>熊　毅</td><td>冯浩桓</td><td>王　昕</td><td>许镕圭</td><td>李　强</td><td>冯杰晖</td><td>蔡宇生</td></tr>
<tr><td>许中兰</td><td>张达灿</td><td>丁柳冉</td><td>陈畅科</td><td>刘　成</td><td>崔德阳</td><td>符　韵</td><td>蓝金慧</td></tr>
<tr><td>彭　涛</td><td>李日景</td><td>曾家谦</td><td>杨　一</td><td>李业源</td><td>曾　露</td><td>李厚霖</td><td>吴伟俊</td></tr>
<tr><td>陈旭明</td><td>黄志鹏</td><td>马彬明</td><td>唐小妍</td><td>张晓晴</td><td>张积朋</td><td>梁钊瑞</td><td>骆如萱</td></tr>
<tr><td>吴建豪</td><td>刘艺明</td><td>陈慧燕</td><td>吴宏涛</td><td>黎鸿俊</td><td>郑锟曙</td><td>王进宝</td><td>翁宗杰</td></tr>
<tr><td>詹宇彤</td><td>张梓锋</td><td>朱广辉</td><td>李恒湛</td><td>王　捷</td><td>何俊骞</td><td>陈铭威</td><td>陈炳光</td></tr>
</table>

学年礼

（续上表）

韩晓童	孙含瑾	唐兴顺	王茂碧	龙秋旭	陈鸿烨	刘汇聪	李泽恒
文锦松	任少轩	刘信扬	陈嘉铭	吕志涛	黄瑞雪	苏伟锋	邵浩浩
陈嘉豪	朱源楷	吴日东	蔡其殷	樊明思	王奕建	黄 海	方 娅
苏向标	邱颖锋	林彩瑜					

土木工程学院

优秀学生（76人）							
黄文杰	尹红军	刘思颖	李锦浩	韦粤杰	周铮彦	王任杰	王浩然
黄君瑜	袁宝聪	吴健树	张宇东	顾馨怡	叶宇轩	罗 森	邓凯鹏
杨邦镄	梁耀添	王 雨	朱国雨	郭子睿	唐诗音	唐欣欣	冯景华
梁佳颖	陈世煜	陈康良	鲁锰业	周欣晓	郑景昀	黄圳铎	王宇凡
许发进	孙竹妤	庄森雅	刘 淇	梁业弘	张均懿	李 信	罗显智
陈媛媛	张子远	陈 飚	迟鑫善	张琪琳	罗宇泰	蔡佳韩	陈铸杭
唐伯俊	梁晓君	陈佳佳	郑秀贤	张雯杰	林耿壕	谭晓珍	李淑仪
肖 妍	黄子宣	蔡璧荣	陈 伟	张峰华	林志豪	林 玲	章 袁
陈月月	杨志秋	吴家庞	陈耀学	袁淦浇	林家杰	张 瑞	曾华涛
赖思聪	甘其斌	劳常康	罗欣莹				
优秀学生干部（60人）							
罗紫程	罗艺丰	马习琴	龙丽珊	邱文杰	林艺涵	梁耀嘉	林鹏翔
黄健辉	莫梓健	余雨桐	蔡栋卓	曹 希	赖若玥	徐振华	李卓鸿
黄群翔	何欣儒	徐 扬	唐永耀	叶婷婷	陈晓珊	郭晓芸	吴雪湄
陈靖昊	顾钊文	练冬誉	伍文敏	陈峻浩	黄诗远	廖棋炜	黎炫阳
苏俊湘	苏梓僡	杜宇航	李尚谕	赵汝俊	张泽环	吴胤仪	郑坤涛

（续上表）

李 灏	王 越	罗子曼	林凯杰	邓飞龙	李 云	吴婉滢	陈展堂
欧正锋	刘 坚	刘 轩	曾明朗	钟金宏	刘学旭	黄焕昌	曹嘉晟
张乐程	梁国聪	陈 涛	黎致迅				

一等奖学金（76人）

黄文杰	尹红军	刘思颖	李锦浩	韦粤杰	周铮彦	王任杰	王浩然
黄君瑜	袁宝聪	吴健树	张宇东	顾馨怡	叶宇轩	罗 森	邓凯鹏
杨邦镐	梁耀添	王 雨	朱国雨	郭子睿	唐诗音	唐欣欣	张淑妍
冯景华	郑仲泽	郭绮琪	梁佳颖	陈世煜	陈康良	鲁锰业	郑泽鑫
郑景昀	王宇凡	李宝茵	孙竹妤	庄森雅	张子远	陈 飚	迟鑫善
张琪琳	王 睿	邵家杰	蔡佳韩	陈铸杭	唐伯俊	王家豪	罗显智
陈媛媛	苏梓僖	刘 淇	梁业弘	张均懿	黎炫阳	陈佳佳	郑秀贤
张雯杰	李 灏	谭晓珍	李淑仪	肖 妍	林福贵	黄子宣	杨志秋
张乐程	吴家庞	梁国聪	林家杰	劳常康	张 瑞	曾华涛	赖思聪
林 玲	陈月月	章 袁	蔡壁荣				

二等奖学金（122人）

张兴国	罗紫程	林琬玲	罗艺丰	陈家杰	欧芏佟	刘莹琳	幸 勇
罗丹锐	张翠冰	温宇键	陈子琦	朱镇泉	邓斯敏	杨良基	彭开慧
潘柳晴	江华烨	朱茵豪	林 塴	邱妙燕	郑丽婷	陈奕丽	刘锡涛
龙丽珊	邓铭满	张玉洁	彭 景	苏东东	邱文杰	梁丽燕	林艺涵
郑佳琪	李启剑	卢腾峰	郭炜磬	张腾鹏	梁耀嘉	罗鸿杰	许燕雯
徐瑜宁	许振海	郭晓芸	张雅熙	周 璐	杨恒乐	陈靖昊	吴思诗
练冬誉	唐楷骏	梁晋睿	吴宇浩	顾钊文	黄温沂	陈峻浩	廖棋炜
曾琪容	彭伟均	李尚谕	林 继	胡济明	卓致衡	朱广锋	桑 悦

学年礼

张泽环	詹晓婷	冯德乐	杜任驰	匡聪	叶颖卓	冯志波	余文业
洪慧华	钟幸峰	林添盛	黎荣坤	苏俊湘	李豪桦	夏艺	杨振
钟子琦	杨子岳	曾梓峰	林煜涛	左海森	叶书颖	黄胜安	黎家明
聂志琪	陈来莉	黄佳龙	林坤贤	欧正锋	黄裕铭	赵俊权	潘俊源
叶国诚	张可顺	杜和坪	庞林超	李永康	曾捷	方治坤	吴杰霖
苏昱融	张昱	刘思秦	卢汉	廖德泽	梁豪坚	刘学旭	唐梓涵
胡宇平	郑庆鹏	梅景全	李勇波	张世熙	万予哲	郑泽臻	黄聪
欧阳嘉耀	黄诗远						

三等奖学金（182人）

马习梦	贤晓洲	纪桐泽	莫天培	黄清	杨绍国	陈芍允	廖捷
冼俐志	罗展鹏	何杰	阮文易	欧嘉信	易凯杰	林愉凯	林鹏翔
潘智腾	肖欣宜	邹庆霖	庄晶莹	赵妤蕾	文茹颖	吕嘉瑜	吴卓芮
邹碧娟	彭博远	莫梓健	江珊	林培博	张德耀	邓颖瑶	冯浩镇
符惠茗	梁正霖	余雨桐	赖骏	李欣茹	蔡栋卓	何玥	莫兆聪
李唐轩	徐铭阳	雷睿佳	祝华冰	陈瑾	谢胡洋	陈佳莹	曹希
吴怡	赖若玥	蔡伟帆	庞贵源	徐振华	陈栋明	张润源	黄惋婷
陆权生	谢佳希	宁亮东	余婉琪	余采舒	郭嘉瑜	吴雪湄	张培
朱丽燕	罗奕楷	曾凯俊	李梓填	汤健强	卢俊豪	甘启柏	何小媚
刘颂嘉	柯泽曦	钟雯敏	邱博烨	黄远添	林清梦	李焯宏	丘佩琳
潘玫蓉	游宜琳	王煊磊	李迪华	颜新星	钟铠翼	李瞻	麦楚欣
李黄宁	左恩	罗祖杰	王贤恩	刘家明	赵汝俊	庄佳骏	林锐波
覃其力	李周杰	蒋宇庚	林建斌	林永恒	邱才聪	方统庆	刘子鸿
蔡楠	邓梓晗	李育烽	王颖柯	林宇凯	芦品毅	陈骏恒	林海源

（续上表）

马浩然	刘权锦	覃家乐	朱淑薇	陈铎元	杜宇航	陈楷胜	陈伊琳
余安镇	罗子曼	陈致心	林凯杰	丘新洪	邓飞龙	邓　创	叶永康
朱晓雯	刘佩佩	彭正杰	杨昊龙	吴锦松	潘广标	李明轩	谢泽清
李　云	曾荣烨	张堃萱	谭湛良	冼永砚	林　枭	向宗立	李佩珊
洪伟彬	周湧森	陆志武	王泽涛	廖锦龙	潘　聪	刘晓明	程茂林
曹志远	伍文瑜	张　斌	梁志豪	刘　润	陈佳霖	黄亮雄	向晏仑
廖家淇	陈　涛	李宇婕	卢照希	黄英淇	曹嘉晟	刘文靖	陈荣杰
余泳欣	杨浩然	张锦峰	卢翊钧	陈泓丞	钟　杰	毛展鹏	叶柏峰
曾明朗	李家谦	郑昊霖	吴瀚滔	吴毅斌	李睿罡		

建筑与城市规划学院

优秀学生（30人）							
蔡晓莹	谭徵璎	宋　颖	邓毓雯	郑颖亮	郭晓僡	钟炜婷	李　昕
吕姚霏	陈　阳	李宇晖	王奕萱	陈沼宇	陈　潼	潘润锟	陈卓禧
陈宗舍	陈雨盈	陈颖智	林　芳	谢宛彤	黄晴莎	邓程怡	林子琪
谢艺杰	陈一钏	余心瑶	谢慧馨	林玉婷	曾静蕾		

优秀学生干部（25人）							
蔡晓莹	付运琪	李华钊	林国泉	石立雪	郭晓僡	李　昕	刘凌云
陈　阳	吴苑琳	陈芷钧	冯子桐	苏财文	庞金萍	赖科凤	陈　莹
陈颖智	卢晓格	岑象羿	张子浩	梁馨文	谢艺杰	谢慧馨	冷元煜
许嘉毅							

一等奖学金（31人）							
谭徵璎	宋　颖	潘烨成	周文婷	陈嘉鑫	郭晓僡	李　昕	陈　阳

学年礼

(续上表)

利紫晴	李宇晖	王奕萱	陈沼宇	胡译允	潘润锟	陈卓禧	陈东濠
陈宗含	龙思彤	陈雨盈	陈洁	林芳	陈颖智	曾静蕾	谢宛彤
邓程怡	林子琪	陈一钏	谢艺杰	余心瑶	谢慧馨	林玉婷	

<table>
<tr><td colspan="8" align="center">二等奖学金（50人）</td></tr>
</table>

罗雨晴	吴达逊	李宜润	谢汶燊	潘珏宜	朱倩婷	李华钊	焦中南
黄诗婕	黄晓静	李沛璠	杨璐瑶	刘凌云	黄韵仪	黄敏	陈怡凤
杨越	陈芷钧	李灵奕	赵嘉纯	夏嘉月	杨泽銮	黄绮婷	夏愉
黄晓露	吴子欣	苏财文	陈玉妍	赖科凤	陈新武	李文苑	苏章贵
叶亮	陈熙颖	黄燕芬	卢晓格	吴桐	刘迎佳	何丽	李若楠
梁馨文	洪燕琳	马骐骄	黎子晴	姚冲	杨凯茵	冷元煜	岑象羿
陈潼	伍颖茵						

<table>
<tr><td colspan="8" align="center">三等奖学金（75人）</td></tr>
</table>

叶诗铭	陈玫廷	潘嘉欣	张浩鸣	梁洁慧	蔡梅	林绮琪	郑宇豪
潘筱川	胡坤	巫玉婷	陈妍	刘晨彦	李依澄	杨影	黄筠玲
陈梓聪	林昕	曾杨昊	王昱通	谭咏荷	陈欣莹	王子颖	刘梓怡
林奕鑫	吴苑琳	余樱琳	甄泳怡	陆鹏杰	余咏欣	冯子桐	吴秉璋
邵晓霖	谢镕羽	林旭怡	徐思杰	李小倩	陈梓淳	王芊瑶	叶林杰
卢智彬	陈梓浩	黄冠霖	吴家慧	陈莹	孙渝棋	曾燃梦	陈秋雨
李晓滢	许嘉毅	黎静瑶	张子浩	翟俊伟	杨俊杰	黄子榆	张子修
雷欣桐	梁语芯	吴嘉雯	刘伟欣	杨钧宇	梁曦尹	陆梓程	黄彦
丁睿	麦诗茗	杨止漠	容绮彤	朱君培	陈颖璇	廖嘉蓉	彭曼
彭思盈	范志杰	黄淑玲					

环境科学与工程学院

优秀学生（23 人）							
王语湘	黄炫杰	利俊澔	余剑新	周颖	王雅萱	王梓熙	温惠琪
吴语桦	陈翠莹	梁献华	李容	陈宝烁	盛蕾	胡芷维	蔡璇英
张雪	叶梦成	崔雨欣	黄佳莉	詹鸿杰	彭宝仪	曾韵霖	

优秀学生干部（17 人）							
罗植炫	张露	吴语桦	姚一凡	王艾琳	赖安盈	辛纪元	凌俊楷
凌思	陈宝烁	戴晓滢	张柳清	胡芷维	王梓宇	赖宇枫	刘嘉琳
曾旋							

一等奖学金（22 人）							
王语湘	周子康	利俊澔	周颖	王雅萱	王梓熙	吴语桦	陈翠莹
梁献华	李容	陈宝烁	盛蕾	胡芷维	张雪	崔雨欣	黄佳莉
黎秀萍	詹鸿杰	刘树梅	彭宝仪	曾韵霖	曾旋		

二等奖学金（34 人）							
谢梓霏	张赐涛	林嘉敏	洪煜彬	罗植炫	陈乐瑶	朱智平	沈梦瑶
温惠琪	尤圻	李可馨	姚一凡	王艾琳	丘婷	邓秋余	吴慧祺
王景兰	陈幸雯	梁嘉琳	陈宣萱	曾中华	苏许悦	赵旌源	王梓宇
林丽文	李美仪	凤栖桐	赖宇枫	刘佳钰	沈肖珍	黄茵	刘嘉琳
张晓	王锐熙						

三等奖学金（55 人）							
周思玉	张诗颖	凌大鹏	廖郑燕	李正萍	郑龙鸿	林旭鑫	黄启胜
曾苑琳	吴若宁	黄梓宁	梁莹莹	金鸿原	樊晓敏	罗子晴	周小月
冯冬婵	赖安盈	辛纪元	陈子惠	梁丰	霍杏琳	柯绮岚	陈映舒
凌俊楷	何铸航	游奕婷	凌思	甘欣烨	张柳清	罗帅	高永涛

全华榜	黄伊汶	吴明捷	朱爱琴	张　格	卢宇聪	巫诗诗	廖梓彤
谢嘉琪	陈芊桦	马丹仪	郭碧霄	王梦豪	汤珈蔚	潘乐乐	何丹霞
陈钰怡	庄素敏	张欣宇	刘永恒	朱嘉淇	黄宇恒	潘　莹	

广州大学 2021—2022 学年考研奖励名单

经济与统计学院

一等奖学金（15 人）							
陈佩欣	冯显婷	李芊慧	陈沛琪	徐心茹	涂浩炜	吴咏薇	曹家瑞
冯植	明泳娴	熊禧元	吴云聪	尹若晗	武世航	李燕雨	
二等奖学金（32 人）							
钟佳茵	钟　焯	梁钰怡	尚建华	陈诗颀	胡泽康	谭家琦	叶添波
林婉恒	李国韬	钟晓潼	曾　聪	陈珏宇	骆晓璐	李莎莎	陈楚如
刘思璇	黄子娴	张玉莲	陈嘉蔚	周　怡	郑浩东	陈映澄	许仁杰
李楷健	李　彦	陈健聪	钟海庆	游志铭	吴　飞	胡馨予	张敏惠
三等奖学金（9 人）							
赖　婧	杨相龙	杨静怡	吴晓鹏	覃　昊	梁丹丹	张胜杰	王文锋
李新宇							

法学院（律师学院）

一等奖学金（8 人）							
石丹凤	张仲豪	石伟俊	钟嘉丽	陈映彤	谢玉婷	徐灿豪	冯　逸

（续上表）

二等奖学金（13 人）							
梁诗荣	李欣蔚	占力瀚	郑旭洋	林钰琦	李学轩	黄鸿宽	刘伟卿
谢淑源	阮嘉俊	简嘉亮	丘沛璘	刘维澍			
三等奖学金（10 人）							
严子惠	叶招思源	尹　璇	温铭翰	蔡雪辉	吴淇其	唐　铭	程思瑞
童　欣	刘安妍						

马克思主义学院

一等奖学金（1 人）		
张洁莹		
二等奖学金（3 人）		
钟珊珊	朱建铭	李婷
三等奖学金（1 人）		
黄文清		

教育学院（师范学院）

一等奖学金（10 人）							
韩梦茹	郭泽敏	陈漫娜	张娆娆	杨艺莎	欧阳堃	林宏津	叶心怡
胡　银	刘淑涵						
二等奖学金（15 人）							
朱佳惠	陈美欣	李倩卿	丁紫璇	蔡嘉敏	朱思雅	王晓丹	苏　越
欧阳宁	马普江	靳婷婷	吴　浩	何嘉杰	武峻生	郭沛希	

（续上表）

三等奖学金（2人）							
王　融	谢梓铃						

体育学院

二等奖学金（9人）							
陈家昕	陶　正	朱颖琦	洪雅佳	张　鹏	洪展锋	丘翠凤	杨　灼
黄观青							

人文学院

一等奖学金（10人）							
胡家梁	廖愿茹	曾晨宇	陈沛妍	郭嘉颖	钟国秀	蓝婉祯	李辰淼
覃宇嫣	罗凤仪						

二等奖学金（28人）							
张海杰	张　煦	董灵慧	陈幸婷	朱欣妮	王晓惠	陈　曦	刘昱彤
林心娴	温　馨	王炜瑜	叶芊芊	林　浩	廖尹淳	钟梓茵	邓可盈
冯冠豪	梁家欣	彭丹妮	卢可晴	陈康倩	郑晓燕	黄钰淳	叶冠宏
程诗淇	刘柳静	雷敏怡	夏日扎提·尼牙孜				

三等奖学金（11人）							
张颖洵	杨秋娴	张　翊	谭穗贤	谢小敏	梁　睿	林雨蕾	蓝盈盈
肖欣瑶	张婉盈	苏楚欣					

外国语学院

一等奖学金（13人）							
梁婉晴	傅迎平	莫迪斯	薛如云	胡静怡	刘清颖	何海韵	杨识意

（续上表）

梁晓琳	朱诗楹	罗逸洋	陈新琪	钟楚希			
二等奖学金（12人）							
张祯胤	黄旻	王灿的	冯滢羽	温馨	蓝健怀	朱梦雨	吴佳仪
何绮萍	黄嘉敏	侯雯蓝	肖莹				
三等奖学金（8人）							
谢佳卉	李怡炀	郭子滇	曾莹	邹林辉	周小欣	方仕炫	姚倩钰

新闻与传播学院

一等奖学金（15人）							
侯少杰	张亚欣	王欣蕾	梁长晨	汪欣欣	刘紫琳	潘紫桢	梅馨元
莫炜	黄子铭	陈欣欣	关晓琳	李雅洁	许乐	邵咏诗	
二等奖学金（11人）							
杨哲凯	刘慧琳	谢乐斌	孙国山	陈滨滨	李梓仪	杨键川	吴宇涛
谢婷	张子琪	蔡海晴					
三等奖学金（13人）							
王雨丝	古若卉	谢豪莹	罗婧文	冯舒婷	叶晓天	胡可蓝	杨亚晨
王岳	李梓薇	刘盈盈	郑佳莹	陈禧儿			

管理学院（旅游学院/中法旅游学院）

一等奖学金（18人）							
韩俊博	李嘉如	敖咏怡	张清岚	马璎	丘轩宁	刘晨鸿	陈咏彤
张婉婷	姜紫柔	黄驿淇	黄若细	邓泽龙	赖佳愉	许菲	梁千千
胡抒文	欧阳豪						

学年礼

二等奖学金（28人）							
陈智勇	熊敏蓉	张政艺	罗芳婷	汤润豪	关祺圆	郑晓仪	曾小夏
吴常雨	钟智荣	苏晓圻	胡韫韬	冯雅琪	陈婵真	彭苗玉	陈奕昊
宋怡琳	刘雨欣	朱远叠	叶广毅	罗瑞玉	任柏源	梁芷希	连晓彤
邱紫君	谢泽鑫	巢宝月	慕容倩妮				
三等奖学金（17人）							
李　昕	陈晓婷	欧阳子妍	卢　敏	赵　薇	卓景英	詹任贻	曾俊皓
李银波	黄泳偲	张怡莹	徐国烽	张润玲	莫辛迪	潘彩银	叶剑云
刘肖凯缘							

公共管理学院

一等奖学金（7人）						
李　泓	李子群	刘晓彤	潘倩仪	吴　迪	曾玉琛	张嘉烨
二等奖学金（9人）						
古镇添	赖禧瑶	梁婉灏	莫烨莹	彭　镕	沈炫璋	文丽秀	张　萍
钟慧涵							
三等奖学金（8人）							
陈晓琳	官珂玮	郭瑾婷	郭泳欣	彭炜桐	王　植	吴钧钧	徐　童

音乐舞蹈学院

二等奖学金（4人）			
徐源慧	阮家丽	邱沛莹	谢桂瑶

（续上表）

三等奖学金（2人）			
卢晓雅	陈颖敏		

美术与设计学院

一等奖学金（2人）							
凌嘉谦	郑怡星						

二等奖学金（13人）							
洪楚彬	陈茵如	龚嘉李	朱曹中	陈弘菀	张 豪	董丽娟	许丽够
戚兆充	罗杜丹	王 琦	吴年希	吴凤丽			

三等奖学金（7人）							
王 鑫	吴莉慧	梁瀚俏	朱 捷	陈家怡	邓佩佩	龚锟辉	

数学与信息科学学院

一等奖学金（6人）						
陈 曦	廖鹏飞	郑晓惠	胡贤燊	许书瀚	陆羽宁	

二等奖学金（19人）							
王 琪	劳 淇	张君甫	蒋佳纯	张瀚涛	张佳燕	黎峙汕	潘伯有
温 宇	吴京龙	谭思颖	黄业雯	李昱欣	钟燕婷	刘昊麟	黄舒婷
黄琳婷	刘若怡	陈廷涛					

三等奖学金（5人）							
卢衍琦	康华莹	朱冠儒	杨晓纯	张羲晨			

学年礼

物理与材料科学学院

一等奖学金（9 人）							
刘添星	张振辉	黄彩虹	叶志鸿	韩智炜	叶燕妮	侯泓廷	杨志远
王炜琳							
二等奖学金（18 人）							
林思奇	邱文杰	邹　政	赵嘉辉	庞广鑫	谢钊洋	陆　滢	吴贤聪
伍晓红	陈睿生	袁　淇	吴佩芳	梁钊源	丁诗磊	王　辉	何佳佚
孙韫涵	张　润						
三等奖学金（2 人）							
周倩汶	陈子峰						

化学化工学院

一等奖学金（21 人）							
张巧宜	李佩怡	李昕悦	肖智慧	陈盈希	罗锦棠	骆俊强	李紫恒
梁湘瑶	高　繁	陈凯莹	叶妙怡	江文锋	罗　鹏	李滢耀	侯嘉凝
柏仕林	钟依灵	李相海	马慧珍	彭梅珊			
二等奖学金（49 人）							
夏兆基	黄　瑶	龙炜健	张宇媚	梁瑛敏	李茂婵	刘思施	王晓金
黄冰云	何芷晴	谭琴琴	陈　媚	郑嘉敏	何梓倩	梁思月	谢沛炜
吴玉萍	廖海霞	邹丽诗	龙雪梅	范小芹	钟嘉欢	张晓雯	蔡昭昊
陈美云	李一宁	黄慧荧	马怀瑾	朱建基	田　欣	颜育雯	陈　洁
黄洁萍	彭展鸿	杨境璇	刘晓欣	侯嘉玲	郑嘉明	谢　杰	梁嘉淇
冯幸怡	梁月燕	郑杰莹	周敬勋	张思影	徐翔宇	万建文	叶佳琦
邱珊珊							

（续上表）

<table>
<tr><td colspan="8" align="center">三等奖学金（16人）</td></tr>
<tr><td>黎情瑜</td><td>李惠敏</td><td>黄雅琪</td><td>钟心柔</td><td>钟嘉玲</td><td>冼智斌</td><td>魏惠娴</td><td>余　晨</td></tr>
<tr><td>刘丽姗</td><td>陈绮蓝</td><td>谭龙杰</td><td>曾桥海</td><td>陈思羽</td><td>黄宝莹</td><td>李颖茵</td><td>张梓轩</td></tr>
</table>

地理科学与遥感学院

<table>
<tr><td colspan="8" align="center">一等奖学金（7人）</td></tr>
<tr><td>王晨禾</td><td>肖海韵</td><td>李彦淳</td><td>李若晗</td><td>黄真如</td><td>吴倩娆</td><td>李玉麟</td><td></td></tr>
<tr><td colspan="8" align="center">二等奖学金（16人）</td></tr>
<tr><td>黄方圆</td><td>陈彩莹</td><td>温蕴芸</td><td>龙锦颖</td><td>张维亮</td><td>黄亦锶</td><td>张泳珊</td><td>陈家豪</td></tr>
<tr><td>李怡琦</td><td>李伟欢</td><td>何振浩</td><td>曾铭裕</td><td>谭秀娟</td><td>吕玉珊</td><td>黄晓澄</td><td>张燕芬</td></tr>
<tr><td colspan="8" align="center">三等奖学金（12人）</td></tr>
<tr><td>王晓冰</td><td>苏可盈</td><td>江懿</td><td>陈柳谕</td><td>邓碧松</td><td>周晓莹</td><td>谭艺桦</td><td>叶玥洁</td></tr>
<tr><td>戈运明</td><td>邓乔力</td><td>曾庆宝</td><td>王梦然</td><td></td><td></td><td></td><td></td></tr>
</table>

生命科学学院

<table>
<tr><td colspan="8" align="center">一等奖学金（6人）</td></tr>
<tr><td>钟韦凌</td><td>王泷囡</td><td>陈　菲</td><td>江晓童</td><td>陈宛琦</td><td>林泳仪</td><td></td><td></td></tr>
<tr><td colspan="8" align="center">二等奖学金（37人）</td></tr>
<tr><td>陶　叶</td><td>吴碧瑜</td><td>高　芊</td><td>赵凤玲</td><td>罗浩匀</td><td>庄　奕</td><td>陈梓轩</td><td>李佳璇</td></tr>
<tr><td>龚泽平</td><td>黄泽锋</td><td>彭梓浩</td><td>钟学运</td><td>王　宁</td><td>陈蔡怡</td><td>刘　璐</td><td>黄　鑫</td></tr>
<tr><td>邬依纯</td><td>肖　鸿</td><td>蔡健鑫</td><td>陈一飞</td><td>陈伟健</td><td>周绍乾</td><td>刘文敏</td><td>许高铭</td></tr>
<tr><td>植健怡</td><td>陈　政</td><td>吴诗伊</td><td>莫燕航</td><td>余志德</td><td>高超升</td><td>陈毅志</td><td>李　珀</td></tr>
<tr><td>冯雨薇</td><td>袁嘉志</td><td>陈雨欣</td><td>李漫纯</td><td>杨伟奇</td><td></td><td></td><td></td></tr>
</table>

（续上表）

三等奖学金（3人）							
丁　成	吴铱尘	石慧颖					

机械与电气工程学院

一等奖学金（4人）							
杜宏鸿	翁文杰	林家满	唐伟力				
二等奖学金（45人）							
陈泽标	黎景扬	张世浩	莫炯豪	李　婧	王敏琪	刘敏怡	胡栋辉
黄驿翔	叶冠伟	冯凯力	王浩远	陈晓群	郑志博	黄源昌	黎　凯
张　博	陈颖婷	江志超	马泽楷	林树青	李洪伟	黄泽贤	乔雯璟
彭子彦	梁振洪	罗朝龙	韦君龙	杨志豪	梁伟健	郭超文	梁金龙
余铭锋	周拓辉	严家沛	李锐涛	方坤城	李少洋	刘晨曦	李龙森
郭健烽	何泳隆	刘冬梅	陈树康	黎东鹏			
三等奖学金（17人）							
陈炫志	麦华明	王伊杰	蔡伟聪	陈希来	周奕桦	李　洋	唐文浩
罗婉儿	庄林喜	黄文俊	简昌煌	杨宜豪	林城全	林祖恩	黄润楠
朱晓健							

电子与通信工程学院

一等奖学金（4人）							
李　旭	刘泽南	叶泽华	郑震霆				
二等奖学金（17人）							
陈韵婷	黄国贤	陈宗举	李铭滨	钟天葵	刘欣茹	黄子萍	洪梓涛

（续上表）

罗威华	蔡林羲	郑永林	郭　晖	郭振正	林景来	刘先龙	吕　沥
陈厚积							
三等奖学金（9人）							
邓光林	林尚生	梁智杰	许思源	刘耿焕	林逸欢	花少娜	谢钧涛
胡琳淳							

计算机科学与网络工程学院

一等奖学金（5人）							
张崇志	陈　煜	梁志炜	曾嘉晋	姚炳健			
二等奖学金（25人）							
黄思豪	张高铭	陈培佳	罗佳彬	张奥翔	张炜斌	林金雄	林　森
许文皓	伍绍瑲	谢治东	刘林若	钟正希	陶　希	周星辉	杨桂德
朱艾清	陈世昌	陈天诚	梁演铭	邱宇钒	黄　灏	黎家豪	崔鑫正
陈泽华							
三等奖学金（15人）							
陈堉锐	杨海龙	邓志超	刘春龙	陆文胜	周继华	甘嘉城	刘铸贤
吴倍亮	林锦天	严基杰	施文龙	谢敏儿	张　英	冼申宪	

建筑与城市规划学院

一等奖学金（14人）							
曾广怡	廖书琪	蔡晓慧	邝漪棋	罗彤卉	马昊泓	周颖兰	徐睿娴
陈颖欣	殷　俊	肖　曼	涂林英	潘启烨	熊晶晶		

学年礼

二等奖学金（5人）							
张亿峰	李晓彤	刘炳荣	何思桦	钟　旭			
三等奖学金（4人）							
陈琼容	谢婧怡	周峻乐	蔡知睿				

土木工程学院

一等奖学金（9人）							
范晓锋	张国睿	李文俊	郑　龙	伍宏科	丁晋龙	魏立华	司徒盈
陈飞阳							
二等奖学金（77人）							
温伟龙	庞盼盼	曹忠明	刘子洋	郭朝阳	谢煜明	陈怡婷	孙俊强
吴荣波	杨启亮	梁桂容	赵玥欣	张志阳	何宜家	马铭涛	吴睿康
陈鑫钊	董承滔	刘　欢	于博桦	余小凤	陈鸿佳	谢旺飞	黄笛航
陈淇铭	郭晓敏	谭俊杰	冯宇成	张梓顾	郭远森	王浩丞	莫家俊
李洪辉	翟心瑜	曾浩明	林才德	邱嘉强	蔡　溢	庄乐锐	吕凯捷
李洪湖	颜成汛	刘锦伦	李诗茵	陈颖康	刘博元	梁俊波	冯　臣
沈柏舟	李佳薇	洪学森	陈春连	林　靖	杨　涛	郑志国	陈筱倩
潘深徽	张浩鸿	庄紫绚	沈均杰	陈柏林	林朝昕	林一煌	李杰斌
张得泉	邓弘毅	李俊民	肖梓恒	邓知恒	王　俊	朱宇航	肖　杰
冯冠贤	郭邵祖	袁美嫦	蒋林江	王义诚			
三等奖学金（7人）							
李首一	庄泽林	蓝嘉良	陈　熙	吕培炜	徐蔚宁	游俊达	

环境科学与工程学院

一等奖学金（4人）							
谢　宁	林文俐	方金龙	雷惠芳				
二等奖学金（22人）							
尚　毅	李晨薇	霍子辉	潘奕霖	吴凤皇	林望军	芦　骏	刘艳仪
卫文锋	胡思敏	易珍妮	黎洋凯	胡凯美	叶　盛	李佳骏	张致泰
林冬娇	林　润	李　明	凌钰亮	刘洁美	茅立燊		
三等奖学金（3人）							
梁　喆	黄楚婕	梁烨禧					

广州大学2021—2022学年学业进步奖名单

经济与统计学院（13人）

钟思期	马纯莹	庄通发	刘雪玟	李若愚	洪燕庭	钱诗雅	郭芷盈
陈咏晴	朱冬婧	张宁宁	刘静宜	涂宏宇			

法学院（律师学院）（9人）

邵禹壹	周晓娴	黄佩丽	郑森炜	张　超	刘雪园	黄艳丹	李颖琳
詹坚润							

马克思主义学院（3人）

陈轩彤	卢　慈	林海燕				

学年礼

教育学院（师范学院）（13 人）

杨 静	赖华美	罗 粤	廖森荣	陈滟玲	区晓茹	许惠琪	李越
刘汉文	李儒婷	叶俊红	温锦淇	伊纳外提·阿卜杜拉			

体育学院（1 人）

刘伟成							

人文学院（17 人）

赵拎达	周淑柳	黄蔓琪	曾洁娴	刘振阳	杨艺思	胡 楠	曾沅婷
古佳颖	李坤梅	朱瑞兰	余诗漫	冯晓琳	彭尔爱	黄思琪	
米日姑丽·吐尔逊江		萨依甫纳扎尔·喀哈尔					

外国语学院（13 人）

谢佩佩	李春玲	陈润慈	劳金慧	罗玉清	徐嘉穗	郑丹云	黄 懿
吕宛珊	张紫莹	张嬉嬉	王格格	陈凯茵			

新闻与传播学院（14 人）

冯烨彤	张瑞珊	梁梓莹	陈烨琳	李佳欣	李杰烽	张雨婷	习颖欣
吕佳骏	郝旭泽	张倚吉	王萱颖	刘雨桐	林佳雯		

管理学院（旅游学院/中法旅游学院）（35 人）

林秋容	陆永健	叶莹莹	邓秀婧	莫钰婷	许雨晴	李沛真	洪晓婷
郑宝莲	张佳敏	潘子榆	李惠霞	董瑞琪	王 媛	严培玲	梁 钦
吴源彬	罗佳仪	袁毓敏	洪晓青	鲁安娜	王淑怡	许世诺	陈春莉

（续上表）

孔 琳	林泓余	杨 涵	黄雨霖	陈浩瑶	龚晓颖	蔡婉琦	郑思维
陶鸿美	张境标	欧阳云熙					

公共管理学院（5人）

王雅瑜	蓝小婷	庄梦琪	李思荧	魏茹茵			

音乐舞蹈学院（8人）

邹经纬	吕丽莎	林 璟	黄雨琪	姚锦秀	韩佳怡	陈柯宇	杨兴耀

美术与设计学院（10人）

张泳洁	黄廉析	罗嘉丽	黄月季	张翔淞	刘元蓓	何静敏	林汶镕
欧阳咏晴	李方扬						

数学与信息科学学院（16人）

骆明炜	曾海宇	廖莹秀	黄思晴	杨羽佳	邹喜君	陈弘杰	崔小鹏
卢佳颖	梁华新	王茜仪	骆琳婕	徐静雅	邓永杰	陈 政	周杰琪

物理与材料科学学院（8人）

林晓纯	何良媚	徐佳仪	刘佳若	郑伊蓝	郭晓彤	谭创新	吴佳宜

化学化工学院（8人）

陈燕湘	陆荣霞	张瀚文	周梓淳	邹栩冰	李玉婷	欧阳良娟	黎晓颖

学年礼

地理科学与遥感学院（10人）

陈奕林	胡娟	何小钰	陈倩文	李孟婷	周婉楠	张欢	莫御梵
曾嘉健	罗忆帆						

生命科学学院（7人）

郭宏亮	麦佩文	黄小芬	何子琦	张诗怡	刘庆仁	朱筱薇

机械与电气工程学院（17人）

龙鸿业	蔡瑞琪	张传斌	何富豪	卓浩然	吴嘉彬	幸文忠	彭祖龙
李锦贺	甘廷左	张怡波	王宇航	姚晓宁	陈文中	张妙忠	王志良
张奕琪							

电子与通信工程学院（6人）

李啟津	陈李梅	朱明娥	黄浩	罗秉康	叶桂武		

计算机科学与网络工程学院（10人）

曾泽栋	刘晓星	吴泽薇	章培鑫	张倩瑜	区钧峰	罗怡翔	陈霖
蓝一铭	向振宇						

建筑与城市规划学院（10人）

陈玫廷	樊浩贤	周洛	杨影	陈晓莹	陈欣莹	陈梓浩	曾静蕾
陈欢晴	李佳怡						

土木工程学院（15 人）

林耿壕	杨子岳	李 灏	黄英淇	林 玲	孙竹妤	王欣新	李宝茵
梁晋睿	余采舒	陈秋生	郭嘉瑜	黄远添	陈博远	唐楷骏	

环境科学与工程学院（3 人）

凤栖桐	辛纪元	吴力荣					

广州大学 2021—2022 学年论文发表奖名单

核心期刊（19 人）

辛 婷	刘伟杰	李惠琳	黄炫杰	王语湘	傅奇斌	苏盈盈	骆泽任
赖杰伟	付洪宇	钟凯名	郑虹君	李康杰	黄丹怡	蔡璇英	方 谦
罗植炫	苏小锴	林涌权（2 篇）					

省级及以上期刊（17 人）

林妙君	古姗姗	许世诺	施 然	邱子境	郑深月	陈颖怡	张家芷
陈 容	吴梓泳	陈烨琳	卢泳潼	张师师	曾 恬	钟滢泓	钟 敏
周昱含（3 篇）							

其他期刊（7 人）

甘梓莹	陈仪臻	刘宇涵	钟滢泓	钟 敏	陈芷欣	陈泽君	

广州大学 2021—2022 学年发明专利奖名单

外观设计（1 人）

胡冬妮

实用新型（5 人）

陈峻浩	蔡晓莹	郑　涵	邵楚越	孟才舜（2 项）

发明设计（1 人）

辛　婷

广州大学 2021—2022 学年单项奖励名单

思想品德奖（49 个团体或个人）

陈容等 8 人	罗碧瑜等 3 人	吴婉滢等 7 人	廖美善等 8 人
陈豪辉等 9 人	王羡珺等 3 人	颜昊恒等 16 人	杨芷康等 3 人
杨景昊等 54 人	王玥玲等 5 人	袁金凤等 21 人	陈蓉蓉等 10 人
黄桉琪等 18 人	梁梓莹等 2 人	潘文义等 9 人	赖炫仰等 24 人
陈紫荆等 2 人	曹珏宇等 10 人	尹杰怡等 17 人	赵曼晴等 7 人
梁淑瑜等 5 人	游馨颖等 6 人	叶灏坤等 2 人	魏芊等 6 人
苏蕊等 4 人	詹夏沁等 3 人	吴岸泽等 6 人	詹慧纯等 5 人
许小榕等 6 人（2 项）		麦悦瑶等 38 人（2 项）	
范圳磊	邝松楷	谭楚晴	王奕萱	黄嘉仪
吴远航	王映骅	尹杰怡	黎思慧	陈碧霞

（续上表）

孙国山	王雪儿	郑雨颖	张欣彤	张　杏
陈舒琪	黄碧容			

文体优秀奖（97 个团体或个人）

柳骏山等4人	邓昊琳等8人	肖子云等4人	何京翰等4人
吴颖莹等12人	徐利芳等20人	梁琪娸等43人	樊诗韵等36人
刘晓华等3人	梁雅惠等8人	丘娉娉等3人	郑铮敏等20人
陈豪辉等6人	余诗漫等4人	梁靖童等4人	彭湘莹等4人
郑斯沛等12人	张逸凡等4人	陈康培等40人	刘伊桐等4人
张维维等4人	陈梓俊等20人	萧慧娴等10人	林杰世等15人
王兆慧等9人	高玮霞等8人	蔡丽丽等9人	刘翠萍等7人
张诗婷等9人			

杨祖威等25人（2项）	何　琳等6人（2项）
黄杰龙等29人（3项）	徐柏伦等38人（2项）
陈琪冰等34人（3项）	梁钰杏等30人（2项）
黄颖仪等61人（3项）	陶　涛等100人（2项）
王　柳等51人（4项）	

邓昊琳	何京翰	溪浩冰	郭梦娜	李艾林	刘泽楠	刘泽霖
廖佳雨	卢晓晖	李　奕	柳晶晶	陈芷茵	方嫦乐	谢晓丽
叶欣琳	黄杰龙	梁靖童	张逸凡	刘伊桐	何艳华	何昊辉
梁伟东	李嘉欣	李金水	邝心缘	赖锋源	欧阳国晖	袁晓丹
梁柱进	黄章艺	陈梓俊	张致远	刘泳琳		

柳骏山（2项）	林　涛（2项）	张维维（2项）	阮雪仪（2项）	彭晓霖（2项）
林亿杰（2项）				

学年礼

广州大学 2021—2022 学年
荣获广东省思想政治教育类活动奖项名单

一、首届大湾区十大杰出港生（2 人）

新闻与传播学院	陈碧霞
新闻与传播学院	孙国山

二、2021 年"广东大学生年度人物"入围奖（1 人）

物理与材料科学学院	黄昌侨

三、2021 年广东省"立志·修身·博学·报国"
主题教育系列活动广州大学获奖名单

一等奖（4 项/35 个团体或个人）

陈蓉蓉	刘育喆	金熙堡	欧阳淑榆	师君伊	刘杨洋	徐渝杭	许顺彩
田萍毓	杨彦肿	袁金凤	黄　派	张驰方	伦俊宇	刘景豪	宋启弘
李智恒	李伟雄	谢旻圣	邱学如	黄驰骏	冯考颖	黄婧怡	石洁兰
陈冰滢	梁颖然	梁晓敏	胡清雯	何珮婷	伍羽林	许榆琳	罗碧瑜
林雨欣	吉苏尔·阿不来提	广州大学信念话剧剧组					

二等奖（7 项/26 个团体或个人）

段佩佩	廖美善	钟昊东	肖珊珊	高京洋	徐经纬	吴力荣	郭　泡
林泽睿	卢俊杓	许小榕	欧芷茵	余月涵	梁梓莹	祝小丫	王羡珺
张思思	何舜朗	张逸媛	陈豪辉	廖去非	黎姝苗苗	杨思琦	彭一康
广州大学学生艺术团话剧团				广州大学法学院本科生党支部团队			

麦贺煊	古芯莹	谢楚怡	郑淳坚	陈 容	范圳磊	陈碧霞	陈美伶
祝小丫	杨芷康	蔡诗莹	王文静	陈颖怡	陈 媛	刘 瑾	林舒莹
广州大学经济与统计学院话剧队				广州大学管理学院大桔为重团队			

四、2022 年"爱在广东"学校民族团结进步
教育活动广州大学获奖名单

一等奖（3 项/8 人）

阿迪来·吾斯曼	陈佳玲	康鑫鑫	娄雪晶	孙文霞	陈佳玲	文巨沁
古丽凯姆拜尔·奥斯曼						

二等奖（8 项/26 人）

努尔阿米娜·米尔沙力江	阿斯耶姆·库尔班江	张凯琦	黄柄源
恩珠·木拉提汉	买买提依明·阿布都喀迪尔	娄雪晶	孙文霞
木合塔尔·艾尼	伊拉拉·木合塔尔	蔡树德	陈 曦
萨依甫纳扎尔·喀哈尔	迪里热巴·阿不都克然木	黄家骏	夏海燕
艾丽菲热·艾比布拉	琴 琴	陈佳玲	张斯崎
凯丽马·卡依色尔	孜拉丽·木合塔尔	杨草山	王政凯
吐玛热斯·艾亥提	阿不都拉·牙合甫		

三等奖（3 项/3 人）

孜拉丽·木合塔尔	杨草山	苏热亚·努尔买买提

五、第六届广东高校网络媒体展示节活动广州大学获奖名单

一等奖（3 项/3 人）

陈楚敏	陈佳玲	王雪儿					

二等奖（2 项/8 人）

黄 捷	姚秘秘	麦悦瑶	蔡嘉洋	陈年起	詹夏沁	王诗芬	陈青青

三等奖（11 项/30 人）

王奕萱	张高深	魏 芊	江美欣	陈心蕊	吴文琪	余 沁	谭楚晴
苏 蕊	辛妙瑜	刘懿璇	戚 娇	张欣彤	叶灏坤	陈 可	郑雨颖
游馨颖	陈宇哲	戴芯瑜	罗 正	解凌龙	陈紫荆	温慧娴	邝松楷
吴岸泽	吴竞悦	郑旭芸	王浩谚	刘媛瑾	罗子诺		

附　录

2022 年日志（未收录部分）

1 月

1 月 4 日　计算机科学与网络工程学院举办研究生工作总结大会暨干部培训

1 月 4 日　弘扬伟大建党精神，坚持党的百年奋斗历史经验——生科学生党支部开展一月组织生活

1 月 4 日　人文学院班长、团支书例会顺利召开

1 月 4 日　电子与通信工程学院学生在第十三届"挑战杯"大学生创业计划竞赛中斩获 2 金 3 银

1 月 5 日　计算机学院学生党支部党员大会暨入党宣誓仪式

1 月 6 日　经济与统计学院举办校友座谈会暨选调生面试经验分享会

1 月 7 日　建筑与城市规划学院开展第四场团干培训活动

1 月 11 日　建筑与城市规划学院团委、学生会学期总结大会

1 月 11 日　师生同乐写春联，挥毫迎春送祝福

1 月 15 日　经济与统计学院学生参加爱国主义教育暨征兵宣传动员大会

1 月 18 日　新闻与传播学院学子在第二届"'美丽中国'（广东）青少年电影剧本征集活动"中荣获佳绩

1 月 21 日　管理学院社团评比大赛

1 月 21 日　管理学院获评 2021 年毕业生就业工作先进集体

1 月 21 日　化学化工学院赴金至检测公司参观学习

1 月 26 日　"东西部协作推普团队"荣获 2021 年广东省"推普助力乡村振兴"大学生社会实践志愿服务活动优秀团队称号

1 月 27 日　人文学院"云阅读"社会实践活动启动仪式顺利举行

1 月 29 日　地理科学与遥感学院举办"仰观群星，俯探六合"地理文创设计大赛

1 月 30 日　电子与通信工程学院领导走访慰问留校学生

| 1 月 | | 土木工程学院开展"千千工程"活动 |
| 1 月 | | 法学院本科 21 级各班组织读书分享会 |

2 月

2 月 3 日	新闻与传播学院顺利举办 2022 年"返家乡，走基层"寒假社会实践活动
2 月 4 日	致敬北京冬奥会城市志愿者
2 月 10 日	法学院团委科技创新中心举办"挑战杯"宣讲会
2 月 11 日	初心照亮扶贫路，使命在肩当笃行
2 月 11 日	管理学院阳光义工团寒假社会实践活动
2 月 13 日	新闻与传播学院师生参加广东大中专学生志愿者暑期"三下乡"社会实践活动获奖
2 月 21 日	音乐舞蹈学院舞蹈系开学第一课
2 月 22 日	地理科学与遥感学院积极配合广州大学临时封控工作
2 月 22 日	人文学院屈哨兵书记走访班级活动顺利举行
2 月 22 日	管理学院积极响应疫情封控管理，学生党员和团学骨干组成志愿者突击队
2 月 28 日	建筑与城市规划学院组织部举办 2021—2022 学年度第一学期工作总结大会
2 月	经济与统计学院开展寒假社会实践活动

3 月

3 月 1 日	机械与电气工程学院卫雯奇团队项目组参加"挑战杯"学院模拟答辩会
3 月 1 日	建筑与城市规划学院举办寒假运动打卡活动
3 月 2 日	建筑与城市规划学院开展疫情防控及政治学习
3 月 2 日	建筑与城市规划学院举办"筑影朝暮，律动万千"摄影季
3 月 5 日	"乡村创新创业实践"课程特邀龙毕文先生开讲
3 月 7 日	地理科学与遥感学院举办 2022 届毕业班年级大会暨就业指导讲座
3 月 8 日	经济与统计学院五室一站开展"学雷锋"校园划区集体劳动
3 月 8 日	机械与电气工程学院"学雷锋"集体劳动日校园划区劳动
3 月 8 日	建筑与城市规划学院举办艺术团学期总结

3月8日　光荣劳动献时代，不负韶华不负春

3月14日　电子与通信工程学院院长唐冬开讲新学期"思政第一课"

3月15日　广州大学心理健康教育活动之校园心理情景剧大赛开赛

3月15日　AI驱动的网络空间内容安全讲座

3月17日　广州大学人文学院历史212班"书记思政第一课"活动顺利举行

3月18日　计算机科学与网络工程学院开展学生干部茶话会

3月22日　经济与统计学院2020级将在3—5月开展三次学风建设座谈会

3月22日　土木工程学院陈磊同学参加"土木杯"篮球赛获奖

3月22日　土木工程学院黄勤胜同学参加"土木杯"羽毛球赛获奖

3月22日　土木工程学院李志钊同学参加"土木杯"足球赛获奖

3月22日　开展春季困难生认定工作

3月23日　新闻与传播学院学子在"百年风华　美好光影"短视频创作大赛中获奖

3月23日　教育学院开展大学生活规划线上活动

3月26日　计算机科学与网络工程学院心理协会举办观影活动

3月26日　建筑与城市规划学院城规201班开展党史学习主题班会

3月27日　管理学院举办"心中有歌，音为梦响"主题歌唱比赛

3月27日　管理学院校友分享会之"'电'量新维度，'商'榷新思路"

3月27日　管理学院获广州大学社会实践活动优秀组织称号

3月29日　外国语学院举行师生午餐会

3月29日　人文学院第五届团支部风采大赛顺利举行

3月29日　新闻与传播学院师生参加"缅怀革命先烈，传承红色基因"主题党日活动

3月29日　公共管理学院党委组织师生党支部开展"缅怀革命先烈，传承红色基因"主题党日活动

3月29日　广州大学党建红色文化长廊首支学院讲解队亮相

3月29日　美术与设计学院举行"缅怀革命先烈，传承红色基因"党日活动

3月29日　法学院本科生党支部参观广州大学党建红色文化长廊

3月30日　物理与材料科学学院开展线上保研考研分享会

3月　　美术与设计学院开展校园爱国卫生运动

4 月

4 月 2 日	公共管理学院 2019 级"考研宿舍"挂牌活动举行
4 月 3 日	管理学院四月"文明宿舍"评比活动
4 月 5 日	建筑与城市规划学院举办第三届学院十佳歌手决赛
4 月 6 日	建筑与城市规划学院举办志愿劳动主题教育活动——春天的花
4 月 7 日	新闻与传播学院学子在广东省"爱在广东"民族团结进步教育活动中荣获佳绩
4 月 7 日	物理与材料科学学院 2019 级本科学生"优秀考研宿舍"挂牌活动
4 月 10 日	人文学院团委、学生会线上干部培训大会顺利召开
4 月 10 日	美术与设计学院罗滢同学主动参与疫情防控志愿工作
4 月 12 日	教育学院举办十佳歌手比赛
4 月 12 日	电子与通信工程学院开展学科竞赛讲座——大学生科创的那些事
4 月 12 日	四院联合举办"青马工程"讲师团竞赛
4 月 12 日	建筑与城市规划学院举办广州大学第五届建筑文化节暨第十届建构大赛冥想之所
4 月 14 日	建筑与城市规划学院抗疫进行时
4 月 15 日	组织第八届中国国际"互联网＋"大学生创新创业大赛
4 月 16 日	广州大学学生法律咨询服务社举办法考交流会活动
4 月 18 日	环境科学与工程学院举办研究生经典诵读活动
4 月 19 日	"疫情防控显担当　绿色学校齐创建"主题劳动教育活动
4 月 19 日	回归学堂第二十讲之"高校禁毒先锋队系列活动之禁毒宣讲讲座"开讲
4 月 20 日	"疫情下的自我照顾"大学生心理健康讲座举行
4 月 22 日	美术与设计学院学生开展变废为宝主题的彩绘课
4 月 23 日	四院联合发展对象培训班开班仪式暨第一讲顺利举行
4 月 23 日	广州摘星！建院突击队在行动
4 月 24 日	教育学院举办第一届权益提案大赛
4 月 25 日	40.61％！化学化工学院 2022 届毕业生升学率再创新高
4 月 26 日	外国语学院学生党支部开展劳动教育主题党组织生活会
4 月 27 日	记书籍义捐活动
4 月 29 日	马克思主义学院举行推免经验线上分享会

4月30日　地理科学与遥感学院地理信息科学211班学生参加广州大学微团课课件设计大赛获优秀奖

5月

5月1日　建筑与城市规划学院举办"春天的花——主题劳动教育活动"第二期

5月3日　建筑与城市规划学院举办手工劳动教育实践活动

5月4日　化院举办5.4km青春校园跑活动

5月4日　法学院学生志愿者参加校园全员核酸志愿服务活动

5月4日　新闻与传播学院学子在"强国有我、不负青春"主题视听作品评选中喜获三等奖

5月8日　生命科学学院劳动教育宣讲会暨"大国工匠进校园"活动成功举办

5月10日　坚定不移跟党走，吹响共青团员冲锋号

5月10日　教育学院"奇思妙想·创意的N种可能"画报设计大赛

5月10日　建团百年，争做新时代新青年

5月10日　广州大学公共管理学院2022年本科毕业生就业动员大会举行

5月10日　体育学院获广州大学2021年度征兵工作先进单位

5月10日　广州大学人文学院第十五届师范技能大赛决赛顺利举行

5月10日　土木工程学院团委学生会学务部举办庆祝共青团100周年线下直播观看活动

5月11日　地理科学与遥感学院举办"地理文化沙龙——2019级考研动员大会"活动

5月12日　管理学院劳动周活动总结

5月12日　经典诵读小程序打卡活动

5月12日　经济与统计学院2019级、2020级学生参加网络安全教育大会

5月12日　魏明海校长带队走访广州金域医学检测集团

5月12日　土木工程学院团委学生会第二次干部培训大会

5月13日　法学院学生参加"参观长征展览、品读红色书籍"活动

5月13日　管理学院学生第五党支部顺利通过省教育工委样板支部验收

5月13日　马克思主义学院举行学习习近平总书记在中国人民大学考察时的重要讲话精神主题团课

5月15日	管理学院第九届三院联合书法大赛
5月17日	广州大学学生法律咨询服务社举办"模拟法庭进校园"活动
5月17日	化院举办叶思宇院士专题讲座
5月17日	广州大学学生法律咨询服务社举办日常生活法律知识竞赛
5月17日	地理科学与遥感学院地理科学193班李孟婷参加广州大学2022师范生教学技能校赛获得优秀奖
5月18日	土木工程学院团委学生会学务部举办女生节摆摊活动
5月18日	经济与统计学院举办领航讲堂第七讲
5月19日	建筑与城市规划学院举办桃李年华摆摊活动
5月19日	管理学院刘杨洋同学荣获广州市优秀共青团员称号
5月19日	四院联合青马班开展"青年学生讲师团"复赛
5月20日	公共管理学院学生会荣获2021—2022年度红旗学生会称号
5月21日	建筑与城市规划学院举办共青团学习会
5月21日	记资助总结大会
5月22日	团委、学生会总结大会：同学们不说再见
5月22日	教育学院开展"心理课堂"活动
5月24日	电子与通信工程学院开展一系列访企拓岗促就业专项行动
5月24日	机械与电气工程学院孙淑颖同学参加"机电青年说"演讲比赛获奖
5月24日	生命科学学院举办考研动员大会
5月26日	建筑与城市规划学院举办趣味归宿拍照打卡、师生视频连线特别活动
5月26日	建筑与城市规划学院举办海报设计大赛
5月27日	建院、机电两院联合红会会员培训大会
5月28日	计算机科学与网络工程学院义修队在行动
5月29日	"物化建"三院联合成果展，大放异彩！
5月29日	建筑与城市规划学院举办团学干培——负责人篇
5月29日	建筑与城市规划学院举办团学干培——储备干部篇
5月29日	数学与信息科学学院学生参观团一大纪念馆
5月30日	美术与设计学院学生参加"陶"趣无穷——陶艺制作主题活动

6 月

6 月 1 日　电子与通信工程学院举办第一届研究生就业指导分享会

6 月 3 日　新闻与传播学院学子在"挑战杯"广东大学创业计划竞赛中斩获 1 金 1 银

6 月 4 日　建筑与城市规划学院举办心理公益广告大赛

6 月 6 日　公共管理学院五四表彰大会在线上隆重举行

6 月 7 日　体育学院开展跳绳挑战赛

6 月 7 日　地理科学与遥感学院举办"研路花开：保研经验分享"地理文化沙龙

6 月 7 日　电子与通信工程学院举办 2022 年考研动员大会

6 月 7 日　法学院、电子与通信工程学院、人文学院、公共管理学院四院联合青年马克思主义者培养工程学员分享心得

6 月 9 日　毕业季：青春短暂，因有你们的停驻而弥足珍贵

6 月 9 日　管理学院协创杯

6 月 9 日　计算机科学与网络工程学院本科生党支部 2022 届毕业生党员教育会议

6 月 10 日　教育学院第六届优秀班级评比大赛决赛

6 月 12 日　机械与电气工程学院篮球队参加广州大学第十七届篮球联赛甲组获奖

6 月 12 日　教育学院艺术团成果展

6 月 13 日　记毕业访谈

6 月 14 日　电子与通信工程学院在省团委举办的第十三届"挑战杯"大学生创业计划竞赛中获一金一银

6 月 15 日　公共管理学院吴莹莹团队案例荣获广东省"推动党史推动社会实践"项目三等奖

6 月 16 日　广东华侨中学正高级教师陈春芳举办讲座

6 月 17 日　管理学院"喜迎二十大，永远跟党走，奋进新征程"主题团日竞赛暨"千千工程"活动

6 月 17 日　地理科学与遥感学院地理信息科学 211 班高艺郡获得广东省大学生武术比赛女子短兵 70 公斤级冠军

6 月 18 日　物理与材料科学学院首次评选 2022 年优秀宿舍长

6 月 22 日　人手一个定制戒指！化院毕业典礼再升级

6月22日　马克思主义学院举行2022届毕业典礼暨2022年学位授予仪式

6月22日　广州大学人文学院"最后一课"党课教育暨"中国共产党红色精神的历史传承和演进"线上学习顺利开展

6月22日　毕业党旗红，奋斗正青春

6月23日　管理学院18级学子毕业晚会

6月23日　广东省高雅艺术进校园，畅享经典国乐——音乐舞蹈学院民乐团走进汕尾华附

6月23日　数学与信息科学学院获评"推动党史走入组织生活"类一等奖

6月25日　外国语学院开展毕业季暖心"扶上马送一程"活动

6月30日　记计算机科学与网络工程学院晚自习

6月　　　广州大学美术与设计学院承办"我们的大学"摄影比赛暨摄影展览开幕

7月

7月1日　勿忘峥嵘岁月，争做时代新人

7月1日　经济与统计学院开展"'研'途有你，考研上岸"经验分享会

7月4日　管理学院开展导生培训

7月5日　广州大学人文学院《"初心如炬"——共产党人与黄埔军校》党史宣讲进校园系列活动顺利开展

7月6日　广州大学人文学院暑期推广普通话社会实践活动顺利开展

7月7日　广州大学与蕉岭中学暑期文化振兴艺术帮扶活动——艺术教学与船灯文化探讨交流

7月8日　建筑与城市规划学院"云筑梦"线上支教动员大会圆满结束

7月8日　环境科学与工程学院开展"学习贯彻广东省第十三次党代会精神"宣讲活动

7月9日　马克思主义学院举行暑期线上一对一课业辅导活动

7月9日　管理学院学生宿舍搬迁志愿活动

7月9日　电子与通信工程学院开展三下乡活动之甲木沙科技研学夏令营

7月10日　体育学院龙狮队参加龙狮系列活动

7月11日　汕尾非遗调研之旅启程

7月12日　新闻与传播学院学生在大学生全民阅读公益广告设计大赛中荣获佳绩

7月13日　"童心向党，童声齐诵"党史学习主题班会

7月14日　地理科学与遥感学院广州大学天象馆"知晓地学知识　点亮科技梦想"实践队举办中小学生夏令营活动

7月14日　电子与通信工程学院学生喜获第八届中国国际"互联网＋"大学生创新创业大赛省级银奖

7月14日　环境科学与工程学院开展优秀大学生暑假夏令营活动

7月15日　计算机科学与网络工程学院陈春鸿同学参加"浩云长盛：广州大学计算机夏令营"活动获奖

7月15日　喜迎党的二十大·童心永向党——外国语学院开展红色社会实践

7月16日　建筑与城市规划学院团委、学生会换届暨总结大会圆满结束

7月18日　法学院骆晓腾等学生参加"中国共产党与中国人权百年"融媒体作品征集活动获奖

7月19日　建筑与城市规划学院实践队开展"光亮计划"社会实践活动

7月19日　环境科学与工程学院组织开展"助力乡村振兴"暑假社会实践活动

7月23日　环境科学与工程学院开展"净塑自然，靓丽人生"科普自由行活动

7月28日　廉洁文化建设调研实践队深入荔湾开展学习调研活动

7月29日　地理科学与遥感学院联合赵广军生命热线协会开展探访志愿服务

7月　　　广州大学联合安顺学院深入贵州山区开展科教振兴暑期社会实践

7月　　　经济与统计学院21级学生顺利从桂花岗校区搬迁至大学城校区

7月　　　经济与统计学院积极开展劳动实践教育

7月　　　建筑与城市规划学院组织开展"同心喜迎党的二十大，争做崇劳新青年"劳动教育实践活动

7月　　　建筑与城市规划学院组织开展劳动教育实践活动

8月

8月1日　地理科学与遥感学院组织开展三下乡社会实践活动

8月2日　传承华夏风，同讲中国韵——毕节实践团再书黔粤两地情

8月5日　建筑与城市规划学院暑期留宿学生临时第七党支部开展专题学习教育主题党日活动

8月10日　音乐舞蹈学院开展"多彩乡村　学史奋进"主题实践活动汇报

8月21日　美术与设计学院学生组织第十四届换届大会

8月25日　物理与材料科学学院开展"深学笃行"传承红色基因专项实践活动

8月　　　体育学院学生参与暑假劳动教育实践活动

9月

9月1日　美术与设计学院师生走入广州市荔湾区西关实验小学芳和校区开展"博·学堂"之"思政第一课"

9月2日　计算机科学与网络工程学院筑梦工作站开启"绿色通道"

9月2日　经济与统计学院喜迎2022级新生

9月4日　电子与通信工程学院热烈欢送应征入伍参军毕业生林灿炜

9月10日　建筑与城市规划学院开展中秋联欢晚会

9月10日　体育学院联合环境科学与工程学院、马克思主义学院举办军训文艺汇演活动

9月13日　生命科学学院开展优良学风（标兵）班评选活动

9月16日　人文学院2022级新生开学典礼顺利举行

9月18日　法学院2022级新生参加军训

9月20日　军训结营：教官原路返回，我们继续前进！

9月20日　计算机科学与网络工程学院本科学生党支部学习《习近平谈治国理政》第四卷

9月20日　地理科学与遥感学院举办2022级新生开学典礼暨院长"思政第一课"

9月23日　马克思主义学院举行2022级新生开学典礼

9月23日　新闻与传播学院多措并举积极引导2022级新生向党组织靠拢

9月25日　土木团学见面大会

9月27日　提升自我，共创辉煌

9月27日　建筑与城市规划学院开展第八次学生代表大会

9月27日　环境科学与工程学院开展2022级新生"思政第一课"

9月27日　外国语学院举办班主任会议暨心理沙龙

9月28日　传承援疆精神，勇挑外院重担——外国语学院开展"校友说"活动

9月28日　人文学院"思政第一课"活动顺利开展

9月28日　生命科学学院举行2021—2022学年国家（励志）奖学金评选活动

9月28日　经济与统计学院党委书记卢国潜讲授"思政第一课"

9月29日　广州大学学生法律咨询服务社举办防诈骗普法活动

9月30日　建筑与城市规划学院开展"历史交汇期的思考和科学判断"为主题的"思政第一课"

10月

10月4日　法学院谭俊卓等学生参加"典"亮青春，与法同行普法视频大赛

10月11日　环境学院研究生第一党支部开展主题党日观影活动

10月12日　体育学院开展"金秋劳动月"主题活动

10月14日　建筑与城市规划学院举办新旧生交流会

10月15日　经济与统计学院举办经典百书读书会

10月15日　全力以赴奔赛场，女排精神永流传

10月15日　热血篮球，点燃青春激情

10月15日　管理学院组织新生跳大绳比赛

10月16日　管理学院团委组织学生骨干、各团支部同学收看党的二十大开幕会

10月16日　公共管理学院师生收看收听党的二十大开幕盛况

10月16日　体育学院学生积极观看党的二十大开幕会

10月16日　化学化工学院组织党员干部和广大师生认真收看党的二十大开幕会

10月16日　数学与信息科学学院师生热议党的二十大报告

10月16日　人文学院组织观看中国共产党第二十次全国代表大会活动开幕会

10月18日　地理科学与遥感学院举办第一期院长书记午餐会

10月18日　喜迎二十大，奋进新征程：新闻与传播学院学生党员热议党的二十大报告

10月18日　环境科学与工程学院红色长廊讲解队新学期开讲

10月18日　外国语学院举行"青春心向党，外院人启航"团干培训大会

10月18日　土木工程学院2022级新生年级干部竞选大会

10月20日　变废为宝，自然创作

10月22日　轻羽飞扬，一拍精彩

10月23日　建筑与城市规划学院举办四院联合运动会

附录

10 月 25 日　电子与通信工程学院王坤辉同学获评广州大学 2021—2022 学年度"十佳学生"

10 月 25 日　教育学院"金秋劳动月，劳动最美丽"实践活动

10 月 25 日　承劳动精神，传青春薪火

10 月 25 日　四院联合青马工程开班：传承百年荣光，做先锋分子

10 月 25 日　机械与电信工程学院青年讲坛

10 月 25 日　劳动教育实践新闻稿

10 月 26 日　建筑与城市规划学院团委、学生会联合本科生党支部顺利举办"金秋十月，劳动最美"劳动教育活动

10 月 26 日　计音网三院联合发展对象培训班外出学习

10 月 27 日　"四院联合青马工程"开班仪式

10 月 28 日　法学院举办 2022 级新生班委交流会

10 月 28 日　公共管理学院部分学生参与第四十四期公管午餐

10 月 29 日　法学院黄璟珣等同学参加"珉灿杯"辩论赛活动

10 月 29 日　展优秀典范，传优良学风

10 月 29 日　教育学院五室一站心理绘画课堂

10 月 29 日　教育学院联合机械与电气工程学院、化学化工学院举办三院联合田径运动会

10 月 30 日　化学化工学院第九届学生代表大会圆满结束

10 月 30 日　教育学院"书香涵泳，润泽心灵"经典百书读书节活动

11 月

11 月 1 日　马克思主义学院四院联合"先锋"青马班结业

11 月 3 日　环境科学与工程学院五室一站开展"用心感恩，用手表达"超轻黏土 DIY 活动

11 月 5 日　法学院麦云萍等同学参加"百团大战"活动

11 月 7 日　计算机科学与网络工程学院"开发"之旅

11 月 9 日　马克思主义学院积极抗击新冠肺炎疫情

11 月 11 日　"力量·希望"——抗击新冠疫情作品投稿活动

11 月 16 日　疫情有你我，携手护广大

11 月 26 日　广州大学第四届中华经典诵读会成功举办

11 月 28 日　电子与通信工程学院领导老师一行与目前居住在北亭村的部分学生开展座谈

12 月

12 月 5 日　教育学院阅读经典打卡活动

12 月 10 日　法学院许小妹参加法律知识竞赛活动

12 月　　经济与统计学院举办微团课大赛